本书由教育部哲社重大课题攻关项目
《加强宪法实施、教育和监督研究》资助（项目号 18JZ036）

完善我国合宪性审查制度与机制研究

范进学 著

译林出版社

图书在版编目（CIP）数据

完善我国合宪性审查制度与机制研究／范进学著.—南京：译林出版社，2021.1
（依法治国研究丛书）
ISBN 978-7-5447-8457-3

Ⅰ.①完… Ⅱ.①范… Ⅲ.①宪法－研究－中国
Ⅳ.①D921.04

中国版本图书馆 CIP 数据核字（2020）第 218186 号

完善我国合宪性审查制度与机制研究　范进学／著

责任编辑　刘　免
特约编辑　潘梦琦
装帧设计　王晓玫
校　　对　蒋　燕
责任印制　单　莉

出版发行　译林出版社
地　　址　南京市湖南路 1 号 A 楼
邮　　箱　yilin@yilin.com
网　　址　www.yilin.com
市场热线　025-86633278
排　　版　南京展望文化发展有限公司
印　　刷　苏州市越洋印刷有限公司
开　　本　850 毫米 ×1168 毫米　1/32
印　　张　10.125
插　　页　2
版　　次　2021 年 1 月第 1 版
印　　次　2021 年 1 月第 1 次印刷
书　　号　ISBN 978-7-5447-8457-3
定　　价　78.00 元

目 录 | Contents

导　论

一、合宪性审查制度与机制研究的实践价值和理论价值

党的十九大报告提出“推进合宪性审查工作”的法治举措，对于维护宪法权威与尊严具有重大的理论意义与现实意义。

首先，它有利于维护社会主义法制的统一与尊严。我国立法权主体具有多元化特征，既有全国人大及其常委会、国务院等中央立法，又有地方权力机关及设区的市的地方立法，还有行政机关的部门规章制定。改革开放以来，全国人大及其常委会制定的法律性文件有二百八十多部，国务院制定的行政法规有九百多件，各省、自治区、直辖市制定的地方性法规过万件。由于立法数量庞大，法律法规之间的冲突也不断增多，甚至出现了违背宪法的情形，因此，如何维护社会主义法制的统一与尊严是一个非常重要的现实问题，而合宪性审查制度与机制的确立与完善，将保障所有规范性文件的合宪性与正当性，

从而维护社会主义法制的统一与尊严，实现宪法的目的。

其次，它有利于维护我国宪法的权威。习近平总书记指出："宪法是国家的根本法。法治权威能不能树立起来，首先要看宪法有没有权威。必须把宣传和树立宪法权威、全面推进依法治国的重大事项抓紧抓好，切实在宪法实施和监督上下功夫。"《中共中央关于全面推进依法治国若干重大问题的决定》强调指出，要"加强备案审查制度和能力建设，把所有规范性文件纳入备案审查范围，依法撤销和纠正违宪违法的规范性文件"。要树立宪法权威，就需要推进合宪性审查工作，把宪法作为具有最高法律效力的法律规范与规则标准，审查所有规范性文件是否合乎宪法，只有真正落实合宪性审查工作，才能树立起宪法的权威。

再次，它有利于树立并维护宪法法律至上的法治理念。宪法法律至上是指宪法法律在所有社会规则体系中具有最高的权威性与最高的法效力，其他一切规则都不得同宪法法律相抵触，人人受宪法法律规范的统治支配，当人的意志与宪法法律规范发生矛盾时，以宪法法律为准绳。宪法法律至上是法治的精髓，它排斥的是人的恣意妄为，法治的最核心含义是约束所有权力，如果权力者依然在宪法法律规则之外行使权力，那么宪法法律的效力与权威就没有至上，宪法法律的意义也不复存在。在我国，一切公权力主体都必须在宪法法律范围内活动，做到依法执政、依法治国、依法行政、依法司法。因此，国家公权力主体都必须以宪法为最高法律规范，以法律为治国理政的最大规矩，牢固树立宪法法律至上的观念。一切规范性法律文件不得与宪法相抵触，一切违反宪法法律的行为必须予以追究，任何组织和个人不得凌驾于宪法法律规范之上。

最后，它对于维护和保障公民基本权利与人权具有重大意义。保障法律、法规、规章和司法解释等规范性文件的合宪性，实质上是确保它们不会以立法的形式侵害公民的基本权利与人权。宪法的基本功能就是保障公民基本权利与人权的实现，而合宪性审查将使可能侵害公民基本权利或人权的规范性文件失去效力，从而被撤销、废止或改变。

二、国内外研究情况综述

无论国外学者还是国内学者，在合宪性或违宪性审查方面的研究成果都非常丰富。1996 年美国哥伦比亚大学教授路易斯·亨金（Louis Henkin）与阿尔伯特·J. 罗森塔尔（Albert J. Rosenthal）主编的《宪政与权利》一书，收录了法国学者路易·法沃勒撰写的《欧洲的违宪审查》一文，该文对欧洲模式的违宪审查制度进行了分析，同时比较了美国模式与欧洲模式之间的差异。2004 年加拿大多伦多大学宪法学家兰·赫施尔（Ran Hirschl）在《迈向司法：新宪政主义的起源与价值》一书中，专门对加拿大、以色列、新西兰和南非的宪法审查与宪法解释制度进行比较研究。2007 年杰弗里·古德沃斯（Jeffrey Goldsworthy）主编的《解释宪法：一种比较研究》一书，专门对澳大利亚、加拿大、德国、印度、南非和美国等六国的最高法院的宪法解释方法和原则进行了比较性介绍与研究，并就方法与原则的差异原因进行了比较分析。2008年马克·V. 图施耐特（Mark V. Tushnet）在《弱法院与强权利：比较视野下的司法审查和社会福利权利》一书中，在比较了英国、加拿大和美国的司法审查模式的基础上，得出了弱司法审查模式有助于社会福利权利的结论。

国内学者关于某一国家的司法审查或某两国间的违宪审查制度比较的研究有大量成果，如王振民的《中国违宪审查制度》、赵立新的《日本违宪审查制度》、李晓兵的《法国第五共和宪法与宪法委员会》、方建中的《超越主权理论的宪法审查：以法国为中心的考察》，以及由韩大元、童之伟两位教授主编的"国外违宪审查制度丛书"（其中包括范进学的《美国司法审查制度》、吴天昊的《法国违宪审查制度》、童建华的《英国违宪审查》、张明锋的《加拿大司法审查的应用研究：以宪法平等权的司法保护为例》），还有范进学的《美国宪法解释方法论》、王建学的《从"宪法委员会"到"宪法法院"——法国合宪性先决程序改革述评》、翟桔红的《违宪审查与民主制的平衡：一项比较研究》等。从比较法的角度，研究国别间的违宪审查制度的研究成果包括：1993年倪星、汪兴林《美法违宪审查制度比较研究》（《当代法学》1993年第10期）和1998年倪星、焦奎在《美、法两国违宪审查制度比较研究》（《法学评论》1998年第1期）中，对美国和法国这两种最具特色的违宪审查制度进行比较研究；李忠教授1999年出版的《宪法监督论》也运用比较方法，对宪法监督模式进行了评述；2003年李雪峰、李勇的《英、美、法违宪审查制度的宪政理念比较研究》（《学术研究》2003年第10期）对以上三国的宪制理念及其制度架构进行了比较研究；2004年林广华的《违宪审查制度比较研究》运用比较的研究方法对违宪审查制度的起源及演变、违宪审查制度的理论基础、各国违宪审查制度的模式进行了规范性的梳理；2005年马岭在《德国和美国违宪审查制度之比较》（《环球法律评论》2005年第2期）一文中对德美两国在审查形式、受案范围等问题上进行了比较研究；2007年李鸿建、杨乐修的《国外违宪审查制度比较及其启示》（《人大研究》2007年第5期）对西方发达国家的违宪审查的基本模式、主体、权限与基本法理进行了粗略比较；2008年王卫明撰写的《东欧国家违宪审查制度比较研究》一书对东欧国家在转型之后，其违宪审查制度的建立和发展过程进行了比较研究，也对拉美国家和东欧国家在违宪审查模式上的差异进行了分析；2008年烟台大学刘娟的硕士论文《美国与法国违宪审查制度比较及借鉴》对美法两国的违宪审查模式进行了比较分析；2009年王光辉、杨盛达在《中国、日本违宪审查制度的比较》一文中对中日两国的违宪审查制度进行了比较；王宏亮、房蕊在《德中两国违宪审查制度之比较》（《山东师范大学学报》2011年第4期）一文中对中德两国违宪审查制度在审查主体、审查对象与方式、审查程序以及审查后果等方面进行了比较研究；2013 年兰州大学杨洋的硕士论文《美国与法国违宪审查制度比较研究》对美国和法国宪政制度的建立进行了一定的梳理；2015 年湘潭大学黄静的硕士论文《中国与南非违宪审查制度之比较》对中国与南非违宪审查制度的发展历程和内容进行了比较研究；2016 年安徽大学刘谦的硕士论文《日韩违宪审查制度比较研究》对日韩两国违宪审查制度的发展过程、制度特征以及存在的问题等做了研究；2016 年王韵洁的《日韩违宪审查制度比较及其启示》(《学术探索》2016 年第 2 期）对日韩两国违宪审查制度的特点进行了比较研究。不过，由于民主政治制度与国情的差异，有关国外制度的研究成果对于我国合宪性审查虽有一定的借鉴意义，但总体上不符合中国特色社会主义民主政治制度与宪制安排。

20 世纪 90 年代以来，我国学者就我国合宪性审查或违宪审查进行了研究，主要集中于两大问题：一是合宪性审查的机构设置与安排；二是合宪性审查提请的主体。

关于合宪性审查机构设置与安排方面，目前有四种方案：宪法委员会审查制、宪法法院审查制、最高人民法院审查制和全国人大委员会与最高人民法院复合审查制。如 1998 年包万超提出设立宪法委员会和最高法院违宪审查庭并行的复合审查制的观点，即在全国人民代表大会之下设立宪法委员会、在最高法院之下设立违宪审查庭，分别行使非诉讼的、事先的审查权和违宪侵权诉讼、附带性审查权。2002—2003 年，季卫东提出了“两步走”的建设思路，他认为，切实保障宪法效力的关键是建立司法性质的合宪性审查制度。在从理论和实践两个方面分析立法机关与审判机关的关系以及推行司法审查的根据之后，季卫东强调司法权的伸张并不是无条件的，它与法官在社会中的威信以及对审判机关的民意限制成正相关关系；鉴于中国法治环境的不断改善，在现阶段导入合宪性审查制的条件已经日趋成熟。在具体的制度设计方面，季卫东提出两套可供选择的方案：（1）在现行体制下设置只对全国人民代表大会负责的宪政委员会；（2）在重新立宪的基础上设立宪法法院（《合宪性审查与司法权的强化》，《中国社会科学》2002年第2期；《合宪性审查制度的"两步走"思路》，《人大研究》2003年第4期）。2004年，王振民提出在全国人民代表大会之下设立一个宪法审查机构即宪法法院，地位与全国人大常委会并列。苗连营认为，我国的违宪审查制度具有自己的特色，呈现出迥异于三种主流模式的独特的宪制理念和运作过程，但又有诸多值得改进之处，建立完善而有效的违宪审查机制仍然是我国宪制建设中的重大课题。

关于合宪性审查提请主体与程序问题，胡建淼、高春燕提出由法院来受理合宪性审查的"启动"机制，主张我国的法规合宪性审查制度具有审查主体多样、方式灵活之特点，但欠缺刚性，难以贯彻执行。面对困境，人们从制度内外做出了各种改进努力。或许，我们可以转变思路，以外部的力量与因素来推动法规合宪性审查制度发挥实效。例如，加强公民的启动性作用。一方面，这种启动须有实际效果，这就需要健全回复机制；另一方面，这种启动的形式可以不拘一格，如可以考虑由法院来受理这种“启动”，即发展为一种诉讼上的权利（《法规的合宪性审查在中国——问题与对策》,《法治论丛》2005年第6期）。2010年，秦前红等就在现有的人大常委会内部设立由执政党严格控制的违宪审查机构的现实可行性进行了研究。2013年朱福惠等提出最高人民法院在办理案件的过程中，如果对适用的法律、法规存在合宪性怀疑，应当中止案件的审理，提请全国人大常委会裁决或者解释宪法。2014年，马岭提出，虽然我国目前建立违宪审查制度的条件还不成熟，但学者仍可探讨在“将来”需要时，该机构应按何种模式设置。根据我国国情，这一机构放在最高法院内较为合适，或设一个宪法庭，进行专门审查；或不设宪法庭，由各审判庭做附带性审查，但须辅之以宪法咨询；或就违宪审查案件组成特别陪审庭，陪审员可在学术性的宪法委员会成员以及社团代表或普通民众中产生。2015年，叶海波也就合宪性审查提起主体与程序提出了另外一种观点，即合宪性案件移转程序。他认为，在我国，违宪审查既包括审查全国人大及其常委会制定的法律，又包括审查法规，全国人大及其常委会享有违宪审查权。在立法机关审查模式下，人民法院并无违宪审查权，但人民法院面临着冲突规范的选择适用争议。为保证审判的公正性，主审法院要求最高人民法院处理冲突规范的适用问题时，最高人民法院应行使法规提请审查权和议案提案权，启动违宪审查程序，由全国人大及其常委会对系争规范进行审查，明确判决的规范依据。在审判期限和效率的限制下，最高人民法院的提请和提案有可能逐步促成一个集中行使宪法监督权的专门机构，实施违宪审查，维护宪法权威（《最高人民法院“启动”违宪审查的宪法空间》，《江苏行政学院学报》2015 年第 2 期）。另外，朱福惠、刘木林同样主张人民法院应当作为合宪性审查的主体（《论我国人民法院的宪法解释和违宪审查提请权——以立法法第九十条的规定为视角》，《法学评论》2013 年第 3 期）。

2003 年，胡锦光教授提出了公民启动合宪性审查程序的观点（《论公民启动违宪审查程序的原则》，《法商研究》2003 年第 5 期）。此外，张丽娟也提出普通公民作为违宪审查启动主体的观点（《违宪审查启动主体之比较研究及对我国的启示》，《中共中央党校学报》2007 年第 6 期）。另外，也有学者认为合宪性审查必须慎重对待。如 2004 年 11 月 22 日，莫纪宏在《检察日报》上发文，认为对待违宪审查必须慎之又慎，因为就目前我国的违宪审查制度而言，由于在实践中还没有建立严格的宪法适用制度，宪法学在理论上也没有对违宪审查的方法和判断标准产出有说服力的研究成果，在此情况下，贸然在违宪审查制度上做出某种具有划时代意义的突破是不太现实的，当务之急是应当从违宪理论上下功夫，在制度建设上做出必要的改革。2005 年，胡锦光教授也撰文指出，我国的司法机关不具备对公权力进行合宪性审查的基本条件，但完全具备对公权力的合法性进行审查的基本条件（《论中国司法审查的空间》，《河南社会科学》2006 年第 5 期）。有的学者针对合宪性审查研究中的相关概念进行了专门研究，如马岭教授的《“违宪审查”相关概念之分析》(《法学杂志》2006 年第 3 期)，林来梵教授的《中国的“违宪审查”：特色及生成实态——从三个有关用语的变化策略来看》(《浙江社会科学》2010 年第 3 期)。

上述学者的研究成果主要集中于合宪性审查机构的设置以及提请主体与程序，为我们进一步研究奠定了学理基础。随着我国全面依法治国、社会主义法治体系与法治国家建设的深入推进，在合宪性审查机构、提起主体、提请程序、审查方法等方面皆需要深入细致的研究。

三、研究的重点、难点及可能的创新点

(一)研究的重点

1. 如何完善我国合宪性审查的机构。我国《宪法》《立法法》皆规定合宪性审查的机构是全国人大常委会，然而全国人大常委会自身是一个国家立法机关，它需要一个具体的工作机构与之配合，是在全国人大之下设立宪法委员会，还是在全国人大常委会之下设立宪法审查委员会，或是改造现有的法律委员会，这需要对各种方案进行比较、论证，最终设置一个符合我国国情的合宪性审查机构，这应当是本研究的重点。

2. 如何科学地确定合宪性审查的范围与对象。我国《宪法》第五条规定：“一切法律、行政法规和地方性法规都不得与宪法相抵触。”我国《立法法》第八十七条规定：“宪法具有

最高的法律效力，一切法律、行政法规、地方性法规、自治条例和单行条例、规章都不得同宪法相抵触。”根据《宪法》《立法法》之规定，法律、行政法规、地方性法规、自治条例和单行条例、规章皆纳入合宪性审查的范围，成为合宪性审查的对象。然而，《立法法》第九十九条、第一百条在合宪性审查的主体与程序设置上，未将法律与规章纳入合宪性审查的范围。还有，党的政策、主张以及规范性文件能否纳入合宪性审查的范围，也需要作出科学的阐释。

3. 如何完善合宪性审查程序与方法。目前关于合宪性审查的程序由《立法法》第九十九条和第一百条作出了规定。但是在程序设定的审查主体与提请主体、程序设定的提请场景、程序设定的合理性等方面皆有值得完善的空间。此外，法律尤其缺失合宪性审查的方法。

（二）研究的难点

1. 法律与规章是否纳入合宪性审查的范围？法律是由全国人大及其常委会制定的，而它们本身具有制定法律与解释宪法法律的职权，即使制定的法律不合乎宪法，也可以通过合宪性解释予以消解；再者，全国人大及其常委会本身就是宪法实施与监督机构，如果其对自己制定的法律进行合宪性审查，这也是一大难题。规章数量众多，违宪的可能性也最大，如何解决违法与违宪的关系也是一个难点。

2. 党内法规是否纳入合宪性审查的范围？宪法与党章都

规定，党必须在宪法和法律范围内活动，党的各项规章是否纳入合宪性审查，这确实是一大难点。

3. 合宪性审查机构的设置。就合宪性审查机构的设置而言，学界观点各异，如何判断、确立与我国政治制度相适应的审查机构也是难点。

4. 合宪性审查程序草案的起草。要推进合宪性审查工作，就必须在法律程序范围内进行，因此，为合宪性审查程序进行立法起草工作是课题研究中的迫切要求。但是，起草合宪性审查程序的法律草案是一项非常复杂的研究，更是研究中的难点。

（三）可能的创新点

第一，基于中国现实制度的实证考察，通过对我国现存的党内系统与国家系统的合宪性审查制度进行文本规范分析与制度事实分析，探讨中国合宪性审查制度的特色与风格。笔者的基本结论是：我国合宪性审查制度是由国家层面的合宪性审查制度与政党层面的合宪性审查制度共同构成的，国家层面的合宪性审查解决的是包括法律法规在内的规范性文件是否与宪法相抵触的问题，政党层面的合宪性审查解决的是党内法规和规范性文件是否与宪法法律相一致的问题。虽然两套合宪性审查制度的审查主体与审查对象存在差异，但都是要处理并解决规范性文件是否同宪法相一致的问题，因而两套合宪性审查制度可以同时并存，各自独立，但又相互衔接，相互配合，共同构成中国特色合宪性审查制度不可或缺的内容，使之成为具有中国特色与中国风格的合宪性审查制度。我们须认真对待中国特色合宪性审查制度，既不能傲慢自大，也不能妄自菲薄，世界上没有一成不变的制度模式，只有最符合一国现实的制度，美国的普通法院审查模式是如此，欧陆的宪法法院或宪法委员会是如此，中国的党内审查与国家审查并存与融合的混合型制度更是如此。在备案式主动审查的层面，党内法规合宪性审查归党的合宪性审查机构负责，国家层面的法规合宪性审查归全国人大常委会负责，这种二元并存的审查机制事实上已存在于我国备案审查制度建设的实践中。针对这种既存的制度事实，我们应当承认其合理性，它是目前能够寻求到的处理党与人大关系的最佳路径与选择。在被动审查层面，对于党内法规和规范性文件的审查，既不能由党内合宪性审查机构审查，也不能由国家的合宪性审查机构审查，所以，“为了加强党和国家备案工作机构之间的协调配合，推进党和国家备案工作深入开展，在党内法规和规范性文件备案工作机构与国家法规、规章和规范性文件备案工作机构之间建立的备案协作机制”，[1] 只有构建起联动合宪性审查制度，方能最终解决党的领导与全国人大常委会合宪性审查之间的张力与悖论。

第二，分析我国备案审查的来源与实质以及由我国宪法确立的国家层面的合宪性审查制度的顶层设计问题，分析我国选择由国家立法机关行使合宪性审查的渊源及其正当性，考察

1 《什么是备案审查衔接联动机制》,《秘书工作》2012 年第 11 期。

我国当下的合宪性审查制度的基本构成与基本特点，描述并勾勒出中国合宪性审查制度的基本样态。主张把违宪审查与违法审查在审查程序上加以区分，以彻底避免两类审查制度的混同，使我国的合宪性审查真正获得新生，使合宪性审查制度真正发挥其监督宪法实施的功能。

第三，党的领导是中国特色社会主义最本质的特征，鉴于此宪法要求，笔者建议应当将“分离”的合宪性审查制度实行整合，建构一套统一、完整、普遍适用的合宪性审查机制与制度。在我国，无论如何加强与完善宪法监督机制与程序制度建设，都必须突出党在制度建设中的引领作用，并由党的组织直接参与宪法监督机制与程序制度的设计与建设。从该意义上说，要突破合宪性审查机制与制度建设的瓶颈，关键是要构建混合型的合宪性审查制度，由党中央直接推动合宪性审查机制与程序制度的确立与完善。譬如党中央首先通过《中共中央关于推动合宪性审查工作若干问题的意见》，在《意见》中明确成立一个由中共中央主导的合宪性审查工作领导小组，组长由党的总书记担任，成员由全国人大常委会委员长、国务院总理、中央纪委书记、分管宣传的政治局常委组成；同时在中央委员会中成立“宪法监督审查委员会”，在全国人大常委会成立“宪法监督审查委员会”，党中央的“宪法监督审查委员会”与全国人大常委会的“宪法监督审查委员会”合署办公，真正实现混合型的宪法监督审查机制。

第四，在国家立法与地方立法中，无论是主动审查还是被动审查的相关程序，其程序上的设定都是在审查的基础上向规范性文件的制定机关提出书面审查意见，对于需要修改的部分，最终是由制定机关自身对违宪的相关文件予以修改或废止。尽管《立法法》设定了全国人大常委会审议决定予以最终撤销的程序，但几乎可以断定这一程序是备而不用、束之高阁的。要构建我国合宪性审查制度，就必须废除这个预设的程序前提，一旦负责审查的机构认定被审查的规范性文件是违宪的，就必须直接提请全国人大常委会委员长会议，由委员长会议决定向全国人大常委会提出宪法解释案，最终由常委会审议并作出正式的宪法解释案。

第五，考虑到我国合宪性审查制度的特殊性，在现阶段，从我国国情与现实出发，要真正推动合宪性审查工作不断发展，就必须首先确立两个基本原则：一是基本法律不予审查原则；二是党内法规和规范性文件不予审查原则。

第六，宪法修正案将全国人大法律委员会更名为全国人大宪法和法律委员会，既符合中央关于深化党和国家机构改革的精神，也符合我国宪法规范与宪法设计，对于落实党的十九大提出的“加强宪法实施与监督，推进合宪性审查工作，维护宪法权威”这一要求则具有重大现实意义与实践价值。全国人大宪法和法律委员会作为今后我国合宪性审查的专门机构，将担负起推动宪法实施，开展宪法解释，推进合宪性审查，加强宪法监督，配合宪法宣传的重要使命。全国人大宪法和法律委员会成立后，需要紧紧围绕上述五大基本功能，尽快开展以下工作：处理与全国人大常委会负责备案审查的相关工作机构在工作程序与制度衔接上的法律问题；起草《合宪性审查程序法》；起草《宪法解释程序法》；积极协助全国人大及其常委会开展工作。

第七，按照十九大关于“职责相近的党政机关合并设立或合署办公”的战略部署与中共中央《深化党和国家机构改革方案》的基本要求，将党内合宪性审查机构与全国人大及其常委会的合宪性审查机构合并或合署办公，组建新型合宪性审查机构，主要针对党内法规和规范性文件被动性合宪审查的问题，同时可以审查党内合宪性审查机构认为可能与宪法不一致的规范性文件。新设立的这种合宪性审查机构，由全国人大宪法和法律委员会、全国人大常委会法制工作委员会、中共中央办公室法规局部分人员共同组成，办公机构可设在中共中央办公室或全国人大宪法和法律委员会内部。由于全国人大宪法和法律委员会的成员属于全国人大常委会委员，而按照现行《宪法》第六十五条第四款关于“全国人民代表大会常务委员会的组成人员不得担任国家行政机关、监察机关、审判机关和检察机关的职务”之规定，全国人大常委会委员可以担任党的机构的职务，因此，新的合宪性审查机构的负责人应当由党的合宪性审查机构的负责人担任，以制度形态体现党的领导在合宪性审查工作领域的实现。

第八，在我国，无论事实上存在多少备案审查制度及其审查主体，规范性文件合宪性审查的主体只能是全国人大及其常委会，具体负责的机构是全国人大宪法和法律委员会。这种合宪性审查制度是宪法确立的，合宪性审查职权是由宪法授予的，因此凡是涉及规范性文件是否与宪法相抵触的合宪性审查问题，皆移交具有合宪性审查职权的全国人大常委会，由宪法和法律委员会进行具体的合宪性审查。为此就需要在我国确立合宪性审查并宪法解释的移送制度：第一，党内法规和规范性文件的合宪性审查移送制度；第二，最高人民法院合宪性审查移送制度；第三，最高人民检察院合宪性审查移送制度；第四，省、自治区、直辖市人大常委会合宪性审查移送制度。

第九，建议制定《宪法解释程序法》。2018 年《中华人民共和国宪法修正案》将《宪法》第七十条中的全国人大法律委员会更名为“宪法和法律委员会”，这一监督宪法实施专责机构的确立，使得制定宪法解释程序的立法需求日益迫切，只有起草与制定《宪法解释程序法》，才能为全国人大常委会和全国人大宪法和法律委员会具体起草和解释宪法提供宪法依据与程序保障。

第十，建议起草和制定《合宪性审查程序法》。随着我国迈入中国特色社会主义新时代，以及全国人大宪法和法律委员会作为监督宪法实施专责机构的确立，我国合宪性审查工作将进入一个快速发展的历史时期。中共中央《深化党和国家机构改革方案》指出：“全国人大宪法和法律委员会在继续承担统一审议法律草案工作的基础上，增加推动宪法实施、开展宪法解释、推进合宪性审查、加强宪法监督、配合宪法宣传等职责。”为了全国人大宪法和法律委员会能够顺利履行这些新的职责，就必须起草和制定《合宪性审查程序法》，使我国合宪性审查工作实现制度化、法律化、规范化、程序化。

第十一，建议构建《合宪性审查程序法》时遵循四个基本原则：坚持中国共产党的核心领导，坚持人民代表大会根本政治制度，坚持宪法至上，坚持程序法定。

第十二，起草一部《合宪性审查程序法》草案。合宪性审查在法学界已经讨论了若干年，理论上应当说讨论得很清楚了，现在党的十九大报告也提出了完善合宪性审查制度的要求，问题在于如何使理论转化为可操作的程序性规范。所以在本书的研究中包括一部《合宪性审查程序法》草案，为具体实施我国的合宪性审查做出应有的贡献。

四、研究方法与研究思路

（一）研究方法

1. 比较分析法。合宪性审查问题是每一个现代民主国家均会面临的问题，不同国家有不同的模式，通过比较考察，有益的予以借鉴，糟粕的予以抛弃，以此丰富本书的研究，并从中找出其基本规律与原则。

2. 历史分析法。以历史的视角看待并分析合宪性审查现象，进行学术史和实践史的考察，历史地分析问题，能使本研究具有更多历史经验可循，也使得结论更具有客观性。

3. 制度文本分析法。立足于宪法与法律文本，进行制度考察与分析，找出问题之所在，有的放矢地提出具有建设性的意见或建议。

4. 价值分析法。任何研究总会涉及价值观的判断与运用，对问题的分析总有一定的倾向与主观价值考量，所以价值分析法之于研究不可缺失。

（二）研究思路

首先分析考察我国宪法与法律中已经确立起来的合宪性审查制度，对其进行客观中肯的描述，勾勒出中国当下合宪性审查制度与机制的基本内容、基本特点。

其次，分析我国目前合宪性审查制度与机制存在的问题，然后有针对性地提出完善的建议。

再次，针对我国合宪性审查制度与机制面临的问题，在理论与实践层面进行论述与分析：力图在理论上阐释其基本问题，在实践中解决其面临的难题。

最后，提出《合宪性审查程序法（草案）》，从制度与程序层面完善我国的合宪性审查制度与机制。

第一章

我国合宪性审查制度的特色与风格

宪法学界在讨论中国合宪性审查制度时，通常把关注点集中于由全国人大常委会主导的国家意义上的合宪性审查制度，很少关注中国共产党内部的合宪性审查制度。这种视角对于观察西方国家的合宪性审查制度或许有效，但未必适合对中国制度的观察。因为，中国有自己特色的社会主义制度，中国特色社会主义道路在法治领域的具体本质体现就是中国特色社会主义法治道路，而“中国特色社会主义法治道路，是社会主义法治建设成就和经验的集中体现，是建设社会主义法治国家的唯一正确的道路”。[1] 中国特色社会主义道路及法治道路的核心在于党的领导，党的领导是中国特色社会主义法治之魂，是

1　习近平:《关于〈中共中央关于全面推进依法治国若干重大问题的决定〉的说明》,《中国共产党第十八届中央委员会第四次全体会议文件汇编》，人民出版社 2014 年版，第 81 页。

“我们的法治同西方资本主义国家的法治最大的区别”，[2] 因此，在中国共产党长期执政的中国,在中国共产党“领导一切”[3] 的中国，如果仅仅把研究范围局限于国家层面的合宪性审查制度，而不注重考察中国共产党内部已经确立的合宪性审查制度，必然会一叶障目，不见泰山。所以，笔者基于中国现实制度的实证考察，通过对我国现存的党内系统与国家系统的合宪性审查制度进行文本规范分析与制度事实分析，探讨中国合宪性审查制度的特色与风格。笔者的基本结论是：中国合宪性审查制度是由国家层面的合宪性审查制度与政党层面的合宪性审查制度共同构成的，国家层面的合宪性审查解决的是包括法律法规在内的规范性文件是否与宪法相抵触的问题，政党层面的合宪性审查解决的是党内法规和规范性文件是否与宪法法律相一致的问题，虽然两套合宪性审查制度的审查主体与审查对象存在差异，但都是处理并解决规范性文件是否同宪法相一致的问题，因而，两套合宪性审查制度可以同时并存，各自独立，又相互衔接，相互配合，共同构成中国特色合宪性审查制度不可或缺的内容。

2 中共中央文献研究室编:《习近平关于全面依法治国论述摘编》，中央文献出版社 2015 年版，第 35 页。

3 “党政军民学，东西南北中，党是领导一切的”，参见十九大报告《决胜全面建成小康社会，夺取新时代中国特色社会主义伟大胜利》，中国共产党第十九次全国代表大会文件汇编编写组编:《中国共产党第十九次全国代表大会文件汇编》，人民出版社 2017 年版，第 16 页。

一、我国同时存在两套合宪性审查制度

我国国家意义上的合宪性审查制度始于1954年宪法，该宪法第三十六条第六款规定：全国人大常委会有权“撤销国务院的同宪法、法律和法令相抵触的决议和命令”，其中常委会“撤销国务院的同宪法相抵触的决议和命令”就意味着合宪性审查，因为只有进行合宪性审查，才能判断国务院的决议和命令是否同宪法相抵触，并最终决定可否撤销。同时，第一届全国人大第一次会议还通过了《关于中华人民共和国现行法律、法令继续有效的决议》，该决议明确规定：“《中华人民共和国宪法》已由第一届全国人民代表大会第一次会议通过，颁布全国。所有自从一九四九年十月一日中华人民共和国建立以来，由中央人民政府制定、批准的现行法律、法令，除开同宪法相抵触的以外，一律继续有效。”该规定显然将宪法作为规范性文件的合宪性审查标准。正式确立我国国家层面的合宪性审查制度的是现行宪法，即1982年宪法，该宪法沿袭并发展了1954年宪法所确立的合宪性审查制度的模式，在第六十二条第十二款规定：全国人大有权“改变或者撤销全国人民代表大会常务委员会不适当的决定”；第六十七条第一款、第七款、第八款规定：全国人大常委会有权“解释宪法，监督宪法的实施”；有权“撤销国务院制定的同宪法、法律相抵触的行政法规、决定和命令”；有权“撤销省、自治区、直辖市国家权力

机关制定的同宪法、法律和行政法规相抵触的地方性法规和决议”。其中《宪法》第六十二条确立的是全国人大对其常委会制定的法律的合宪性审查，因为在笔者看来，第六十二条第十一款中的“不适当”包含着“违反宪法”或“与宪法相抵触”的情形；[4]第六十七条确立的是全国人大常委会对国务院的行政法规、决定和命令以及对省级权力机关制定的地方性法规和决议的合宪性审查。2000年《立法法》第八十八条基本上重申了1982年宪法中上述有关合宪性审查的条款内容：全国人大有权改变或者撤销它的常务委员会制定的不适当的法律；全国人大常委会有权撤销同宪法相抵触的行政法规和地方性法规。同时，《立法法》第九十条还赋予国家机关、社会团体、企事业单位和公民在行政法规、地方性法规、自治条例和单行条例同宪法相抵触时，向全国人大常委会书面提出审查要求或审查建议的权利。2000年10月九届全国人大常委会第三十四次委员长会议根据《立法法》通过了《行政法规、地方性法规、自治条例和单行条例、经济特区法规备案审查工作程序》，对法规的备案程序及合宪性审查程序作出了具体明文规定。2005年12月十届全国人大常委会第四十次委员长会议通过的《司法解释备案审查工作程序》规定，国务院等国家机关和社会团体、企业事业组织以及公民，认为司法解释同宪法相抵触，均可向全国人大常委会书面提出审查要求或审查建议，从

4 范进学：《中国宪法实施与宪法方法》，上海三联书店2014年版，第131—133页。

而将最高人民法院与最高人民检察院的司法解释也纳入合宪性审查范围。2019 年 12 月 16 日，十三届全国人大常委会第四十四次会议通过的《法规、司法解释备案审查工作办法》将上述《行政法规、地方性法规、自治条例和单行条例、经济特区法规备案审查工作程序》与《司法解释备案审查工作程序》合并修改并加以完善，形成了统一的备案审查工作制度性规范。至此，在我国由全国人大及其常委会主导的国家层面的法律、法规与司法解释的合宪性审查制度基本确立。

在我国，国家层面的合宪性审查制度除了全国人大及其常委会主导的合宪性审查制度外，还包括地方国家权力机关的合宪性审查制度。在各省级人大常委会备案审查制度设计中，其中有九个省、市、自治区的备案审查制度涉及合宪性审查，即省级人大常委会在审查过程中，涉及审查规范性文件是否同宪法相抵触的情形。[5]

---

5 如《黑龙江省人民代表大会及其常务委员会立法条例》（第九十一条、第九十二条）、《山西省地方立法条例》（第八十五条、第八十六条）及《山西省各级人民代表大会常务委员会规范性文件备案审查条例》（第十二条至第二十四条）、《上海市人民代表大会常务委员会关于规范性文件备案审查的规定》（第六条至第十二条）、《浙江省地方立法条例》（第七十六条至第七十八条）、《安徽省各级人民代表大会常务委员会监督条例》（第三十条）、《福建省人民代表大会及其常务委员会立法条例》（第三十二条、第三十九条）、《海南省实施〈中华人民共和国各级人民代表大会常务委员会监督法〉办法》（第三十条）、《贵州省地方立法条例》（第五十一条至第五十三条）及《贵州省各级人民代表大会常务委员会监督条例》（第四十条至第四十八条）、《西藏自治区立法条例》（第五十五条至第五十七条）。参见全国人大常委会法制工作委员会法规备案审查室编：《地方规范性文件备案审查法规汇编》，中国民主法制出版社 2012 年版。

长期以来，人们一直认为合宪性审查制度仅仅存在于国家层面，而不承认执政党内部规范性文件的合宪性审查制度。违宪审查或合宪审查制度源自西方，西方国家的合宪性审查是权力分立制衡的一种必然结果，司法权之于立法权的制约性监督即是凭借合宪性审查实现的，所以在西方国家才出现了视司法审查为“反民主”悖论的观点，西方社会不承认政党内部的合宪性审查，所有规范性文件包括政党的政策、主张，都应接受国家意义上的宪法审查。我国学界一直把我国的宪法审查制度等同于全国人大常委会的宪法审查制度，即国家层面的宪法审查制度。在西方国家，由普通法院或特别法院如宪法法院、宪法委员会等进行合宪性审查是其通例，这当然不容置疑，因为西方国家的政党是竞争性政党，它们通过定期选举而轮流执政，所以无法形成各个政党内部的统一的宪法审查制度，所有政党的政策与规范性文件须接受国家意义上的宪法审查，从而形成了西方国家一元式的宪法审查体制与机制。这种一元式宪法审查体制与机制对我国学界与学者的影响是极其深刻的，以至于他们认为这种一元式宪法审查制度同样适合我国。所以，大多数中国学者致力于建构一元式的、全国人大常委会主导的、国家意义上的宪法审查制度。可以说，迄今为止，虽然有学者已经注意到中国共产党党内法规备案审查制度的存在，[6]但

6　秦前红、苏绍龙：《党内法规与国家法律衔接和协调的基准与路径》，《法律科学》2016年第5期；马立新：《党内法规与国家法规规章备案审查衔接联动机制探讨》，《学习与探索》2014年第12期。

尚未有学者明确提出在中国建构国家层面与执政党层面二元并存的宪法审查制度。

事实上，早在 1990 年 7 月，中共中央即印发了《中国共产党党内法规制定程序暂行条例》，其中第三条规定：制定党内法规应“遵守党必须在宪法和法律的范围内活动的规定，不得与国家法律相抵触”的原则；第二十二条、第二十九条和第三十一条分别规定，中央纪律检查委员会、中央各部门、中央军委及其总政治部和各省、自治区、直辖市党委发布的党内法规，应于发布的同时报送中央备案。同年 11 月，中共中央办公厅印发了《关于党内法规备案工作有关问题的通知》，具体就备案的主体与期限进行了明确规定。笔者认为，上述两份文件的制定与发布，标志着党内法规备案审查制度初步确立。

2013 年 5 月 27 日，经中央批准，发布了《中国共产党党内法规制定条例》与《中国共产党党内法规和规范性文件备案规定》，其中《条例》第七条规定：制定党内法规应当“遵守党必须在宪法和法律范围内活动的规定”的原则；第二十一条规定：审议批准机关下属负责法规工作的机构对法规草案进行审核时，重要的一项内容是要审核其“是否同宪法和法律不一致”。而《规定》的基本宗旨就是为了“保证党内法规和规范性文件同党章和党的理论、路线、方针、政策相一致，同宪法和法律相一致”，因而就党内法规和规范性文件备案审查的范围、主体、程序、原则、标准、时效、后果等作出了具体规定：（1）党内法规和规范性文件备案审查的范围是中央纪律检查委员会、中央各部门、中央军事委员会及其总政治部和省、自治区、直辖市党委制定的党内法规和规范性文件；（2）审查主体是中央办公厅，具体承办党内法规和规范性文件备案工作的是中央办公厅法规工作机构；（3）审查程序是应当备案的党内法规和规范性文件，自发布之日起三十日内由制定机关报送中央备案，联合发布的党内法规和规范性文件由主办机关报送中央备案；（4）合宪性审查标准是审查规范性文件"是否同宪法不一致"；（5）审查时效：中央办公厅法规工作机构应当在收到报送备案的党内法规和规范性文件后三十日内完成备案审查；（6）审查的后果：如发现党内法规和规范性文件存在同宪法不一致的问题，中央办公厅法规工作机构经批准可以建议制定机关自行纠正，制定机关应当在三十日内作出处理并反馈处理情况，逾期不作出处理的，中央办公厅提出予以纠正或者撤销的建议，报请中央决定。因此，上述《条例》《规定》的颁布标志着中国共产党党内法规与规范性文件备案审查制度正式确立，其中的合宪性审查包含在党内法规备案审查制度之中。2019 年 9 月，中共中央印发了修订后的《中国共产党党内法规制定条例》、《中国共产党党内法规和规范性文件备案审查规定》和新制定的《中国共产党党内法规执行责任制规定（试行）》，党内法规备案审查制度进一步完善。不过，党内法规备案审查制度是一种集合宪性审查、合法性审查、合规性审查于一体的综合性审查机制，但其中一个重要内容就是审查党内法规与规范性文件是否同宪法不一致。可见，从某种意义上来说，党内法规和规范性文件备案审查制度也是党内法规的合宪性审查制度。

2013 年 11 月，党的十八届三中全会通过的《中共中央关于全面深化改革若干重大问题的决定》明确提出了“健全法规、规章、规范性文件备案审查制度”的要求。2014 年 10 月，党的十八届四中全会通过的《中共中央关于全面推进依法治国若干重大问题的决定》首次把“形成完善的党内法规体系”纳入“建设中国特色社会主义法治体系”之中，与完备的法律规范体系、高效的法治实施体系、严密的法治监督体系、有力的法治保障体系共同成为中国特色社会主义法治体系的有机组成部分；同时《决定》提出了两种备案审查制度的完善建设问题：一种是全国人大及其常委会备案审查制度和能力建设，要求“把所有规范性文件纳入备案审查范围，依法撤销和纠正违宪违法的规范性文件”，另一种是加强党内法规备案审查制度，要求“形成配套完备的党内法规制度体系”。学理上可把前者称为“国家法规与规范性文件合宪性审查制度”，把后者称为“党内法规与规范性文件合宪性审查制度”。

随着 2013 年党内合宪性审查制度的设立，中国合宪性审查制度实际上不仅存在着由全国人大及其常委会主导的国家意义上的合宪性审查制度，同时也存在着由中央委员会下属的中共中央办公厅主导的党内层面的合宪性审查制度。正如全国人大常委会法制工作委员会主任沈春耀 2017 年 12 月 24 日在十二届全国人大常委会第三十一次会议上所作的《关于十二届全国人大以来暨2017年备案审查工作情况的报告》中指出："根据宪法法律、行政法规、地方性法规以及党内法规和军事法规有关规定，目前我国已经形成由党委、人大、政府、军队各系统分工负责、相互衔接的规范性文件备案审查制度体系。基本框架是：全国人大常委会对行政法规、地方性法规、司法解释进行备案审查；国务院对地方性法规、部门规章、地方政府规章进行备案审查；地方人大常委会对本级及下级地方政府规章以及下一级地方人大及其常委会的决议、决定和本级地方政府的决定、命令进行备案审查；党中央和地方党委对党内法规和党内规范性文件进行备案审查；中央军事委员会对军事规章和军事规范性文件进行备案审查。"[7] 如果说国家层面的合宪性审查解决的是包括法律、法规与司法解释在内的规范性文件是否与宪法相抵触的问题，那么执政党层面的合宪性审查解决的是党内法规和规范性文件是否与宪法相一致的问题。上述两套合宪性审查制度虽然在审查主体与审查对象上存在差异，但都是处理并解决规范性文件是否同宪法相一致的问题，从而初步实现了十八届四中全会提出的"把所有规范性文件纳入备案审查范围，依法撤销和纠正违宪违法的规范性文件"这一要求。

党的十九大在中国特色社会主义新时代提出了新的要求：

7　沈春耀在十二届全国人大常委会第三十一次会议上所作的《关于十二届全国人大以来暨2017年备案审查工作情况的报告》，《全国人民代表大会常务委员会公报》2018年第1期。

“加强宪法实施和监督，推进合宪性审查工作，维护宪法权威。”其中“推进合宪性审查工作”就不能仅仅理解为推进国家意义上的合宪性审查工作，也应包括推进党内法规和规范性文件的合宪性审查工作：既要完善全国人大常委会的合宪性审查工作，也要进一步完善党内法规的合宪性审查工作，同时必须兼顾上述二元式审查制度的建设与完善，使之成为独具中国特色与风格的宪法审查制度。

二、确立“党内法规归党审查、国家法规归国家审查”双重机制

我国同时存在党内备案审查与国家备案审查两套合宪性审查制度，由此引发的问题是，执政党——中国共产党——的党内法规和规范性文件如果与宪法不一致或与宪法相抵触，能否由全国人大常委会主导的国家合宪性审查制度予以审查？换言之，在我国，是确立两套并行不悖的合宪性审查制度，还是仅仅设置一套国家意义上的合宪性审查制度，而把党内法规和规范性文件一并纳入该合宪性审查体制与机制之中？

在我国，倘若仅仅致力于国家层面的宪法审查制度建构，必然会面临一个非常现实与急迫的政治性问题：党的政策与主张若与宪法相抵触，须纳入全国人大常委会主导的合宪性审查制度之中。如果从一元式宪法审查制度模式观之，包括中国共产党在内的所有政党其规范性文件都要纳入国家层面的宪法监

督审查之中。有学者提出："审查政党和社会组织的规范性文件（主要是党的政策等文件）是否违反宪法，应作为宪法监督内容之一。"[8] 宪法监督的内容包括政党的规范性文件。[9] 然而，这种国家层面的一元式合宪性审查制度不但不适合中国基本国情，而且也不符合民主集中制原则下形成的中国"集体领导体制"与党的政策规定。

第一，中国特色的社会主义制度与政党制度要求共产党的政策必须与宪法相一致。中国特色社会主义最本质的特征是党的领导，这一判断在习近平总书记的讲话中被反复强调，党的十八届四中全会也明确强调："党的领导是中国特色社会主义最本质的特征，是社会主义法治最根本的保证。"共产党不仅是领导党，更是执政党，共产党的执政不同于西方竞争性政党的轮流执政，它是长期执政而非短期或周期性执政。最重要的是，这种由共产党领导并长期执政的政治制度，不仅是全体中国人民的自我选择，也是历史的必然选择。这种双重选择是基于对中国共产党的政策、方针、路线的信任与拥护；同时，中国共产党的性质也决定了它的政策、主张与人民意志和利益的高度一致性和融合性。《中国共产党党章》规定：中国共产党是"中国工人阶级的先锋队，同时是中国人民和中华民族的先锋队，是中国特色社会主义事业的领导核心，代表中国先进

8 蔡定剑：《我国宪法监督制度探讨》，《法学研究》1989 年第 3 期。

9 李忠：《宪法监督论》，社会科学文献出版社 1999 年版，第 132—134 页。

生产力的发展要求，代表中国先进文化的前进方向，代表中国最广大人民的根本利益”；“党除了工人阶级和最广大人民群众的利益，没有自己特殊的利益”。总书记在十九大报告中也指出：“中国共产党人的初心和使命，就是为中国人民谋幸福，为中华民族谋复兴”，全党“永远把人民对美好生活的向往作为奋斗目标”。因此，中国共产党完全不同于西方资产阶级政党，中国共产党的利益与人民的利益是完全一致的。中国共产党站在以人民为中心的根本利益上进行集体决策，其政策、方针与主张应当是符合人民共同意志与根本利益的。由于我国宪法“反映了我国各族人民的共同意志和根本利益，成为历史新时期党和国家的中心工作、基本原则、重大方针、重要政策在国家法制上的最高体现”，[10] 所以，党的方针、政策等规范性文件必须合乎宪法这一“最高体现”，党内法规和规范性文件必须与宪法相一致，这是国家法制的基本要求。执政党在正式出台政策、方针之前，已经进行了备案式合宪性审查，所以，正式出台的党内法规与规范性文件通常不会与宪法法律相抵触。当然，作为长期执政的、没有自己特殊利益的政党，也必然要求其政策和主张与宪法法律相一致，否则将会失去其长期执政的合法性根基。这就是为什么需要党内合宪性审查的基本考量，只有党内先行进行合宪性审查，才能保证党章所要求的

10　习近平：《在首都各界纪念现行宪法公布施行三十周年大会上的讲话》（2012 年 12 月 4 日），中共中央文献研究室编：《十八大以来重要文献选编》（上），中央文献出版社 2014 年版，第 86 页。

“党必须在宪法和法律的范围内活动”原则的实现。

第二，党的政策和国家宪法与法律本质上具备一致性。“我们党的政策和国家法律都是人民根本意志的反映，在本质上是一致的”；同时，“党的政策是国家法律的先导和指引，是立法的依据和执法司法的重要指导”；“党的政策成为国家法律后，实施法律就是贯彻党的意志，依法办事就是执行党的政策”。[11] 因此，从纯粹意义上说，党的政策和主张是不会与宪法和法律相抵触的，因为宪法和法律都是党领导人民制定的，宪法和法律在某种意义上就是党的政策的体现与反映，正如习近平总书记所强调的：“在我国，法是党的主张和人民意愿的统一体现。”[12] 这里的“法”既包括宪法，也涵盖法律。新中国成立后，历来就有“政策是法律的灵魂”的主张。由于党的政策与宪法法律本质上是一致的，都是人民根本意志和利益的反映，加上党的政策对法律又具有“先导”与“指引”的功能，所以党的政策和规范性文件是否与宪法相一致，首先应由党内合宪性审查机构先行审查比较妥当，通过党内先行进行合宪性审查，就能够保证党的规范性文件始终与宪法原则、精神、规范相一致，从而保障党的政策、主张的合法性与正当性，以避

---

11 习近平：《在中央政法工作会议上的讲话》（2014 年 1 月 7 日），中共中央文献研究室编：《习近平关于全面依法治国论述摘编》，中央文献出版社 2015 年版，第 20 页。

12 习近平：《在省部级主要领导干部学习贯彻党的十八届四中全会精神全面推进依法治国专题研讨班上的讲话》（2015 年 2 月 2 日），中共中央文献研究室编：《习近平关于全面依法治国论述摘编》，中央文献出版社 2015 年版，第 36 页。

免与宪法相抵触的可能性。通过党内合宪性审查制度，就几乎把与宪法法律不一致的情形都排除掉了。

第三，“党对一切工作的领导”[13]决定了党内法规须归党的合宪性审查机关审查。“党领导一切”的原则决定了党不仅领导立法，而且“党的领导体现在人大党组和党员的要求上”，“人大的监督工作要接受党的领导”，[14]因此，全国人大常委会的合宪性审查监督工作必须在党的领导下进行，离开党的领导，国家层面的合宪性审查工作或许寸步难行。所以，从根本上说，党的领导与国家层面的合宪性审查是一致的，甚至可以说，党的领导是全国人大常委会的合宪性审查的根本要求，因为“要把党的领导贯彻到依法治国全过程和各方面”，[15]而依法治国的全过程与各方面当然包含了国家层面的合宪性审查工作。换言之，全国人大常委会主导的合宪性审查，最终必须在党的领导下才能有效展开审查工作。所以，即便是国家层面的合宪性审查，也贯彻着党的意志，从该意义上而言，党内合宪性审查机构对党的规范性文件进行了先行审查，就没有必要再由党领导下的国家层面的合宪性审查机构进行审查。如此一来，倘若执政党内部设立了合宪性审查制度与机制，党内法规

13 十九大报告《决胜全面建成小康社会，夺取新时代中国特色社会主义伟大胜利》，中国共产党第十九次全国代表大会文件汇编编写组编：《中国共产党第十九次全国代表大会文件汇编》，人民出版社 2017 年版，第 16 页。

14 李鹏：《立法与监督：李鹏人大日记》（下），新华出版社、中国民主法制出版社 2006 年版，第 547 页。

15 习近平：《加快建设社会主义法治国家》，《求是》2015 年第 1 期。

和规范性文件直接由其进行合宪性审查，就可以保证党的政策和主张与宪法法律相一致，因此能够保证党的政策和主张的合宪性、合法性与正当性。这种做法在实践中得到了佐证与体现，曾担任全国人大常委会副秘书长的刘政指出："党内文件和领导人的讲话，都不得同宪法和法律相抵触；如果抵触了，上级党组织或同级党组织必须予以纠正，人大党组织也可以提意见。"[16] 党内法规或规范性文件与宪法法律不得相抵触是基本原则，但是先由党内进行审查或提出意见予以纠正，才合乎党的领导这一"根本法"。

第四，中国独特的"集体领导体制"决定了全国人大常委会无力审查作为执政党与领导党的共产党的政策与规范性文件。经济学家胡鞍钢曾把中共中央政治局常委会的领导机制，即常委会成员分工合作与协调合力相结合的集体领导机制，称为"中国特色的集体领导制"。[17] 他认为："中国共产党作为世界上最大的执政党，建立了一整套以民主集中制为原则的政治制度体系，其代表就是不断发展和完善的中共中央集体领导体制。"[18] 这样一套集体领导体制，从"党必须按照总揽全局、协调各方的原则，在同级各种组织中发挥领导核心作用"[19] 出发，

16 刘政：《人民代表大会制度的历史足迹》，中国民主法制出版社 2014 年版，第 175 页。

17 胡鞍钢：《中国集体领导体制》，中国人民大学出版社 2013 年版，第 10 页。

18 胡鞍钢、杨竺松：《创新中国集体领导体制》，中信出版集团 2017 年版，第 2 页。

19 《中国共产党党章》(2017)，中国共产党第十九次全国代表大会文件汇编编写组编：《中国共产党第十九次全国代表大会文件汇编》，人民出版社 2017 年版，第 78 页。

中共中央政治局常委会成员分别出任党、政府（国务院）、全国人大和全国政协等党和国家机构的主要领导人，分管不同工作，并协调合力进行重大决策，同时在中央政治局常委会成员中树立“政治意识、大局意识、核心意识、看齐意识”，维护以习近平同志为核心的党中央权威和集中统一领导，其遵循的基本原则就是《中国共产党党章》和现行宪法确立的民主集中制。以中国特色的民主集中制原则所形成的集体领导体制为视角，我们分析和考察中共中央与全国人大及其常委会的关系。全国人大及其常委会虽然是共产党执政下的一个最高国家权力机关，但不是“最高政治领导力量”，也不是“最高监督机关”。[20] 尤为值得关注的一个基本制度是，2015 年以来，新一届中央领导集体为了加强党中央的集中统一领导，加强党中央对全国人大常委会、国务院、全国政协、最高人民法院、最高人民检察院的统一领导，形成并确立了中央政治局常委会听取全国人大常委会、国务院、全国政协、最高人民法院、最高人民检察院党组汇报工作的制度性安排。[21] 从 2015 年到 2018 年，中央政治局常委会已经连续四次听取上述中央国家机关党组的

20 李鹏曾针对“全国人大是最高国家权力机关，因此也是最高监督机关”的论点指出，“这不符合实际，人大虽是最高国家权力机关，但要在中国共产党的领导下工作，这是我们中国政治的特点。离开了这个原则，就处理不好党和人大的关系，位置摆不正，各方面的工作就都做不好了”，所以，李鹏认为“人大不应该是最高的监督机构”。参见李鹏：《立法与监督：李鹏人大日记》（下），新华出版社、中国民主法制出版社 2006 年版，第 562 页。

21 《听取全国人大常委会、国务院、全国政协、最高人民法院、最高人民检察院党组工作汇报》，《人民日报》2015 年 1 月 17 日。

工作报告。2018 年 1 月 15 日中共中央政治局常委会在听取全国人大常委会、国务院、全国政协、最高人民法院、最高人民检察院党组工作汇报会议上指出："实践证明，这是坚持党中央权威和集中统一领导的重要制度安排，十分必要、很有意义，必须坚持下去。"[22] 迄今，中央国家机关党组向中共中央政治局常委会汇报工作制度已写入 2016 年 10 月 27 日中国共产党第十八届中央委员会第六次全体会议通过的《关于新形势下党内政治生活的若干准则》，2017 年 10 月 27 日十九届中共中央政治局审议通过的《关于加强和维护党中央集中统一领导的若干规定》之中；其中，《准则》要求"全国人大常委会、国务院、全国政协，中央纪律检查委员会，最高人民法院、最高人民检察院，中央和国家机关各部门，各人民团体，各省、自治区、直辖市，其党组织要定期向党中央报告工作"，《规定》要求"中央书记处和中央纪律检查委员会、全国人大常委会党组、国务院党组、全国政协党组、最高人民法院党组、最高人民检察院党组每年向中央政治局常委会、中央政治局报告工作"。在中央政治局常委会 2015 年初第一次听取工作汇报时，党组的重要意义就阐述得十分清楚，"党组是党中央和地方各级党委在非党组织的领导机关中设立的组织机构，是实现党对非党组织领导的重要组织形式和制度保证"。2015 年 6 月 16

22 《习近平主持中共中央政治局常务委员会会议听取全国人大常委会党组等工作汇报》，中国人大网，http: //www.npc.gov.cn/npc/xinwen/2018-01/18/content_2036629.htm，2020 年 3 月 26 日访问。

日颁布的《中国共产党党组工作条例（试行）》规定，“党组是党在中央和地方国家机关、人民团体、经济组织、文化组织、社会组织和其他组织领导机关中设立的领导机构，在本单位发挥领导核心作用”，“党组书记一般由本单位领导班子主要负责人担任”。据此可知，中央国家机关党组书记一般由最高首长担任，因此，中央政治局常委会听取全国人大常委会、国务院、全国政协、最高人民法院、最高人民检察院党组工作汇报和中央书记处工作汇报，实际上是听取政治局常委们的工作汇报。同时，《关于加强和维护党中央集中统一领导的若干规定》还要求中央政治局全体成员“要坚持每年向党中央和总书记书面述职”。因此，在这种民主集中制下的集体领导体制下，全国人大常委会是无权审查中国共产党制定的规范性文件的，因为“人大享有的权力要根据党中央的决策，经过法定程序来实现”。2002 年 7 月，时任全国人大常委会委员长李鹏同志到时任党的总书记江泽民同志处谈《监督法》时说过：“宪法规定全国人大为最高国家权力机关，但宪法也明确我国的各项工作应在党的领导下进行。”[23] 可见，全国人大虽然是宪法意义上的“国家”的最高权力机关，但事实上不是“党和国家”的最高权力机关，其国家权力的行使与实现都须接受党的领导。因此，有学者指出：由全国人大常委会按《立法法》规定的程

23 李鹏：《立法与监督：李鹏人大日记》（下），新华出版社、中国民主法制出版社 2006 年版，第 551 页。

序，接受审查要求或建议并进行审查处理，就我国目前的党政关系和法治环境而言，并不现实，全国人大常委会“无权”实际也无能力径自审查处理党内法规和规范性文件。[24] 也有学者认为：“如果由人大来审查居于领导地位的党组织制定的党内法规和规范性文件，就会出现逻辑关系颠倒、权力位阶不清的问题，进而也难以付诸实践。”[25] 因此，中国的这种政治现实决定了全国人大及其常委会难以单独胜任对党内法规和规范性文件进行合宪性审查的职责，它必须通过党组织，在党的领导下进行。全国人大常委会的合宪性审查必须限于国家层面的法律、法规、司法解释及规范性文件审查。事实上，根据目前我国相关备案审查制度的规定，全国人大常委会法工委法规备案审查室仅将国家法规与司法解释纳入其备案审查的范围，党内法规和规范性文件是由党的中共中央办公厅法规工作机构进行备案审查。这是针对主动审查而言的，若涉及对党内法规和规范性文件的被动审查，则需要通过我国政治体制的改革，整合党内合宪性审查与全国人大常委会的合宪性审查，创新合宪性审查体制与机制，构建联动合宪性审查制度，共同开展对党内法规和规范性文件的合宪性审查。

第五，全国人大及其常委会无权审查涉及全党全国性的

24 秦前红、苏绍龙：《党内法规与国家法律衔接和协调的基准与路径——兼论备案审查衔接联动机制》，《法律科学》2016 年第 5 期。

25 马立新：《党内法规与国家法规规章备案审查衔接联动机制探讨》，《学习与探索》2014 年第 12 期。

重要规范性文件。党中央出于“坚决维护党中央权威”之考量，在《关于新形势下党内政治生活的若干准则》中明确规定：“涉及全党全国性的重大方针政策问题，只有党中央有权作出决定和解释。各部门各地方党组织和党员领导干部可以向党中央提出建议，但不得擅自作出决定和对外发表主张。对党中央作出的决议和制定的政策如有不同意见，在坚决执行的前提下，可以向党组织提出保留意见，也可以按组织程序把自己的意见向党的上级组织直至党中央提出。”该规定是对党的重大方针政策问题的解释主体第一次作出的明确规定，这无疑向世人表明，凡是涉及全党全国性的重大方针政策问题，只有党中央有权作出决定和解释，包括全国人大及其常委会在内的党外国家机关均无权作出决定和解释。尽管《关于新形势下党内政治生活的若干准则》是以党的规范性文件的形式出现的，但该《准则》是由中央委员会全体会议通过的、“一个思想性、政治性、综合性很强的文件”，《准则》“在党内法规体系中位阶比较高，仅次于党章”。[26] 最为引人注目的是，依据《准则》规定，党的方针政策是否与宪法相一致的合宪性解释权只能由党中央行使，党外的任何国家机关均无权解释，如此一来，等于完全否定了全国人大及其常委会有权解释党内法规文件的可能，从而为“党内法规审查归党管、国家法规审查归国家”的

26 习近平：《关于〈关于新形势下党内政治生活的若干准则〉和〈中国共产党党内监督条例〉的说明》，央视新闻网，http: //news.cctv.com/2016/11/02/ARTIBNpXMM4WDFuQxBDskcpx161102_3.shtml，2020 年 3 月 26 日访问。

二元型混合制提供了直接的政策依据，并为党内法规审查与国家法规审查这两种不同的制度划定了疆界。

当然，我们也必须看到，党内法规和规范性文件若仅由党内合宪性审查机制进行审查，同样会存在两大困境。第一大困境是党内合宪性审查机构没有“解释宪法”的法定职权。因为，只要是合宪性审查，无论是党内层面的还是国家层面的，其审查机构皆面临对宪法规范或宪法原则、宪法精神的理解与解释的问题，然而，我国《宪法》第六十七条第一款已明确把“解释宪法”的职权赋予了全国人大常委会，全国人大常委会的宪法解释权力属于专属权，其他任何机关都不得享有。我国宪制决定了党内合宪性审查机构是无权解释宪法的。当然，这种“无权”是相对于全国人大常委会的“有权”解释而言的，有与无之分不在于可否解释，只在于解释的后果是否具有法律上的拘束力，其他主体的解释固然无法律上的拘束力，但依然可以作无权解释或学理解释。因为党内合宪性审查机制属于政党内部的审查，所以党内审查机构即使针对宪法的规范、原则或精神进行了理解与解释，其性质仅是一种学理性的宪法解释，其后果只在党内发生效力，而不具有溢外的普遍约束力。党内合宪性审查机构通过学理性的宪法理解与解释，以确保党内法规与规范性文件不与宪法相抵触。

基于宪法解释权力的专属性，党内合宪性审查机制面临的第二大困境在于：若是发现党的政策、方针、主张在实际执行中与宪法不一致，怎么办？这个相当棘手的敏感问题，在起草《监督法》时就出现过。1990 年 4 月，七届全国人大常委会党组确定拟定《监督法》，同年 10 月形成了《监督法》修改稿，其中出现的问题是：在监督宪法的实施时，如果有人向人大提出党中央的文件有同宪法不一致的地方，人大要不要管？当时起草小组向全国人大常委会党组汇报时认为："监督宪法实施的主要任务之一是审查规范性文件，《监督法》修改稿第十六条规定了被动审查的规范性文件中，包括各政党、各社会团体中央机关制定的规范性文件，这其中自然包括党中央的文件。这样规定，就是说如果有人控告党中央的文件有同宪法不一致的地方，人大应当管。有的同志提出，这样规定难以实行。但多数同志认为，宪法序言和宪法第五条都规定：一切国家机关和武装力量、各政党和各社会团体、各企业事业组织都必须遵守宪法和法律。一切违反宪法和法律的行为，必须予以追究；党章也规定，党必须在宪法和法律范围内活动。因此，作上述规定是合乎宪法和党章的，不好不作规定。"[27] 可见，当时多数人的意见是同意将党中央的规范性文件纳入国家层面的合宪性监督审查机制之中的。《监督法》的起草工作当年被搁置，这与修改稿中规定监督审查党的政策文件等政治性敏感问题不无关系。其后，历经七届、八届、九届等三届人大，两任党的总书记，前后历时十六年，最终于 2006 年 8 月 27 日十届全国人大常委会第二十三次会议通过了《中华人民共和国各级人民代表大会常务委员会监督法》，但是在正式通

27　刘政：《人民代表大会制度的历史足迹》，中国民主法制出版社 2014 年版，第 180 页。

过的《监督法》条款中，监督审查党的政策文件的合宪性内容均被删除。由国家层面的审查机关来监督审查党的方针政策文件，这本身就是一个十分敏感的重大政治性问题，本着“政治问题不予审查”的通例，就党和国家最高领导层而言，对这一问题的考量，必须慎重对待，它从一个侧面反映了党外机构审查党内法规文件的不可能性。

通过上述分析可见，无论从备案审查即主动审查，还是从有主体提起的被动审查来看，全国人大常委会单独对党内法规和规范性文件进行合宪性审查，都是存在诸多困境的，在某种程度上可以说是主体不适格；而完全由党内合宪性审查机构对其规范性文件进行备案式主动审查与有主体提起的被动审查，也会面临解释宪法的法定权限阙如或正当性缺失等问题。因此，笔者认为，在备案式主动审查的层面，党内法规合宪性审查归党的合宪性审查机构，国家层面的法规合宪性审查归全国人大常委会，这种二元并存的审查机制事实上在我国备案审查制度建设实践中也已形成。“目前，我国实行分领域备案、各负其责的备案工作体系。中共中央对党内法规和规范性文件进行备案审查；全国人大对行政法规、地方性法规、经济特区法规、自治条例和单行条例、司法解释进行备案审查；国务院对地方性法规、自治州和自治县制定的自治条例和单行条例以及规章进行备案审查。”[28] 针对这种既存的制度事实，我们应当

28 《什么是备案审查衔接联动机制》,《秘书工作》2012 年第 11 期。

承认其合理性，它是目前能够寻求到的处理党和人大关系的最佳路径与选择。在被动审查层面，对于党内法规和规范性文件的审查，既不能由党内合宪性审查机构审查，也不能由国家的合宪性审查机构审查，所以，“为了加强党和国家备案工作机构之间的协调配合，推进党和国家备案工作深入开展，在党内法规和规范性文件备案工作机构与国家法规、规章和规范性文件备案工作机构之间建立的备案协作机制”，[29] 只有构建联动合宪性审查制度，方能最终解决党的领导与全国人大常委会合宪性审查之间的张力与悖论。

三、认真对待中国特色的合宪性审查制度

通过前文分析可知，我国合宪性审查制度是一种独具中国特色与风格的审查制度，它既不是普通法院型的美国模式，也不是宪法法院或宪法委员会型的欧陆模式，而是由党内审查与国家审查构成的二元审查机制。我们如何看待与评价这种混合型宪法审查制度？

毫无疑义，任何一项制度的设计，皆须首先尊重本国的政治制度与政治现实，并立足于本国的实际情况，唯有如此，制度规范与政治事实才能契合，从而发挥其应有的最佳效能。当代中国之所以要建构宪法审查制度，是因为我国是成文宪法

29 《什么是备案审查衔接联动机制》，《秘书工作》2012 年第 11 期。

国家，这意味着宪法的地位和效力是至高无上的。凡成文宪法国家均确立了宪法司法审查制度，借此保障宪法的至尊性。在我国，现行宪法也确立了宪法的至尊性——本宪法是“国家的根本法，具有最高的法律效力”(《宪法》序言)。《立法法》第八十七条确认：“宪法具有最高的法律效力，一切法律、行政法规、地方性法规、自治条例和单行条例、规章都不得同宪法相抵触。”党和国家的最高领导人也阐释说：“宪法是国家的根本法，是治国安邦的总章程，具有最高的法律地位、法律权威、法律效力，具有根本性、全局性、稳定性、长期性。”[30]因此，宪法的至尊优越性决定了党和国家的全部规范性文件——国家的法律、法规、规章以及司法解释等所有规范性文件与党内法规和规范性文件——都不得与宪法相抵触，一切违反宪法的行为必须予以追究。而维护宪法的至上权威与最高效力，就必须建立合宪性审查制度，以确保党和国家一切规范性文件与宪法相一致。然而，宪法审查制度的确立，不是由哪一个人说了算，也不存在直接“拿来”并“移植”的普适制度模式，而是取决于一个国家自身的基本现实，我国早就有“橘生淮南则为橘，生于淮北则为枳”的古训，习近平总书记也指出：“走什么样的法治道路、建设什么样的法治体系，是由一个国家的

---

30 习近平:《在首都各界纪念现行宪法公布施行三十周年大会上的讲话》，中共中央文献研究室编:《十八大以来重要文献选编》(上)，中央文献出版社 2014 年版，第 88 页。

基本国情决定的。”[31] 在另外一次讲话中，他指出：“我们有符合国情的一套理论、一套制度，同时我们也抱着开放的态度，无论是传统的还是外来的，都要取其精华、去其糟粕，但基本的东西必须是我们自己的，我们只能走自己的道路。”[32] 因此，建构中国合宪性审查制度，就要从我国的实际出发，立足中国国情，突出中国特色与中国风格，为世界宪法审查制度贡献中国智慧与中国方案。

我国的政治制度和法治建设与西方国家到底有何不同？习近平总书记针对中西法治的不同曾从两个层面作出阐释：一是从党的领导层面，二是从社会主义制度层面。他指出：“党的领导是中国特色社会主义法治之魂，是我们的法治同西方资本主义国家法治的最大区别”；同时，他指出：“我国社会主义制度保证了人民当家作主的主体地位，也保证了人民在全面推进依法治国中的主体地位。这是我们的制度优势，也是中国特色社会主义法治区别于资本主义法治的根本所在。”[33] 显然，党的领导与中国特色社会主义制度是中国特色社会主义法治道路、法治理论与法治体系建设的根基与原点，是我国合宪性审

---

31 习近平：《加快建设社会主义法治国家》，《求是》2015 年第 1 期。

32 习近平：《在省部级主要领导干部学习贯彻党的十八大四中全会精神全面推进依法治国专题研讨班上的讲话》（2015 年 2 月 2 日），中共中央文献研究室编：《习近平关于全面依法治国论述摘编》，中央文献出版社 2015 年版，第 35 页。

33 习近平：《在省部级主要领导干部学习贯彻党的十八大四中全会精神全面推进依法治国专题研讨班上的讲话》（2015 年 2 月 2 日），中共中央文献研究室编：《习近平关于全面依法治国论述摘编》，中央文献出版社 2015 年版，第 35 页。

查制度与西方合宪性审查制度之本质差异所在。

何谓“党的领导”？简言之，党的领导就是“党是领导一切的”。早在1942年9月1日，中共中央通过的《关于统一抗日根据地党的领导及调整各组织间关系的决定》中就明确指出：“党……领导一切其他组织，如军队、政府与民众团体。根据地领导的统一与一元化，应当表现在每个根据地有一个统一的领导一切的党的委员会。”这是最早出现关于“党领导一切”思想的党的正式文件。后来毛泽东同志进一步阐发了“党领导一切”的思想。1954年9月15日，他在第一届全国人民代表大会第一次会议开幕式讲话中明确指出：“领导我们事业的核心力量是中国共产党。”[34]1962年1月30日，他在扩大的中央工作会议上明确指出：“工、农、商、学、兵、政、党这七个方面，党是领导一切的。党要领导工业、农业、商业、文化教育、军队和政府。”[35]2000年1月，时任党的总书记江泽民同志在中纪委第四次全体会议上发表的讲话中重申“工农兵学商，党是领导一切的”的思想。[36]而习近平总书记在讲话中则突出并强调了“党的领导是中国特色社会主义最本质的特

34 中共中央文献研究室编：《毛泽东文集》第六卷，人民出版社1999年版，第350页。

35 中共中央文献研究室编：《毛泽东文集》第六卷，人民出版社1999年版，第305页。

36 中共中央文献研究室编：《十五大以来重要文献选编》(中)，人民出版社2001年版，第1105页。

征”的论断。[37]党的十八届四中全会通过的《中共中央关于全面推进依法治国若干重大问题的决定》以党的文件的形式明确强调：“党的领导是中国特色社会主义最本质的特征，是社会主义法治最根本的保证。”党的十八届七中全会再次指出：“确保党对一切工作的领导，确保党总揽全局、协调各方。”十九大报告重点强调了“中国特色社会主义最本质的特征是中国共产党领导，中国特色社会主义制度的最大优势是中国共产党领导，党是最高政治领导力量”，这是对中国共产党领导下的中国革命伟大实践经验的总结和概括，也是新时代中国特色社会主义建设的核心和根本保障，并再次重申“党政军民学，东西南北中，党是领导一切的”这一思想，提出“坚持党对一切工作的领导”的基本原则，并将它置于在新时代坚持和发展中国特色社会主义基本方略的第一条。可以说，党的领导这一政治原则是新时代中国特色社会主义取得成功和走向胜利的根本政治保证。

党的领导是中国特色社会主义最本质的特征。党的十八大以来，习近平总书记提出并反复强调的一个重要论断是：“中国共产党领导是中国特色社会主义最本质的特征。”[38]2018

37 习近平：《加快建设社会主义法治国家》，《求是》2015年第1期。

38 2014年2月17日，在省部级主要领导干部学习贯彻十八届三中全会精神全面深化改革专题研讨班上，习近平总书记在讲话中提出了“中国共产党领导是中国特色社会主义最本质的特征”的政治论断；2014年10月20日，总书记在《关于〈中共中央关于全面推进依法治国若干重大问题的决定〉的说明》中重申“党的领导是中国特色社会主义最本质的特征”。

年3月，全国人大第五次修宪把“中国共产党领导是中国特色社会主义最本质的特征”载入《宪法》第一条，从而以根本法的形式确立了党的领导的宪法崇高地位。有学者指出：“这是党的十八大以来以习近平同志为核心的党中央关于中国共产党历史地位的两个全新论断。”[39]这一论断，“从中国特色社会主义本质特征的高度强调了党的领导的极端重要性，使我们对党的领导和中国特色社会主义的认识达到一个前所未有的新高度”。[40]之所以作出这种政治论断，是因为中国共产党的领导直接决定和体现中国特色社会主义的性质。中国特色社会主义包括道路、理论体系和制度，其中的每一个方面都体现了党的领导：中国特色社会主义道路是中国共产党领导人民开创的，中国特色社会主义理论体系是中国共产党的指导思想和行动指南，中国特色社会主义制度的建设和发展，都必须在党的领导下来完成。[41]一言以蔽之，中国特色社会主义就是中国共产党领导人民开创的，没有共产党的领导，就没有中国特色的社会主义。所以，在建构我国法治秩序的过程中，必须保障党的领导这一核心与灵魂。习近平总书记指出：“我们全面推进依法治国，绝不是要虚化、弱化甚至动摇、否定党的领导，而是为

---

39 丁俊萍:《党的领导是中国特色社会主义最本质的特征和最大优势》,《红旗文稿》2017年第1期。

40 闻言:《党的领导是中国特色社会主义最本质的特征》,《人民日报》2016年6月23日。

41 陈耿、雷金合:《党的领导是中国特色社会主义最本质特征》,《解放军报》2017年12月11日。

了加强党的执政地位、改善党的执政方式、提高党的执政能力，保证党和国家长治久安。”[42] 在这一基点上，中国特色社会主义法治道路包括合宪性审查制度的选择，与西方国家的法治道路及其合宪性审查制度注定分道扬镳。

决定中国特色合宪性审查制度的另外一个因素是中国特色社会主义制度。何谓中国特色社会主义制度？十八大报告指出：“中国特色社会主义制度，就是人民代表大会制度的根本政治制度，中国共产党领导的多党合作和政治协商制度、民族区域自治制度以及基层群众自治制度等基本政治制度，中国特色社会主义法律体系，公有制为主体、多种所有制经济共同发展的基本经济制度，以及建立在这些制度基础上的经济体制、政治体制、文化体制、社会体制等各项具体制度。”[43] 中国特色社会主义各项制度的发展与完善，都离不开党的领导，正如党中央《关于新形势下党内政治生活的若干准则》开篇所说：“办好中国的事情，关键在党”，因为中国共产党是中国特色社会主义事业的领导核心。党的十九大所形成的习近平新时代中国特色社会主义思想的一个重要内容，就是明确了中国特色社会主义制度的最大优势是中国共产党领导，党是最高政治领导

42 习近平：《在省部级主要领导干部学习贯彻党的十八大四中全会精神全面推进依法治国专题研讨班上的讲话》（2015 年 2 月 2 日），中共中央文献研究室编：《习近平关于全面依法治国论述摘编》，中央文献出版社 2015 年版，第 35 页。

43 中共中央文献研究室编：《十八大以来重要文献选编》（上），中央文献出版社 2014 年版，第 10 页。

力量。从某种意义上说，党的领导与中国特色社会主义制度在本质特征上是一致的，中国特色社会主义各项制度都是在党的领导下开创和发展的，因此中国特色社会主义制度的核心要义就是党的领导。

通过上述分析，我们得出一个基本结论：中国特色社会主义的本质与核心在于党的领导，党和国家的各项活动都必须体现党的领导，党和国家的各项事业都必须坚持“党对一切工作的领导”这一政治理念与政治原则，并“确保党发挥总揽全局、协调各方的领导核心作用”。[44] 究其根本原因在于：中国共产党是世界上唯一一个最大的、长期执政的政党，在中国，“各民主党派参政，没有反对党，不是三权鼎立、多党轮流坐庄，我国的法治体系要跟这个制度相配套”。[45] 显然，中国与西方国家的政治制度模式的根本差异，决定了中国合宪性审查制度的建构也必须体现党的领导的政治原则与宪法原则，而这正是中国的特色与风格。因此，混合型合宪性审查制度是符合中国国情的，与中国特色社会主义政治制度与政治现实相一致，并深深扎根于中国特色社会主义道路、理论体系与制度这

44 习近平总书记多次强调这一党的领导核心作用，2014 年 1 月 7 日，总书记在中央政法工作会议上的讲话中指出：“要善于通过法定程序使党的主张成为国家意志、形成法律，通过法律保障党的政策有效实施，确保党发挥总揽全局、协调各方的领导核心作用”；2014 年 9 月 5 日，总书记在庆祝全国人民代表大会成立六十周年大会上的讲话中指出：“我们必须坚持党总揽全局、协调各方的领导核心作用。”

45 习近平：《在省部级主要领导干部学习贯彻党的十八大四中全会精神全面推进依法治国专题研讨班上的讲话》（2015 年 2 月 2 日），中共中央文献研究室编：《习近平关于全面依法治国论述摘编》，中央文献出版社 2015 年版，第 35 页。

一沃土之中。因此，我们须认真对待中国特色合宪性审查制度，既不能傲慢自大，也不能妄自菲薄，世界上没有一成不变的制度模式，只有最符合一国现实的制度，美国的普通法院审查模式是如此，欧陆的宪法法院或宪法委员会是如此，中国的党内审查与国家审查二元审查机制更是如此。

第二章

我国合宪性审查制度的建构

在我国虽然存在着“备案审查制度”，但它既不叫“违宪审查”，也不称“合宪性审查”，而是名为“法规备案审查”或“规范性文件备案审查制度”。这种备案审查制度是否是我国国家层面上的合宪性审查制度？本章将重点分析我国备案审查的来源与实质，以及由我国宪法确立的国家层面的合宪性审查制度的顶层设计问题，分析我国选择由国家立法机关进行合宪性审查的渊源及其正当性，考察我国当下的合宪性审查制度的基本构成与基本特点，描述并勾勒出中国合宪性审查制度的基本样态。

一、我国宪法关于合宪性审查制度的顶层设计

合宪性审查，是指被宪法赋予宪法监督权力的国家机构依照宪法，针对法律、行政法规、地方性法规、自治条例和单行

条例、规章、司法解释等规范性文件是否与宪法相一致或相抵触而进行的审查活动，若发现与宪法不一致的情形，则必须予以纠正，以维护宪法的权威。合宪性审查之于违宪审查的关系，有学者将它们比喻为一枚硬币的两面，其实二者之间是存在某些程度的差异的。合宪性审查的主要功能在于合宪性推定，即首先推定审查对象是与宪法相一致的；其次，经过审查，就必然存在违宪与不违宪两种情形，若发现存在与宪法不一致即违宪的问题，则予以纠正，若不违宪，则予以确认。而违宪审查的功能则在于确定某一特定规范性文件是否违反宪法。可见，合宪性审查包含违宪之情形，但并非都作违宪审查，违宪审查只是合宪性审查附带的产物，对此，韩大元教授指出："所谓合宪性包含一定的违宪性因素，但不是处于完全的违宪状态。"[1] 十九大报告提出"推进合宪性审查工作"，"合宪性审查"这一概念首次出现在党的正式文件中。何谓"推进"？按照词典解释就是"推动工作，使前进"。既然是"推进"合宪性审查工作，就自然表明合宪性工作已经存在，当下的任务是"推动"它，使其发展前进。若要推动一项工作继续发展，最好的方式就是先认真总结过去，以便为未来进一步发展提供基本的立足点。合宪性审查在我国宪法中已经确立，若从世界各国合宪性审查制度确立与发展趋势观察，绝大多数国家不是选择美国的普通法院型审查模式，就是选择欧陆的特殊机构型审查模式，

1 韩大元：《关于推进合宪性审查工作的几点思考》，《法律科学》2018 年第 2 期。

我国则选择了国家立法机关（议会）型审查模式。立法机关或议会型审查模式是如何确立的？有无正当性？我国宪法为何选择这一模式？这些问题就是本章要回答的内容。

（一）国家立法机关（议会）型合宪性审查制度的域外考察

以《世界各国宪法》[2]中所收录的一百九十三个联合国成员国的宪法文本作为考察分析的对象，笔者发现，在一百九十三个国家中，总共有十七个国家采用了以立法机关（议会）作为合宪性审查的主体进行审查的制度，占全部国家总数的百分之八点八，其分布状况是：亚洲七个国家包括中国、朝鲜、老挝、越南、斯里兰卡、土库曼斯坦、伊朗；欧洲五个国家包括英国、芬兰、荷兰、瑞士、丹麦；非洲两个国家包括埃塞俄比亚、几内亚比绍；美洲两个国家包括古巴、秘鲁；大洋洲一个国家即新西兰。上述十七个国家的宪法具体规定如下：

朝鲜1972年《宪法》第一百一十六条规定：最高人民会议常任委员会的职权包括：（1）解释宪法；（2）监督国家机关守法、执法情况，并采取相应措施；（3）撤销同宪法，最高人民会议法令、决议，朝鲜民主主义人民共和国国防委员会委员长命令，国防委员会决议、指示，最高人民会议常任委员

2 《世界各国宪法》编辑委员会编：《世界各国宪法》（四卷本），中国检察出版社2012年版。

会政令、决议、指示相抵触的国家机关决议和指示，制止地方人民会议不适当的决议的执行。

老挝 1991 年《宪法》第五十二条第十三款规定：国会行使“监督宪法和法律的遵守与实施”的职权；第五十六条第二款规定：作为国会常设机构的国会常务委员会行使解释宪法和法律的职权。

越南 1992 年《宪法》第八十三条、第八十四条规定：国会是唯一具有宪法权力和立法权的机关，国会对全部国家行为行使最高监督权；对宪法、法律和国会决议的执行情况行使最高监督权；撤销国家主席、国会常务委员会、政府、总理、最高人民法院和最高人民检察院发布的与宪法、法律和国会决议相抵触的规范性文件。第九十一条规定：国会常务委员会行使解释宪法、法律和法令的职权；监督宪法、法律、国会决议、法令和国会常务委员会决议的实施；监督政府、最高人民法院、最高人民检察院的工作；停止政府、总理、最高人民法院、最高人民检察院制定的与宪法、法律和国会决议相抵触的规范性文件的执行，并提请国会予以废除。

土库曼斯坦 2008 年《宪法》第六十三条规定：议会对土库曼斯坦宪法和法律的执行情况实施监督，并解释土库曼斯坦宪法和法律；确定各级国家权力机关和管理机关的规范性法律文件是否符合本宪法。

伊朗 1979 年《宪法》第七十二条规定：“宪法监护委员会负有依《宪法》第九十六条的规定裁定法律是否违背国教或

宪法的职责。”第九十一条规定：“应成立宪法监护委员会，以便保护伊斯兰教规和宪法，同时确保伊朗伊斯兰议会通过的法律不违背伊斯兰教。”第九十四条规定：“伊朗伊斯兰议会通过的一切法律必须递交宪法监护委员会审查。”第九十六条规定：“判定伊朗伊斯兰议会通过的法律违背伊斯兰教义，须经宪法监护委员会六名法理学家中的多数同意；判定它未违背宪法，则须经宪法监护委员会全体成员的多数同意。”第九十八条规定：“宪法监护委员会有解释宪法之权。”

斯里兰卡 1978 年《宪法》第八十四条规定：“非为修改宪法或废除、替代宪法的法案，与宪法任何规定存在冲突的，可作为违反第八十二条第一款或第二款要求的法案而被列入国会的议事议程。”

荷兰 1815 年《宪法》第一百二十条规定：“法院无权审查议会法令和国际条约的合宪性。”第九十四条规定：“王国现行的法律规范如果与具有普遍约束力的条约规定或国家机构的决定相抵触，不予适用。”

至于英国议会立法审查，由于英国是不成文法国家，奉行议会至上原则，议会制定的法律具有最高的法律效力，且不能被议会之外的其他机构进行合宪性审查。

芬兰 1999 年《宪法》第七十四条规定：“议会宪法委员会的职责是对交其审议的法律草案和其他事务是否违反宪法以及与国际人权法的关系发表意见。”

瑞士 1999 年《宪法》第一百六十九条第一款规定：“联

邦议会对联邦委员会、联邦行政机构、联邦法院以及其他被授予联邦任务的机构或人员行使最高监督权。”第一百七十条规定：“联邦议会须对联邦采取的措施的有效性进行监督，并须对此进行评价。”

丹麦的合宪性审查是国务委员会在法律草案起草过程中的合宪性审查。丹麦《宪法》第十七条规定：“国务委员会由全体部长组成，国务委员会议应当由国王主持。所有法案和重要的政府措施应当在国务委员会会议上讨论。”

埃塞俄比亚 1994 年《宪法》第六十二条第一款规定：“联邦议会有解释宪法的权力。”第八十三条第一款规定：“所有宪法争议应由联邦议会裁决。”

几内亚比绍 1984 年《宪法》第五十六条规定：作为最高国家权力机关的全国人民议会“对法律、法令和其他法律规范的合宪性作出裁决”。

秘鲁 1993 年《宪法》第一百零二条规定：国会负有“监督宪法和法律的遵守情况，并作出适当的规定以切实追究违反者的责任”。

古巴 1976 年《宪法》第七十五条规定：作为最高国家权力机关的全国人民政权代表大会具有以下职权：“解决关于法律、法令、指令和其他具有普遍性的决定是否违宪。”

新西兰 1990 年《新西兰权利法案》第七条规定：“如议案与《权利法案》不一致，司法部长向议会报告。议案中与《权利法案》包含的任何权利和自由不一致的规定，由议会审议。”

可见，世界上的宪法审查模式是多元的，不仅仅存在美国普通法院式的以及宪法法院或宪法委员会式的，也存在国家立法机关式的合宪性审查制度，尽管采用这种制度的国家的数量不足世界全部国家总数的十分之一，但由国家立法机构进行宪法审查的模式的确被上述国家采纳。

（二）苏联时期的宪法审查制度对我国宪法审查制度的影响

1949 年新中国成立之后，苏联时期所制定的宪法，特别是 1936 年宪法对我国宪法审查制度的影响是巨大的，其中合宪性审查就来自苏联宪法。

1918 年 7 月 10 日，第五次全俄苏维埃代表大会上通过了世界上第一部社会主义类型的宪法——《俄罗斯苏维埃联邦社会主义共和国宪法（根本法）》（以下简称《苏俄宪法》），第一次以成文宪法的形式确立了国家立法机构型宪法审查制度。根据该宪法，全俄苏维埃代表大会为俄罗斯苏维埃联邦社会主义共和国的最高权力机关；在代表大会闭会期间，全俄中央执行委员会为共和国的最高权力机关。《苏俄宪法》第三十一条、第三十二条与第三十三条规定了宪法监督的机关与职权：全俄苏维埃中央执行委员会为俄罗斯苏维埃联邦社会主义共和国最高立法、号令及监督机关，具体负责（1）统一协调立法工作和管理工作，并负责监督《苏俄宪法》的实施情况；（2）审查和批准人民委员会或各主管部门所提交的法令草案及其他建议；（3）一切关于规定政治经济生活一般规范的法令以及根本改变国家机关工作现状的法令一定要由全俄中央执行委员会审查。

1924 年 1 月 31 日第二次全联盟苏维埃代表大会批准通过了《苏维埃社会主义共和国联盟根本法（宪法）》，这是 1922 年苏联成立后的第一部宪法。该宪法延续了 1918 年《苏俄宪法》所规定的最高权力机关型宪法审查制度，第八条、第二十九条、第三十条规定：苏维埃代表大会为苏维埃社会主义共和国联盟的最高权力机关；在代表大会闭会期间，由联盟苏维埃和民族苏维埃所组成的苏维埃社会主义共和国联盟中央执行委员会为联盟的最高权力机关；在中央执行委员会闭会期间，苏维埃社会主义共和国联盟中央执行委员会主席团为苏维埃社会主义共和国联盟的最高立法、执行及指挥机关；苏维埃社会主义共和国联盟中央执行委员会主席团负责监督苏维埃社会主义共和国联盟宪法的实施情况，以及一切权力机关对苏维埃社会主义共和国联盟代表大会及中央执行委员会一切决定的执行情况。值得注意的是，为了便于落实苏联最高国家权力机关常设机关的宪法监督职能，苏联最高法院负责审查规范性法律文件的合宪性，并提出初步结论意见。[3]

---

3 具体表现是 1923 年 11 月 23 日苏联中央执行委员会批准了《苏联最高法院条例》，依照该条例的规定，苏联最高法院根据苏联中央执行委员会主席团的要求，就各加盟共和国中央执行委员会和人民委员会的决议以及苏联人民委员会决议的合宪性提出结论意见。苏联最高法院须向苏联中央执行委员会主席团提出关于中止或者废除与苏联宪法相抵触的其他中央国家机关决议的书面报告。但是，苏联最高法院无权提出苏联苏维埃代表大会、苏联中央执行委员会及其主席团法律文件的合宪性问题。参见刘向文：《苏联宪法监督制度的发展变化》，《郑州大学学报》2003 年第 1 期。

1936年12月5日第八次苏维埃代表大会通过了新的联盟根本法即《苏维埃社会主义共和国联盟宪法（根本法）》。该宪法承继1918年宪法与1924年宪法所确立的宪法审查制度，第十四条第四款规定，苏维埃社会主义共和国联盟的最高国家权力机关和国家管理机关行使以下职权：监督对苏联宪法的遵守，并保证各加盟共和国宪法符合苏联宪法。

上述三部苏联时期的宪法确立的宪法审查制度模式，对我国第一部宪法即1954年宪法确立的国家立法机关型宪法审查制度产生了直接的影响。首先，在制定1954年宪法起草工作计划时，毛泽东同志就致信刘少奇等中央领导同志，要求他们阅看的主要参考文件资料中列在第一、第二位的就是1936年苏联宪法与1918年苏联宪法。[4]其次，中国共产党中央委员会1954年宪法草案（初稿）的条款与苏联1936年宪法众多条款都有相同或相似之处，[5]其中，国家立法机关型宪法审查制度的确立就直接来自苏联1936年宪法的规定。

（三）我国宪法关于合宪性审查制度的顶层设计

我国自1954年宪法开始就初步确立了国家立法机关型宪法审查制度。根据1954年宪法规定，全国人大是最高国家权力机关，也是行使国家立法权的唯一机关；第二十七条第三款

---

4 中共中央文献研究室编：《毛泽东文集》第六卷，人民出版社1999年版，第320页。

5 韩大元：《1954年宪法与新中国宪政》，湖南人民出版社2004年版，第684—771页。

规定：全国人大行使监督宪法的实施的职权；第三十一条第六款、第七款规定：全国人大常委会行使撤销国务院的同宪法、法律和法令相抵触的决议和命令以及改变或者撤销省、自治区、直辖市国家权力机关的不适当的决议之职权。因此，1954 年宪法通过对违宪违法或不适当的规范性文件行使撤销权等的规定，初步确立了立法监督制度。[6] 实际上，这种立法监督制度就是国家立法机关型宪法审查制度：第一，由最高权力机关即全国人大行使宪法监督权；第二，由全国人大的常设机关即全国人大常委会行使撤销与宪法、法律和法令相抵触的国务院的决议和命令，同时撤销省级国家权力机关的不适当的决议的职权。不过，从 1954 年宪法的规定看，除了行使国家立法权的机关即全国人大行使宪法审查权外，全国人大常委会还被赋予了针对国务院的决议、命令是否违宪予以审查并撤销其违宪的决议、命令的职权。至于针对省级国家权力机关的“不适当”的决议的审查撤销权，从广义宪法解释的角度分析，这里的“不适当”应当包含着“与宪法相抵触”的含义，对此，蔡定剑就曾指出：“不适当”应理解为包括违反宪法的不适当的立法在内。[7]

1978 年宪法关于宪法审查制度的设置在 1954 年宪法的基础上，进一步赋予了全国人大常委会“解释宪法和法律，制定法令”的职权。其中第二十二条规定全国人大行使“监督宪法

---

6 《规范性文件备案审查制度理论与实务》编写组编：《规范性文件备案审查制度理论与实务》，中国民主法制出版社 2011 年版，第 6 页。

7 蔡定剑：《我国宪法监督制度探讨》，《法学研究》1989 年第 3 期。

和法律的实施”的职权；第二十五条规定：全国人大常委会除行使“解释宪法和法律，制定法令”职权，还可以“改变或者撤销省、自治区、直辖市国家权力机关的不适当的决议”。与1954年宪法相比，1978年宪法未赋予全国人大常委会撤销国务院的与宪法、法律相抵触的决议、命令的权力，但是增加了常委会解释宪法和法律的权力以及法令的制定权。

我国当下的由全国人大及其常委会进行合宪性审查的制度是1982年宪法确立的。从宪法审查制度的角度看，1982年宪法既是对1954年宪法的继承，也是对1978年宪法的完善与发展。

1982年宪法明确规定，除了全国人大外，全国人大常委会也行使国家立法权，从而使得全国人大常委会真正成为国家立法机关。就全国人大的宪法监督职权，《宪法》第六十二条规定了两项：一是监督宪法的实施；二是改变或者撤销全国人民代表大会常务委员会不适当的决定。就全国人大常委会的宪法监督职权，《宪法》第六十七条规定了三项：一是解释宪法，监督宪法的实施；二是撤销国务院制定的同宪法、法律相抵触的行政法规、决定和命令；三是撤销省、自治区、直辖市国家权力机关制定的同宪法、法律和行政法规相抵触的地方性法规和决议。

最为重要的是，1982年宪法明确规定了我国合宪性审查的原则与规范依据，即《宪法》序言最后一个自然段与第五条。《宪法》序言最后一个自然段规定：“本宪法以法律的形式确认了中国各族人民奋斗的成果，规定了国家的根本制度和根本任务，是国家的根本法，具有最高的法律效力。全国各族人民、一切国家机关和武装力量、各政党和各社会团体、各企业事业组织，都必须以宪法为根本的活动准则，并且负有维护宪法尊严、保证宪法实施的职责。”第五条出于维护社会主义法制的统一和尊严之目的，明确规定：“一切法律、行政法规和地方性法规都不得同宪法相抵触。一切国家机关和武装力量、各政党和各社会团体、各企业事业组织都必须遵守宪法和法律。一切违反宪法和法律的行为，必须予以追究。”

《宪法》序言与第五条的规定明确了宪法的根本法地位以及效力最高、权威至上的法律位阶，从而为合宪性审查提供了宪法依据。宪法在整个法律体系中具有最高的法律效力，处于汉斯·凯尔森所说的“基础规范”[8]的法律地位,那么在宪法实施过程中必然会出现高级法与低级法之间的冲突问题。[9]按照宪法法理，宪法就是高级法，是判断其他法律规范性文件是否

---

8 汉斯·凯尔森认为，法律秩序是一个规范体系，一个不能从一个更高规范中得来自己效力的规范，被称为“基础规范”（basic norm），换言之，一个被预定是最终有效力的规范，即基础规范；可以从同一个基础规范中追溯自己效力的所有规范，组成一个规范体系或一个秩序。参见［奥地利］汉斯·凯尔森：《法与国家的一般理论》，沈宗灵译，中国大百科全书出版社 1996 年版，第 126 页。

9 高级法即自然法观念，源自古希腊的斯多葛学派，斯多葛学派代表人物芝诺认为，根据神的意志、命运、理性这些基本概念，存在着一种控制宇宙万物的法律，这个法律就是自然法。自然法是神圣的，具有命令人们正确行动并禁止人们错误行动的力量。人类的一切制度，包括国家和法律，都服从自然法。参见王乐理主编：《西方政治思想史》（第一卷），天津人民出版社 2006 年版，第 370 页、第 440 页。

具有法律效力的准绳与尺度，凡是与宪法不一致或相冲突、相矛盾的法律规范性文件，都没有法律效力，故而才有了《宪法》第五条关于“一切法律、行政法规和地方性法规都不得同宪法相抵触”的规定。假如出现了法律、行政法规或地方性法规与宪法相抵触的情形，则按照《宪法》第六十二条、第六十七条之规定，分别由中央国家立法机关予以“改变”或“撤销”：（1）全国人大有权改变或者撤销全国人大常委会不适当的决定；（2）全国人大常委会撤销国务院制定的行政法规；（3）全国人大常委会撤销省级国家权力机关制定的地方性法规。

上述我国现行宪法确立的合宪性审查制度的基本特征就是国家立法机关型宪法审查制度，与苏联时期以及当代社会主义国家的宪法审查制度同出一辙，均由最高国家权力机关行使合宪性审查权，以保证宪法的统一性与权威性。

（四）国家立法机关（议会）型合宪性审查的正当性

黑格尔说：“凡是现实的东西都是合乎理性的。”[10] 从历史唯物主义史观分析，国家立法机关型合宪性审查制度是一种“谁立法谁审查谁解释”[11] 的模式，既然当今各种宪法审查模式

10 ［德］黑格尔：《法哲学原理》，范扬、张企泰译，商务印书馆 1996 年版，第 11 页。

11 “谁立法谁审查谁解释”模式的正当性实际上是源自“谁立法谁解释”的证成逻辑，因为“谁立法谁解释”强调立法者自己有权解释自己制定的法律，而审查就意味着对法律条款的理解与解释，合宪性审查必然伴随着对宪法的解释，故而“立法者解释法律”与“立法者审查法律”在逻辑上是一致的，只要立法者不愿意让其他机构解释自己制定的法律，就等于排斥其他机构对自己制定的法律的审查。

都是在历史长河中经过长期比较、博弈、选择的结果，那么其存在必然有其合理性与正当性。若从历史纵向维度进行考察，该模式的正当性有四大理论支撑：一是分权论，二是主权在民论，三是公意正确论，四是议会至上论。

分权理论强调的是立法、司法、行政三权分立、各司其职，权力之间不得相互僭越，立法机关负责制定法律，司法机关负责适用，行政机关负责执行；若司法机关对法律进行解释，就是将自己的意图强加于立法者之上，等于司法者进行立法，所以自分权理论诞生伊始，人们就排拒司法者对于立法者所创制的法律的解释。早在古罗马时期，就已经存在分权理论，并排斥法官对法律的解释权，罗伯斯比尔对此曾指出："罗马立法所遵循的规则是：法律的解释权属于创制法律者。罗马人懂得，如果不是立法者的权力才能解释法律，那么别种权力最终会变更法律，并将自己的意志置于立法者的意志之上。"[12]

主权在民的理论强调立法机关的民意性，即法律是由代表民意的立法机关制定的，若法律一经司法机关解释，司法机关就会把自己的意志塞进法律意图之中，从而取代了民意代表机关，民主之治、法律之治就会变成法官之治，甚或法官之专制。

---

12 ［法］罗伯斯比尔：《革命法制和审判》，赵涵舆译，商务印书馆 1965 年版，第 28 页。

无论是分权论，还是主权在民论，均否定司法机关的法律解释权。因此，在近代分权论与主权在民论的影响与传播下，排斥立法机关以外的机构尤其是法院或法官的解释成为17、18世纪法律政治思想界的主流观点，从霍布斯、洛克到孟德斯鸠、卢梭等思想家皆否定立法者之外的主体对于法律的解释权。

17世纪中叶，霍布斯就主张，法律的解释权在于立法者，否则，其他解释者就变成立法者了；不仅如此，法律解释的所有知识最终存在于立法者的身上，因此，对立法者而言，“法律上没有任何结子是解不开的”。[13] 洛克认为：“只有人民才能通过组成立法机关和指定由谁来行使立法权，选定国家的形式”，而“享有这种权力的人就不能把它让给他人”。[14] “这个立法权不仅是国家的最高权力，而且当共同体一旦把它交给某些人时，它便是神圣的和不可变更的；如果没有得到公众所选举和委派的立法机关的批准，任何人的任何命令，无论采取什么形式或以任何权力做后盾，都不能具有法律效力和强制性。”[15] 按照洛克的观点，既然立法权是神圣的和最高的，那么对法律（包括宪法）的解释就不能由享有执行权的机关即司法

13 ［英］霍布斯：《利维坦》，黎思复、黎廷弼译，商务印书馆1985年版，第214页。

14 ［英］洛克：《政府论》（下篇），叶启芳、瞿菊农译，商务印书馆1964年版，第88页。

15 ［英］洛克：《政府论》（下篇），叶启芳、瞿菊农译，商务印书馆1964年版，第82页。

机关的法官行使，法官只是“执行”立法机关制定的法律。因为一旦解释，就不免会导致解释性“立法”，这种情形的出现是有悖立法权性质的，是反民主的。[16] 五十八年之后，即1748年，深谙分权之道的法国人孟德斯鸠在《论法的精神》中断然否定了法官的法律解释权，他说：“国家的法官不过是法律的代言人。”[17] 原因在于：“如果司法权同立法权合而为一，则将对公民的生命和自由施行专断的权力，因为法官就是立法者。”[18] 因此，受主权在民论与分权论的影响，所有的立法权都赋予了由人民选举出来的立法机关，进而就必然否认司法机关解释法律的可能性。美国法学家约翰·亨利·梅利曼总结说：“分权理论的极端化，导致了对法院解释法律这一作用的否定，而要求法院把有关法律解释的问题都提交给立法机关加以解决，然后，由立法机关提供权威性的解释，用以指导审判实践。通过这种方法，纠正法律的缺陷，杜绝法院立法并防止司法专横对国家安全的影响。对大陆法系的教条者们来说，唯有立法者所作的权威性解释才是可以允许的解释。”[19] 提出社会契约论的卢梭也明确主张：“制订法律的人要比任何人都更清楚，

---

16 范进学：《宪法解释的理论建构》，山东人民出版社 2004 年版，第 72 页。

17 ［法］孟德斯鸠：《论法的精神》（上册），张雁深译，商务印书馆 1961 年版，第 163 页。

18 ［法］孟德斯鸠：《论法的精神》（上册），张雁深译，商务印书馆 1961 年版，第 156 页。

19 ［美］约翰·亨利·梅利曼：《大陆法系》，顾培东、禄正平译，知识出版社 1984 年版，第 43 页。

法律应该怎样执行和怎样解释。”[20] 这种排斥司法权对于法律的解释、崇尚立法机关自我法律解释权的观点一直持续到 19 世纪晚期。[21] 如 19 世纪的法国，仍然奉行国民主权原则，国民议会权力独大，宪法审查完全被忽视。[22]

卢梭提出“公意永远是正确的”，“公意永远是公正的”，[23] 而深受卢梭理论影响的国家，几乎都排斥对立法机关的法律审查。因为，既然公意是永远正确的，法律又是“公意的行为”，就无须问法律是否会不公正，因为没有人会对自己本人不公正。[24] 公意正确或公正论意味着无须对代表公意的立法机关制定的法律的正当性进行审查，因为法律就是公意的体现，体现公意的法律基于自身的永远正确而拒绝任何形式的合法性审查。

议会主权论是自 1688 年英国资产阶级革命后逐渐确立起来的宪法原则。何谓议会主权？ 18 世纪中期，布莱克斯通在《英国法释义》中就英国议会的地位指出：立法机关作为事实上的最高权力者，始终拥有绝对的权威，它不承认世界上有比其地位更高的事物。[25] 英国宪法学家戴雪在 1885 年出版的

20 ［法］卢梭：《社会契约论》，何兆武译，商务印书馆 1980 年版，第 87 页。

21 范进学：《宪法解释的理论建构》，山东人民出版社 2004 年版，第 72 页、第 123—129 页。

22 方建中：《超越主权理论的宪法审查：以法国为中心的考察》，法律出版社 2010 年版，第 66 页。

23 ［法］卢梭：《社会契约论》，何兆武译，商务印书馆 1980 年版，第 39 页、第 52 页。

24 ［法］卢梭：《社会契约论》，何兆武译，商务印书馆 1980 年版，第 51 页。

25 ［英］威廉·布莱克斯通：《英国法释义》，游云庭、缪苗译，上海人民出版社 2006 年版，第 103 页。

《英宪精义》中对英国议会主权做了总结，他指出：议会在英宪之下，可以造法，亦可以毁法；四境之内，无一人复无一团体能得到英格兰的法律之承认，使其有权利以撤回或弃置议会的立法。这是议会主权原理的真谛。[26]狄龙在评价英国的议会时也曾说过：除将男人变成女人又将女人变成男人外，议会无一事不能为。因此，有学者指出：根据议会主权原则，对议会立法的审查是由议会进行的，而议会主权则构成了议会对立法进行自我审查的宪法依据。[27]英国议会的至高无上性对代表机关违宪审查产生了重大影响。[28]19世纪法国著名的宪法学家马尔贝格就认为，在判断法律是否违宪的问题上，议会拥有完全的自由裁量权。议会是法律合宪性最初的判断者，也是最终的决定者。议会的表决就是对法律合宪的确认。[29]

除了分权论外，上述三种理论对我国立法机关型宪法审查制度皆产生了重大影响。人民主权论、公意正确论与议会主权论在其实质上是一致的，都是以人民民主为基础、以代表民意的立法机关作为载体，宣称立法机关为最高权力机关。在我国，上述理论最终凝结为宪法中确立的“议行合一”

26 ［英］戴雪：《英宪精义》，雷宾南译，中国法制出版社2001年版，第116页。

27 童建华：《英国违宪审查》，中国政法大学出版社2011年版，第69页。

28 林广华：《违宪审查制度比较研究》，社会科学出版社2004年版，第89页。

29 方建中：《超越主权理论的宪法审查：以法国为中心的考察》，法律出版社2010年版，第67页。

论。[30] 吴家麟教授在解释“议行合一”时指出：“它是社会主义国家民主集中制原则在国家权力机关间工作关系的体现。”1982 年宪法规定：“中华人民共和国的一切权力属于人民。人民行使国家权力的机关是全国人民代表大会和地方各级人民代表大会”，“全国人民代表大会和地方各级人民代表大会都由民主选举产生，对人民负责，受人民监督”。“国家行政机关、审判机关、检察机关都由人民代表大会产生，对它负责，受它监督。”根据民主集中制的原则建立起来的中国国家机构，就是议行合一的国家机构。[31] “议行合一”下的全国人大是最高国家权力机关（《宪法》第五十七条），其他国家机关均依附于全国人大这一最高国家权力机关，在宪法意义上，全国人大地位最高、权威最大，因此除了最高权力机关的自我审查外，其他任何国家机构都难以对最高国家权力的立法权或制定的基本法律进行审查。在 1982 年宪法起草过程中，彭真同志谈到是否设一个有权威的机构来监督宪法实施时曾说过：“恐怕很难设想再搞一个比全国人大常委会权力更大、威望更高的组织来管这件事。”[32] 全国人大是宪法所确认的最高国家权力机关，全国人大常委会是全国人大的常设机

---

30 “议行合一”论受到一些学者的批判，如童之伟（参见《“议行合一”说不宜继续沿用》，《法学研究》2000 年第 6 期）、周永坤（参见《议行合一原则应当彻底抛弃》，《法律科学》2006 年第 1 期）。

31 《中国大百科全书》总编辑委员会编：《中国大百科全书 · 法学》，中国大百科全书出版社 1984 年版，第 702—703 页。

32 《彭真传》编写组编：《彭真传》第四卷，中央文献出版社 2012 年版，第 1487 页。

构，在全国人大闭会期间行使部分全国人大的职权，自然具有比其他国家机关更崇高的权威与威望，因此，由全国人大及其常委会从事“监督宪法的实施”职责（《宪法》第六十二条第二款与《宪法》第六十七条第一款）具有极大的正当性：全国人大是代表全国人民行使国家权力的机关，它制定的法律具有公意的公正性与正确性；同时又是最高国家权力机关，享有宪法上的绝对权威。在此情况下，全国人大及其常委会进行自我审查的权力就具有天然的正当性与合理性。

当然，立法机关型宪法审查制度的弊端也是明显的。首先是自己做自己的审判官。有学者指出：“由最高权力机关兼任最高立法机关和宪法监督机关，不符合违宪审查所内涵的分权制衡机理。由最高立法机关直接行使违宪审查权，标志着自己审查自己制定的法律的合宪性，违背了普通法中的自然正义原则，即‘一个人不能为自己的案件的法官’。”[33]不过，在我国，完全可以通过某种设计以避免这种不利影响，这就是笔者在第四章所提出的建议：确立“基本法律不予审查”为我国合宪性审查基本原则，然后依照现行宪法规定，确立起由全国人大审查全国人大常委会制定的法律以及由全国人大常委会审查法律之外的法规、规章、司法解释等规范性文件的合宪性审查制度。其次，立法机关在合宪性审查中必然涉及解释宪法，而

33　翟桔红：《违宪审查与民主制的平衡》，中国社会科学出版社 2012 年版，第 181—182 页。

这种解释的结果与立法无异，可能会造成“以立法权代替宪法解释权”，从而影响到宪法的根本法地位。[34]

二、《立法法》与《法规、司法解释备案审查工作办法》关于备案审查制度的设置

严格说，1982 年宪法确立的宪法审查制度是一种合“法”性审查制度，其中的“法”，既包括宪法，也包括法律，因为《宪法》第六十二条第十一款规定全国人大可以改变或者撤销全国人大常委会不适当的决定，其中“不适当”就含有违反宪法或者违反法律等情形；《宪法》第六十七条第七款、第八款关于全国人大常委会有权撤销国务院制定的同宪法、法律相抵触的行政法规、决定和命令以及有权撤销省、自治区、直辖市国家权力机关制定的同宪法、法律和行政法规相抵触的地方性法规和决议的规定，同样包含合宪性审查与合法性审查两种情形。由此可知，1982 年宪法确立的宪法审查制度是一种集合宪性审查与合法性审查于一体的混合审查制，而非单一的合宪性审查制。

当然，宪法中的审查制度作为一种原则性顶层设计，只是初步构建起了我国以最高国家立法机关为审查主体的合法性审查机制，这种审查制度需要由法律及相关规范性文件加以具

34 韩大元、张翔等：《宪法解释程序研究》，中国人民大学出版社 2016 年版，第 25 页。

体化、程序化和可操作化。2000年由全国人大制定通过的《立法法》以及由全国人大常委会通过的《行政法规、地方性法规、自治条例和单行条例、经济特区法规备案审查工作程序》以及全国各省、市、自治区制定的地方规范性文件备案审查规定或条例，[35]则具体规定了备案审查的主体、对象、时效、程序及后果等，从而构筑起规范性文件备案审查制度，这种备案审查制度遂成为中国特色的宪法审查制度或合宪性审查制度。

（一）何谓备案审查?

“备”字，古为“備”，许慎在《说文解字》中解释是“慎也，从人”；[36]“备”之义指预备、防备、准备、完备、设备、齐备等。[37]“案”字,《说文解字》解释是“几屬，从木”，[38]“几”为矮或小的桌子,“屬”即“属”的古字,其义为“类”，故“案”意为狭长的桌子，架起来的砧板或隔板，考察、考据、查究，处理公事的记录、案卷等义。[39]“备案”之义，是指“将事由写成文字送主管单位存查”；[40]或“向主管机

35 全国人大常委会法制工作委员会法规备案审查室编:《地方规范性文件备案审查法规汇编》，中国民主法制出版社2012年版。

36 （汉）许慎:《说文解字》，中华书局1963年版，第163页。

37 徐复等编:《古汉语大辞典》，上海辞书出版社2000年版，第999页。

38 （汉）许慎:《说文解字》，中华书局1963年版，第122页。

39 徐复等编:《古汉语大辞典》，上海辞书出版社2000年版，第1244页。

40 商务印书馆辞书研究中心修订:《新华词典》，商务印书馆2001年第3版，第46页。

关报告事由存案以备查考”。[41]就规范性文件的备案而言，是指向特定主体的告知行为，告知内容为备案的标的，并遵守法定的程序和形式。

“审”字指详知、明悉、详查、细究、慎重、果真、确实等义。[42]“查”字，同“楂”“槎”，原意为水中浮木、木筏、寻检之义。[43]“审查”之义是指“检查核对是否正确、妥当”。[44]从法律意义上说，审查指审查主体对审查对象的支配力，审查主体可以作出对审查对象产生实质性影响的决定。

规范性文件的“备案审查”，是国家机关对规范性文件的“备案”与“审查”制度相结合而形成的一种特定的法律制度，指有权机关将其制定的法规等规范性文件依法定期限和程序报法定机关备案，由接受备案的机关进行分类、存档，依法对其进行审查并作出处理的法律制度。[45]

备案审查的性质属于主动性的事后审查，法律、行政法规、地方性法规、自治条例和单行条例、规章应当在公布后一定期限内，由其制定机关主动依法报送有权机关存档并接受其审查，有权机关也可以对报送备案的规范性文件进行主动审

---

41 中国社会科学院语言研究所词典编辑室编:《现代汉语词典》，商务印书馆 2005 年第 5 版，第 58 页。

42 徐复等编:《古汉语大辞典》，上海辞书出版社 2000 年版，第 1225 页。

43 徐复等编:《古汉语大辞典》，上海辞书出版社 2000 年版，第 1557 页。

44 中国社会科学院语言研究所词典编辑室编:《现代汉语词典》，商务印书馆 2005 年第 5 版，第 1214 页。

45 《规范性文件备案审查制度理论与实务》编写组编著:《规范性文件备案审查制度理论与实务》，中国民主法制出版社 2011 年版，第 24 页。

查。不过，这种备案审查仅仅是对抽象性文件进行审查，审查主体与审查对象之间不存在某种利害关系，加之审查对象众多繁杂，审查人员相对较少，易出现“备而不审，审而不查”的现象。

（二）《立法法》关于备案审查制度的设置

2000年3月15日第九届全国人大第三次会议通过的《立法法》第五章专门针对备案审查作了明文规定；2015年3月15日第十二届全国人大第三次会议对《立法法》作了修正。根据修改后的《立法法》，对目前我国备案审查制度的设置总结如下：

1. 合宪性审查与合法性审查的依据

《立法法》第八十七条规定了合宪性审查的法律依据，即宪法效力的至上性：“宪法具有最高的法律效力，一切法律、行政法规、地方性法规、自治条例和单行条例、规章都不得同宪法相抵触。”第八十八条规定了合法性审查的法律依据，即法律效力仅低于宪法：“法律的效力高于行政法规、地方性法规、规章。”

2. 全国人大及其常委会的宪法审查权限

《立法法》第九十七条规定了全国人大及其常委会宪法审查的权限：“全国人大有权改变或者撤销它的常务委员会制定的不适当的法律，有权撤销全国人民代表大会常务委员会批准的违背宪法和本法第七十五条第二款规定的自治条例和单行条例；全国人大常委会有权撤销同宪法和法律相抵触的行政法规，有权撤销同宪法、法律和行政法规相抵触的地方性法规，有权撤销省、自治区、直辖市的人大常委会批准的违背宪法和本法第七十五条第二款规定的自治条例和单行条例。”从该规定可以看出，《立法法》依然承袭了《宪法》将合宪性审查与合法性审查混同的体制，未将两种不同性质的审查制度区分开来。

3. 关于法规、规章的备案

《立法法》第九十八条规定，行政法规、地方性法规、自治条例和单行条例、规章应当在公布后的三十日内依照下列规定报有关机关备案：（1）行政法规报全国人大常委会备案；（2）省、自治区、直辖市的人大及其常委会制定的地方性法规，报全国人大常委会和国务院备案；（3）自治州、自治县的人民代表大会制定的自治条例和单行条例，由省、自治区、直辖市的人民代表大会常务委员会报全国人民代表大会常务委员会和国务院备案；（4）部门规章和地方政府规章报国务院备案；地方政府规章应当同时报本级人民代表大会常务委员会备案；设区的市、自治州的人民政府制定的规章应当同时报省、自治区的人民代表大会常务委员会和人民政府备案；（5）根据授权制定的法规应当报授权决定规定的机关备案；经济特区法规报送备案时，应当说明对法律、行政法规、地方性法规作出变通的情况。

4. 法规被动宪法审查的程序

《立法法》第九十九条、第一百条、第一百零一条仅仅规定了法规的被动性宪法审查的程序，而没有法律、规章等合宪性审查程序。

（1）提起审查的情形：行政法规、地方性法规、自治条例和单行条例同宪法或者法律相抵触的。

（2）提起审查的主体：国务院、中央军事委员会、最高人民法院、最高人民检察院和各省、自治区、直辖市的人大常委会，以及其他国家机关和社会团体、企业事业组织以及公民。

（3）审查受理主体：上述五大主体可以向全国人大常委会书面提出进行审查的要求；其他主体可以向全国人大常委会书面提出进行审查的建议。

（4）送交审查：由全国人大常委会工作机构分送有关的专门委员会进行审查、提出意见；不同的是，若是针对审查“建议”，还需要由常务委员会工作机构进行研究，必要时，再送交有关的专门委员会进行审查、提出意见。

（5）具体审查主体：全国人大专门委员会、全国人大常委会工作机构或法律委员会、有关的专门委员会、常务委员会工作机构。

（6）提出审查意见：具体审查主体在审查中认为行政法规、地方性法规、自治条例和单行条例同宪法或者法律相抵触的，可以向制定机关提出书面审查意见；也可以由法律委员会与有关的专门委员会召开联合审查会议，要求制定机关到会说明情况，再向制定机关提出书面审查意见。

（7）制定机关是否修改与反馈的时效：制定机关应当在两个月内研究提出是否修改的意见，并向全国人大法律委员会和有关的专门委员会或者常务委员会工作机构反馈。

（8）自行修改或废止，审查终止：全国人民代表大会法律委员会、有关的专门委员会、常务委员会工作机构根据前款规定，向制定机关提出审查意见、研究意见，制定机关按照所提意见对行政法规、地方性法规、自治条例和单行条例进行修改或者废止的，审查终止。

（9）予以撤销议案的提出：全国人大法律委员会、有关的专门委员会、常务委员会工作机构经审查、研究认为行政法规、地方性法规、自治条例和单行条例同宪法或者法律相抵触而制定机关不予修改的，应当向委员长会议提出予以撤销的议案、建议。

（10）全国人大常委会委员长会议的决定：由全国人大常委会委员长会议决定是否提请常务委员会会议审议决定。

（11）全国人大常委会会议审议并作出是否撤销的决定。

（12）反馈并公开：全国人大有关的专门委员会和常委会工作机构应当按照规定要求，将审查、研究情况向提出审查建议的国家机关、社会团体、企业事业组织以及公民反馈，并可以向社会公开。

上述法规的宪法审查程序是将合宪性审查与合法性审查两种审查程序融为一体，未将合宪性审查从合法性审查独立出来。

（三）《法规、司法解释备案审查工作办法》关于备案审查制度的设置

2000 年 10 月 16 日，九届全国人大常委会第三十四次委员长会议通过了《行政法规、地方性法规、自治条例和单行条例、经济特区法规备案审查工作程序》；2005 年 12 月 16 日十届全国人大常委会第四十次委员长会议对该《法规备案审查工作程序》进行了修订。《法规、司法解释备案审查工作办法》（以下简称《工作办法》）于 2019 年 12 月 16 日由十三届全国人大常委会第四十四次委员长会议通过，它将原有的《行政法规、地方性法规、自治条例和单行条例、经济特区法规备案审查工作程序》和《司法解释备案审查工作程序》合并进行修改完善，形成了统一的备案审查工作制度性规范。《工作办法》是在《立法法》基础上，将备案审查中的合宪性、合政策性、合法性、适当性四大审查程序[46]合而为一。

依据《工作办法》之规定，备案审查分为依职权审查、依申请审查、移送审查、专项审查等四种方式，[47]而每一种审查

---

46 《法规、司法解释备案审查工作办法》第三十六条至第三十九条分别规定了合宪性、合政策性、合法性、适当性等四种情形的审查。

47 备案审查方式主要有：依职权审查，即审查机关主动进行审查；依申请审查，即审查机关根据有关国家机关或者公民、组织提出的审查建议进行审查；专项审查，即审查机关对特定领域规范性文件进行集中清理和审查，参见沈春耀 2019 年 12 月 25 日在十三届全国人民代表大会常务委员会第十五次会议上所作的《全国人民代表大会常务委员会法制工作委员会关于 2019 年备案审查工作情况的报告》。

方式的审查主体、受理方式等不尽相同，故将四种审查中的合宪性审查程序分别归纳如下：

1. 依职权审查程序

（1）审查主体。全国人大宪法和法律委员会、全国人大常委会法工委是依职权审查主体。

（2）审查事由。对规范性文件中涉及宪法的问题，由审查主体主动进行合宪性审查。

（3）经审查主体研究，提出书面审查研究意见。

（4）及时反馈制定机关。

2. 依申请审查程序

（1）提起审查（要求或建议）主体。提起审查要求的主体是五大机关；提起审查建议的主体是国家机关、社会团体、企业事业组织以及公民。

（2）受理主体。审查要求的受理主体是常委会办公厅（接收、登记）；审查建议的受理主体是全国人大常委会法制工作委员会。

（3）审查主体及其审查。审查要求报秘书长批转有关宪法和法律委员会会同法工委进行审查；审查建议由法工委依法进行审查研究，必要时，送有关专门委员会进行审查、提出意见。

（4）告知制定机关。审查中若发现规范性文件的规定可能存在违背宪法规定、宪法原则或宪法精神问题的情形的，应当函告制定机关，要求制定机关在三十天内作出说明并反馈意见。

（5）沟通或询问。审查主体在审查研究中发现规范性文件可能存在问题的，可以与制定机关沟通，或者采取书面形式对制定机关进行询问。需要予以纠正的，在提出书面审查研究意见前，可以与制定机关沟通，要求制定机关及时修改或者废止。

（6）沟通式审查中止。经沟通，制定机关同意对规范性文件予以修改或者废止，并书面提出明确处理计划和时限的，可以不再向其提出书面审查研究意见，审查中止。

（7）提出书面审查意见。经沟通没有结果的，应当依照《立法法》第一百条规定，向制定机关提出书面审查研究意见，要求制定机关在六十天内提出书面处理意见。

（8）督促或约谈。制定机关收到审查研究意见后逾期未报送书面处理意见的，专门委员会、法工委可以向制定机关发函督促或者约谈制定机关有关负责人，要求制定机关限期报送处理意见。

（9）审查中止。制定机关按照书面审查研究意见对规范性文件进行修改、废止的，审查终止。

（10）提出撤销议案。制定机关未按照书面审查研究意见对规范性文件及时予以修改、废止的，专门委员会、法工委可以依法向委员长会议提出予以撤销的议案、建议。

（11）委员长会议审议。委员长会议对撤销议案进行审议，并决定提请常委会会议审议。

（12）全国人大常委会审议并作出决定。

（13）反馈与公开。在审查工作结束后，由常委会办公厅向提出审查要求的机关进行反馈；法工委向提出审查建议的公民、组织进行反馈。对通过备案审查信息平台提出的审查建议，可以通过备案审查信息平台进行反馈。同时，专门委员会、常委会工作机构应当将开展备案审查工作的情况以适当方式向社会公开。

3. 移送审查程序

全国人大常委会法工委对有关机关通过备案审查衔接联动机制移送过来的法规、司法解释进行审查。

4. 专项审查程序

法工委结合贯彻党中央决策部署和落实常委会工作重点，对事关重大改革和政策调整、涉及法律重要修改、关系公众切身利益、引发社会广泛关注等方面的法规、司法解释进行专项审查。在开展依职权审查、依申请审查、移送审查过程中，发现可能存在共性问题的，可以一并对相关法规、司法解释进行专项审查。

在全国人大常委会依职权审查、专项审查、移送审查中，一旦发现规范性文件规定可能存在合法性、合政策性、适当性问题的，可以函告制定机关在三十天内作出说明并反馈意见；其他审查程序与“依申请审查程序”第五步程序以下内容相同。

若比较《立法法》与《工作办法》所规定的我国合宪性

审查程序，我们可以看出，二者所规定的程序基本相同，只不过《工作办法》比《立法法》更加细化，甚至可将《工作办法》视为《立法法》关于备案审查、合宪性审查等程序的实施细则。第一，《工作办法》增加并区分了四种审查方式；《立法法》仅有依申请审查与主动审查，而《工作办法》增加了专项审查与移送审查，并就不同审查方式的程序作出了可操作性规定。第二，《工作办法》规定制定机关的反馈时间是三十天，该期限在《立法法》中未作规定。第三，《工作办法》增加了沟通或询问程序。第四，《工作办法》增加了督促或约谈程序。因此，《工作办法》实质上是对《立法法》关于备案审查、合宪性审查等程序的完善与补充，也是一种使之完备与健全的具体体现。

《工作办法》所规定的合宪性审查程序，实则亦可作宪法解释程序适用。第七步审查主体提出审查意见、第十步提出撤销案均涉及宪法条文的理解与解释，如果规范性文件存在违背宪法规定、宪法原则或宪法精神的问题，审查主体就必须对相应的宪法条文规范作出理解与解释，方可判断并认定涉案的规范性文件是否存在违宪的问题，因此，审查主体的审查意见或撤销案本身必然是一种关于宪法的解释案。该解释案经委员长会议审议，可以提请全国人大常委会会议审议并决定通过与否。从该意义上说，我国宪法解释程序机制已经蕴含其中。

（四）地方规范性文件备案审查制度的设置

我国《宪法》《中华人民共和国地方各级人民代表大会和

地方各级人民政府组织法》(以下简称《地方组织法》)规定，县级以上的地方各级人大常委会撤销本级人民政府的不适当的决定和命令，撤销下一级人大及其常委会的不适当的决议。撤销下一级人大及其常委会作出的不适当的决议、决定和本级人民政府发布的不适当的决定、命令，是《宪法》和《地方组织法》明确规定的县级以上地方各级人大常委会的一项重要监督职权。为了履行该职权，各省、自治区、直辖市均根据《宪法》《立法法》《监督法》等法律的规定，制定了《监督法》实施办法或者专门的地方性法规，建立了规范性文件备案审查制度。如黑龙江、吉林、辽宁、河北、河南、山西、陕西、湖北、江西、云南、海南、四川、重庆、西藏、新疆等地制定了《实施〈中华人民共和国各级人民代表大会常务委员会监督法〉办法》，对备案审查专章或者专节作出规定。北京、天津、上海、甘肃、宁夏、河北、山东、河南、湖南、江苏、浙江、安徽、福建、广东、广西、云南、青海、西藏、新疆等地制定了专门的备案审查地方性法规。上述地方性法规对规范性文件的范围、备案、审查、撤销等都作了具体规定。

在各省级人大常委会备案审查制度设计中，有九个省、自治区、直辖市的备案审查制度涉及合宪性审查与合法性审查，也就是说，省级人大常委会在审查过程中，既审查规范性文件是否同宪法相抵触，也审查是否同法律、法规相抵触；其他省、自治区、直辖市的备案审查仅仅涉及审查是否同法律、法规相抵触的合法性审查。其中涉及合宪性审查的地方法规：

《黑龙江省人民代表大会及其常务委员会立法条例》（第九十一条、第九十二条）、《山西省地方立法条例》（第八十五条、第八十六条）及《山西省各级人民代表大会常务委员会规范性文件备案审查条例》（第十二条至第二十四条）、《上海市人民代表大会常务委员会关于规范性文件备案审查的规定》（第六条至第十二条）、《浙江省地方立法条例》（第七十六条至第七十八条）、《安徽省各级人民代表大会常务委员会监督条例》（第三十条）、《福建省人民代表大会及其常务委员会立法条例》（第三十二条、第三十九条）、《海南省实施〈中华人民共和国各级人民代表大会常务委员会监督法〉办法》（第三十条）、《贵州省地方立法条例》（第五十一条至第五十三条）及《贵州省各级人民代表大会常务委员会监督条例》（第四十条至第四十八条）、《西藏自治区立法条例》（第五十五条至第五十七条）。[48]

考察上述九个省、自治区、直辖市人大常委会制定的法规中关于宪法审查的规定，我们发现，上海市、安徽省的法规只规定了备案的主动审查，浙江省、西藏自治区则仅规定了被动审查，而山西省、福建省、贵州省的法规既规定了备案的主动审查，也规定了被动审查。

1. 主动审查程序

（1）审查的情形：超越法定权限制定；违反法定程序制

48 全国人大常委会法制工作委员会法规备案审查室编：《地方规范性文件备案审查法规汇编》，中国民主法制出版社 2012 年版。

定；同宪法、法律法规相抵触；违反宪法、法律法规规定，减损公民、法人和其他组织的权利或者增加其义务；与上级或者本级人民代表大会及其常务委员会的决议、决定相抵触；其他不适当的情形。[49]《山西省各级人民代表大会常务委员会规范性文件备案审查条例》第十三条、《上海市人民代表大会常务委员会关于规范性文件备案审查的规定》第六条、《海南省实施〈中华人民共和国各级人民代表大会常务委员会监督法〉办法》第三十条、《贵州省各级人民代表大会常务委员会监督条例》第四十条等皆作出了相同的规定；《安徽省各级人民代表大会常务委员会监督条例》第三十条、《福建省人民代表大会及其常务委员会立法条例》第三十二条均规定了审查的情形，特别强调了同宪法、法律、法规相抵触或不适当的规范性文件的审查。

（2）审查主体：省级人大常委会法制委员会（一般为备案审查工作机构）或有关机构，会同有关专门委员会进行审查。《上海市人民代表大会常务委员会关于规范性文件备案审查的规定》则规定由“专门委员会”按照职责分工对规范性文件进行审查；《海南省实施〈中华人民共和国各级人民代表大会常务委员会监督法〉办法》规定的审查主体是“专门委员会

49 《中华人民共和国各级人民代表大会常务委员会监督法》第三十条规定：县级以上地方各级人民代表大会常务委员会对下一级人民代表大会及其常务委员会作出的决议、决定和本级人民政府发布的决定、命令，经审查，认为有下列不适当的情形之一的，有权予以撤销：（一）超越法定权限，限制或者剥夺公民、法人和其他组织的合法权利，或者增加公民、法人和其他组织的义务的；（二）同法律、法规规定相抵触的；（三）有其他不适当的情形，应当予以撤销的。

或人大常委会有关机构”。

（3）分送有关机构审查：备案审查工作机构根据规范性文件涉及的内容分送有关机构进行审查；可以征求规范性文件审查咨询专家学者的意见；对涉及改革发展稳定和人民群众切身利益、社会普遍关注的重大问题等方面的规范性文件，也可以通过听取专项报告、组织视察调研、论证等方式，进行重点审查。

（4）审查意见反馈与时效：有关机构应当自收到规范性文件之日起三十日内将审查意见书面反馈备案审查工作机构。

（5）提出纠正意见，向主任会议报告：备案审查工作机构或者有关机构经审查，认为规范性文件存在问题的，应当提出予以纠正的审查意见，向主任会议报告。

（6）主任会议研究并提出审查意见：主任会议对备案审查工作机构或者有关机构提出的审查意见进行研究，认为规范性文件应当予以纠正的，以人民代表大会常务委员会办公厅（室）文件向制定机关提出书面审查意见。

（7）制定机关收到书面审查意见后，应当在六十日内依照法定程序自行修改或废止规范性文件，并重新公布、备案。

（8）制定机关认为规范性文件无需修改或者废止的，应当自收到书面审查意见之日起三十日内书面说明理由。

（9）制定机关收到书面审查意见后，未在规定期限内修改或者废止，也未书面提出无需修改或者废止理由，或者提出的理由不成立，备案审查工作机构或有关机构应当向主任会议提出撤销该规范性文件或者其部分内容的处理建议，由主任会议研究决定是否提请人民代表大会常务委员会会议审议。

（10）人民代表大会常务委员会会议审议撤销规范性文件或者其部分内容的议案时，制定机关应当派人到会听取意见，回答询问，并可以书面提出陈述意见。人民代表大会常务委员会会议经过审议，认为规范性文件或者其部分内容应予撤销的，应当作出撤销决定并向社会公开。

2. 被动审查程序

（1）提起审查的情形：同宪法、法律、行政法规和地方性法规相抵触的情形。

（2）提起审查的主体：省、自治区人民政府、高级人民法院、人民检察院和设区的市人民代表大会常务委员会以及其他国家机关和社会团体、企业事业组织以及公民；不同的是，前者主体可以书面提出审查的要求，而后者主体可以提出书面审查的建议。

（3）受理审查的主体：省级人大常务委员会。

（4）分送有关机构：省级人大常委会工作机构分送有关专门委员会进行审查、提出意见或由常务委员会工作机构进行研究，必要时，送有关专门委员会进行审查、提出意见。

（5）具体审查机构及其审查：省人民代表大会专门委员会、常务委员会工作机构在审查、研究中认为省人民政府制定的规章及规范性文件与宪法、法律、行政法规和本省的地方性法规相抵触的，可以向制定机关提出书面审查意见、研究意见；也可以由法制委员会与有关专门委员会、常务委员会工作机构召开联合审查会议，要求制定机关到会说明情况，再提出书面审查意见。

（6）制定机关提出修改意见及时效：制定机关应当在六十日内研究提出是否修改的意见，并向法制委员会和有关专门委员会或者常务委员会工作机构反馈。

（7）修改或废止，审查终止：省人民政府按照所提意见对规章及规范性文件进行修改或者废止的，审查终止。

（8）不予修改：由省人民代表大会法制委员会、有关专门委员会、常务委员会工作机构向主任会议提出予以撤销的议案、建议。

（9）主任会议决定：由主任会议决定向省人民政府提出撤销意见或者提请常务委员会审议。

（10）人大常委会审议，予以撤销决定。

3. 地方规范性文件备案审查关于宪法解释与法律解释的问题

上述地方性法规所规定的合宪性审查与合法性审查制度，审查主体在审查过程中都会涉及对宪法或法律的理解与解释问题，但它们均没有解释宪法与解释法律的权力，那么在遇到规范性文件与宪法或法律相抵触时将如何处理？当然，最佳的途径就是建立“解释案移送制度”：一旦遇到宪法或法律的解释时，将需要解释的个案移送至全国人大常委会，由具有宪法解释权或法律解释权的全国人大常委会负责解释。如果从学理解释的角度分析，除了全国人大常委会外，其他不拥有宪法解释权或法律解释权的审查主体，完全可以从学理上进行宪法解释或法律解释，如果从学理上认定法规或规章违反宪法或法律，则完全可以与制定机关沟通、协商，再由制定机关对可能违宪或违法的内容加以修正或撤销。问题是，在被动审查过程中，各省、自治区、直辖市的法规均规定，当审查机关认定制定机关制定的法规或规章与宪法或法律相抵触而制定机关不予修改时，最终由地方省级人大常委会审议作出予以撤销的决定，此种情形下，省级人大常委会就会面临无权解释宪法或法律的现实问题。笔者认为，遇有此种情况，则需要地方人大常委会将需要解释的个案移送至全国人大常委会，由全国人大常委会进行解释。或许有人担心，如果建立了解释案移送制度，将会出现大量需要移送的宪法或法律解释案件，这种情况可能存在，但实际出现的概率是极小的，原因在于：制定机关一般为同级人民政府或下一级地方人大常委会或人民政府，一旦被省级人大常委会审查机关认定与宪法、法律相抵触，则极少存在不予修改的情况。因此，确立省级人大常委会宪法或法律解释案移送制度，这类解释案的数量并不会大量增加。

三、我国现行备案审查制度的基本特点

我国国家层面的备案审查制度，从审查主体上可分为全国人大常委会备案审查制与地方省级人大常委会备案审查制，无论全国人大常委会的备案审查还是地方省级人大常委会的备案审查，在涉及合宪性审查与合法性审查时，均未甄别两种不

同审查制度的性质而使之混同，并将两种审查融为一体，从而构成了我国国家层面备案审查制度的基本特征。

（一）合宪性审查与合法性审查“合二为一”

顾名思义，合宪审查是针对所要审查的对象是否违反宪法而进行的审查，也可称之为违宪审查；合法（律）审查则是对所要审查的对象是否违反法律或上位法而作的审查，也即违法审查。[50]合宪审查意旨通过对宪法的理解与解释，撤销并纠正违宪的规范性文件，以维护宪法的尊严与最高权威，保障宪法得到根本实施；合法审查则意旨通过理解与解释法律，撤销并纠正违法的规范性文件，以维护我国法制的统一与尊严。合宪审查机制通常是由专门的宪法监督机关实施，而合法审查则无须专门监督机构，一般立法机关与司法机关均可实施。

《立法法》将宪法审查与法律审查不加区分地置于同一个条款之中，加之二者审查主体、审查程序等完全相同，从而导致了合宪审查与合法审查之混同。

开启这一先例的无疑是 1982 年《宪法》第六十七条之规定，该条第七款、第八款规定，全国人大常委会有权“撤销国务院制定的同宪法、法律相抵触的行政法规、决定和命令”、有权撤销省级“国家权力机关制定的同宪法、法律和行政法规

50　笔者在此把不属于宪法审查的其他是否合乎法律或合乎行政法规等的审查统称为“合法（律）审查”。

相抵触的地方性法规”。2000 年 7 月施行的《立法法》第八十八条规定：全国人大有权改变或者撤销它的常务委员会制定的不适当的法律，有权撤销全国人民代表大会常务委员会批准的违背宪法和本法第六十六条第二款规定的自治条例和单行条例；全国人大常委会有权撤销同宪法和法律相抵触的行政法规，有权撤销同宪法、法律和行政法规相抵触的地方性法规，有权撤销省级人大常委会批准的违背宪法和本法第六十六条第二款规定的自治条例和单行条例。2015 年 3 月新修订的《立法法》延续了这种表述。

上述规定其实包含两种性质不同的审查：一种是可能同宪法相抵触的合宪审查或违宪审查；一种是可能与法律、行政法规相抵触的合法审查。合宪审查属于宪法监督的范畴；合法审查则属于法律监督的范畴。两种审查在性质、功能、目的、程序等方面皆存差异，因此各国皆把两种审查区别对待。而在我国，两种审查在审查主体、审查程序上高度统一，人们常常把合宪审查与合法审查视为一回事，从而导致当下两种审查的趋同。

首先，两种审查主体均为全国人大及其常委会。原因很简单，全国人大及其常委会是行使国家立法权的机关，全国人大常委会还是解释宪法与解释法律的主体，当然对与宪法、法律相抵触的其他规范性法律文件拥有审查的权力。2000 年通过的《立法法》第九十条与新修改的《立法法》第九十九条以及 2005 年 12 月十届全国人大常委会第四十次委员长会议新修订的《法规备案审查工作程序》和通过的《司法解释备案审查工作程序》皆把法律、法规或司法解释是否同宪法或者法律相抵触的审查主体确定为全国人大常委会。加之，宪法赋予全国人大常委会具有解释宪法与解释法律的职权，违宪审查与违法审查之主体一致是显见的。

其次，法律规定的两种审查程序是一致的。关于合宪与合法审查程序主要是由《立法法》《法规、司法解释备案审查工作办法》规定的。《立法法》第九十九条至第一百零一条对两种审查程序作出了明确规定，可归纳如下：

（1）审查要求或建议的提出。国务院、中央军委、最高法院、最高检察院和省级人大常委会以及其他国家机关、社会团体、企业事业组织与公民认为行政法规、地方性法规、自治条例和单行条例同宪法或者法律相抵触的，可以向全国人民代表大会常务委员会书面提出进行审查的要求或建议。

（2）分送有关机构。“要求”是由全国人大常委会工作机构分送有关的专门委员会进行审查，提出意见；“建议”是由全国人大常委会工作机构进行研究，必要时，送有关的专门委员会进行审查，提出意见。

（3）审查与意见的提出。全国人大专门委员会、常委会工作机构在审查、研究中认为行政法规、地方性法规、自治条例和单行条例同宪法或者法律相抵触的，可以向制定机关提出书面审查意见、研究意见；或由法律委员会与有关的专门委员会、常务委员会工作机构召开联合审查会议，要求制定机关到会说明情况，再向制定机关提出书面审查意见。

（4）制定机关提出是否修改的意见并反馈。制定机关应当在两个月内研究提出是否修改的意见，并向全国人民代表大会法律委员会和有关的专门委员会或者常务委员会工作机构反馈。

（5）若违宪或违法——

① 自行修改或废止的，审查终止。制定机关按照所提意见对行政法规、地方性法规、自治条例和单行条例进行修改或者废止的，审查终止。

② 若不予修改的，全国人大法律委员会、有关的专门委员会、常委会工作机构应当向委员长会议提出予以撤销的议案、建议，由委员长会议决定提请常务委员会会议审议决定。

（6）情况反馈与社会公开。全国人大有关的专门委员会和常委会工作机构应当按照规定要求，将审查、研究情况向提出审查建议的国家机关、社会团体、企业事业组织以及公民反馈，并可以向社会公开。

至于《法规、司法解释备案审查工作办法》中对规范性文件的合宪与合法审查规定的程序基本与《立法法》相同。

由于两种审查主体与审查程序完全相同而未加以区分，致使合宪审查与合法审查没有分离，并使合宪审查未真正地独立出来。

宪法中设计的合宪或合法审查需要宪法监督程序法或违宪审查程序法加以具体规定实施。2000 年《立法法》的出台本来是应当解决宪法中关于宪法监督或违宪审查的程序问题的，然而令人遗憾的是，《立法法》将本质上完全不同的两种审查程序规定为同一种程序，从而导致我国宪法监督与违宪审查趋同于一般违法审查。在现实中，国家立法机关本身也有意无意地将两种审查机制混同，皆视为“宪法审查”。全国人大常委会委员、全国人大法律委员会主任委员乔晓阳曾向媒体表示：从 2004 年成立“法规备案审查工作室”到 2014 年的十年间，法规备案审查室一共提出了四十四件行政法规、地方性法规包括司法解释和宪法法律不一致的审查案。经过沟通，四十四件审查案涉及的法规全部进行了修改或者废止。他把合宪审查与合法审查均作为“宪法审查”看待。[51]

笔者欲追问的是，既然有四十四件与宪法法律不一致的审查案，那么到底有多少是违宪审查案？有多少是违法审查案？有多少是既违宪又违法审查案？这三类不同的审查案是如何判断认定的？其遵循的原则是什么？是否对违宪审查案中涉及的宪法相关条款进行了解释？对既违宪又违法的法规是如何处理的？如果上述三类案件皆以同样的程序作出审查，那么就必然规避宪法解释问题，因为在全国人大常委会针对相关宪法条款作出解释之前，违宪的规范性文件已经被制定机关自行修改或废止，从而使整个违宪审查机制戛然而止。这种做法最早始于 2003 年 6 月国务院因孙志刚事件而自行废止了涉嫌违宪

51 《乔晓阳详解我国宪法监督职能：10 年推动 44 件法规修改或废止》，《长江日报》2015 年 4 月 9 日。

的《城市流浪乞讨人员收容遣送办法》，颁布了《城市生活无着的流浪乞讨人员救助管理办法》。当然，这种做法是合乎2000年7月施行的《立法法》之规定的。其实，没有出现众人期待的违宪审查，归根结底还是因为《立法法》设定的程序对违宪、违法两类不同审查适用同一程序的问题。

因此，笔者建议，基于合宪审查或违宪审查与违法审查之本质差异，应当专门设定违宪审查或合宪性审查程序。凡是被认定为违宪的规范性文件，必须提交全国人大常委会，并由全国人大宪法和法律委员会，依照《宪法》第六十七条规定，首先对相关宪法条款进行解释，以此进行说理论证，最终作出予以撤销的裁定结论。而不是像现在这样，只能按照《立法法》规定的程序，由负责审查的机构向制定机关提出书面审查意见、研究意见；或要求制定机关到会说明情况，再向制定机关提出书面审查意见，最后交由制定机关自己修正或废止。

如果在审查中遇到被审查的对象既违反宪法又违反法律或上位法的情形，那么，应当结合实际情况进行审查。通常情况下，应当遵循的首要审查原则是合法审查优先。在被审查对象的上位法推定合宪之下，首先判断违法问题，如果能够在违法审查的层面解决违宪问题，就不一定进行违宪审查；如果被审查的对象所依据的上位法违宪，再进行违宪审查；如果被审查对象所依据的上位法缺乏，则直接进行违宪审查。譬如，2015年5月8日财政部、国家税务总局联合发布的《关于调整卷烟消费税的通知》要求，从5月10日开始，我国卷烟批发环节从价税税率由百分之五提高至百分之十一，并按零点零零五元 / 支加征从量税。此次烟草税价调整影响广泛。统计显示，除了三亿多烟民，目前我国还有一百六十多万户烟农，五百二十多万家烟草零售商，从生产到销售的全链条中与烟草行业相关的人群多达两千多万人。这种部委文件明显是既违宪又违法的。然而，只要首先进行违法审查即可纠正违宪问题，即根据新修改的《立法法》第八条关于“税种的设立、税率的确定和税收征收管理等税收基本制度”的事项只能制定法律的规定，判定其违反《立法法》税收法定之规定，即可解决违宪问题。

只有把违宪审查或合宪性审查与违法审查或合法性审查在审查程序上加以界分，才能彻底避免两类审查制度的混同，使我国的合宪性审查真正获得新生，使合宪性审查制度真正发挥其监督宪法实施的功能。

（二）备案审查是一种中国式的宪法审查[52]

任何一个社会或国家的制度建构必然以本国的政治、经济、文化、历史传统为本，带有一国地域性之烙印。世界上没有最好的制度，只有最适合一国、一种社会实际的制度。以全球视阈察之，世界各国建立的“违宪审查”制度林林总总，按

52 本部分参见范进学：《中国宪法实施与宪法方法》，上海三联书店 2014 年版，第 120—125 页。

学术通说，已存三类，即美国式普通法院审查制、奥地利与德国式宪法法院审查制以及法国式宪法委员会审查制。基于中国特色或中国模式之独特性，中国所建构的“合宪性审查”制度不能归类于上述三种通式制度之任何一种，而属于独立的第四种合宪性审查制度，或称中国式合宪性审查制度。

所谓中国式合宪性审查制度，是指以全国人大常委会为审查主体，主要以行政法规、地方性法规、自治条例和单行条例为审查客体，由国家机关和社会团体、企业事业组织以及公民提出违宪审查要求或建议，对法规是否与宪法相抵触之情形进行备案审查，并有权撤销与宪法相抵触或违背的行政法规、地方性法规或自治条例和单行条例。简言之，中国式合宪性审查制度是由全国人大常委会针对法规[53]实施的备案审查的制

53 将行政法规、地方性法规以及自治条例和单行条例一并称为“法规”，是依据2000年10月16日九届全国人大常委会第三十四次委员长会议通过的《行政法规、地方性法规、自治条例和单行条例、经济特区法规备案审查工作程序》以及2001年12月24日国务院令第337号公布的《法规规章备案条例》。《行政法规、地方性法规、自治条例和单行条例、经济特区法规备案审查工作程序》第二项规定：“国务院制定的行政法规，省、自治区、直辖市和较大的市的人大及其常委会制定的地方性法规，自治州和自治县制定的自治条例和单行条例，经济特区根据授权制定的法规（以下简称‘法规’），应当在公布后的三十日内报全国人大常委会备案。”《法规规章备案条例》第二条规定：“本条例所称法规，是指省、自治区、直辖市和较大的市的人民代表大会及其常务委员会依照法定职权和程序制定的地方性法规，经济特区所在地的省、市的人民代表大会及其常务委员会依照法定职权和程序制定的经济特区法规，以及自治州、自治县的人民代表大会依照法定职权和程序制定的自治条例和单行条例。”由此可知，无论是全国人大常委会通过的《法规备案审查工作程序》还是国务院发布的《法规规章备案条例》，皆将行政法规、地方性法规、自治条例和单行条例统称“法规”。

度，其基本特点在于：

第一，合宪性审查的主体仅仅限于全国人大常委会，其他任何国家机关皆无宪法或法律依据进行违宪审查。

第二，合宪性审查的客体主要是行政法规、地方性法规以及自治条例和单行条例，它排除了法律、规章以及国家各级政府之具体行为是否违宪问题的审查。之所以称之为“主要”而非“全部”，是因为我国《宪法》第六十七条第七款、第八款规定的全国人大常委会实施违宪审查的对象，不仅包含行政法规和地方性法规，而且包含国务院的决定和命令以及省、自治区、直辖市国家权力机关制定的决议。2000 年 3 月 15 日第九届全国人民代表大会第三次会议通过的《立法法》第八十八条仅将行政法规、地方性法规以及自治条例和单行条例作为全国人大常委会违宪审查的对象，至于国务院的决定和命令以及省、自治区、直辖市国家权力机关制定的决议与宪法相抵触的问题，《立法法》则未作出规定；[54] 但是，《立法法》所规定的地方性法规扩展了《宪法》第六十七条所界定的“地方性法规”的范围，《宪法》第六十七条第八款中的“地方性法规”只是“省、自治区、直辖市国家权力机关制定的”，而《立法法》第六十三条所指称的“地方性法规”则是除了省、自治

54 《立法法》第八十八条第二款规定：“全国人民代表大会常务委员会有权撤销同宪法和法律相抵触的行政法规，有权撤销同宪法、法律和行政法规相抵触的地方性法规，有权撤销省、自治区、直辖市的人民代表大会常务委员会批准的违背宪法和本法第六十六条第二款规定的自治条例和单行条例。”

区、直辖市国家权力机关制定的以外，还包括“较大的市的人民代表大会及其常务委员会根据本市的具体情况和实际需要，在不同宪法、法律、行政法规和本省、自治区的地方性法规相抵触的前提下”制定的地方性法规。同时，《立法法》第八十八条第二款规定全国人大常委会有权撤销同宪法、法律和行政法规相抵触的地方性法规时并未但书，将较大的市的人大及其常委会制定的地方性法规排除在外，所以，违宪审查的地方性法规应当包含较大的市的人大及其常委会制定的地方性法规。

第三，提出合宪性审查要求或建议的主体是国家机关、社会团体、企事业组织和公民个人。《立法法》第九十条规定：“国务院、中央军事委员会、最高人民法院、最高人民检察院和各省、自治区、直辖市的人民代表大会常务委员会认为行政法规、地方性法规、自治条例和单行条例同宪法或者法律相抵触的，可以向全国人民代表大会常务委员会书面提出进行审查的要求，由常务委员会工作机构分送有关的专门委员会进行审查，提出意见。前款规定以外的其他国家机关和社会团体、企业事业组织以及公民认为行政法规、地方性法规、自治条例和单行条例同宪法或者法律相抵触的，可以向全国人民代表大会常务委员会书面提出进行审查的建议，由常务委员会工作机构进行研究，必要时，送有关的专门委员会进行审查，提出意见。”2019 年 12 月 16 日十二届全国人大常委会第四十四次委员长会议通过的《法规、司法解释备案审查工作办法》第二十一条、第二十二条也对此作出了较明确的规定。[55] 可见，《立法法》《法规、司法解释备案审查工作办法》对提出违宪审查要求或建议的主体作出了明确划分：向全国人大常委会提出违宪审查要求的主体必须是国务院、中央军事委员会、最高人民法院、最高人民检察院和各省、自治区、直辖市的人大常委会，而向全国人大常委会提出违宪审查建议的主体则是除此以外的其他国家机关和社会团体、企事业组织以及公民。

第四，合宪性审查是一种事后备案审查。违法审查的备案制度早在 1987 年国务院办公厅发布《关于地方政府和国务院规章备案工作的通知》以及全国人大常委会办公厅、国务院办公厅发布《关于地方性法规备案工作的通知》之后就初步确立了。[56] 随着国务院 1990 年 2 月 18 日发布的《法规规章备案规定》和 2001 年 12 月 4 日发布的《法规规章备案条例》的施行，我国形成了比较完备的法规规章备案审查制度。然而，我国违宪审查的法规备案审查制度则是随着《立法法》的颁布而确立的，该法第八十九条规定：行政法规报全国人大常委会备案，省、自治区、直辖市的人大及其常委会制定的地方性法

55 第二十一条规定："国家机关依照法律规定向全国人大常委会书面提出的对法规、司法解释的审查要求，由常委会办公厅接收、登记，报秘书长批转有关专门委员会会同法制工作委员会进行审查。"第二十二条规定："国家机关、社会团体、企业事业组织以及公民依照法律规定向全国人大常委会书面提出的对法规、司法解释的审查建议，由法制工作委员会接收、登记。法制工作委员会对依照前款规定接收的审查建议，依法进行审查研究。必要时，送有关专门委员会进行审查、提出意见。"

56 曹康泰主编：《政府法制建设三十年的回顾与展望》，中国法制出版社 2008 年版，第 192 页。

规报全国人大常委会和国务院备案，较大的市的人大及其常委会制定的地方性法规由省、自治区的人大常委会报全国人大常委会和国务院备案，自治州、自治县制定的自治条例和单行条例，由省、自治区、直辖市的人大常委会报全国人大常委会和国务院备案。因之，我国法规违宪审查案必须是在法规制定并在公布后三十日内向相应国家机关备案之后进行的，这种审查当然是一种典型的事后审查。法规违宪之备案审查程序除了《立法法》第八十九条规定的备案程序、第九十条规定的提起审查的要求或建议程序，第九十一条还规定了具体实施审查的程序。[57]2019 年 12 月 16 日十三届全国人大常委会第四十四次委员长会议通过的《法规、司法解释备案审查工作办法》则在《立法法》之基础上对我国法规违宪之备案审查工作程序作出了更加详尽规定。

第五，合宪性审查的后果是撤销违宪的行政法规、地方性法规以及自治条例和单行条例，排除了废止或终止与宪法相抵触的条文或内容之情形。以撤销之方式实施违宪审查，意味

57 《立法法》第九十一条规定："全国人民代表大会专门委员会在审查中认为行政法规、地方性法规、自治条例和单行条例同宪法或者法律相抵触的，可以向制定机关提出书面审查意见；也可以由法律委员会与有关的专门委员会召开联合审查会议，要求制定机关到会说明情况，再向制定机关提出书面审查意见。制定机关应当在两个月内研究提出是否修改的意见，并向全国人民代表大会法律委员会和有关的专门委员会反馈。全国人民代表大会法律委员会和有关的专门委员会审查认为行政法规、地方性法规、自治条例和单行条例同宪法或者法律相抵触而制定机关不予修改的，可以向委员长会议提出书面审查意见和予以撤销的议案，由委员长会议决定是否提请常务委员会会议审议决定。"

着只要法规与宪法相抵触或违背，就将整部法规全部撤销，使之不再具有任何法律效力。

因为中国式合宪性审查制度所审查的违宪客体主要是法规，实施审查的方式是备案审查制，所以在该意义上，笔者将这种具有中国特色的合宪性审查制度称为“法规违宪之备案审查制”。翟小波曾提出“八二宪法确立了一元的法规违宪审查制度”之命题，[58]笔者基本赞成，但需澄清与强调的是：第一，不是绝对“一元”的法规，而主要是法规；第二，审查的方式是备案式的；第三，违宪备案审查之“法规”是指全部法规，而不仅仅指直接适用宪法的法规，不应将间接适用宪法的法规排除在外。之所以说我国违宪审查的客体中的“法规”是全部，是因为无论现行宪法还是法律，均未将违宪审查的法规划分为直接适用宪法的法规与间接适用宪法的法规，只要是法规与宪法相抵触或违背，皆在备案审查之列。非直接适用宪法的法规，即为执行法律、行政法规的规定而根据本行政区域的实际情况制定的地方性法规，为执行法律的规定而制定的行政法规，最高法院检察院对法律的司法解释及判决、行政规章、其他规范性文件等。翟小波将以上法规都排除在违宪审查之外，并断言它们“不可能违宪”；即使违宪，都应当首先依其上一级规范来评判；如果其符合上一级规范而审查主体仍认为其违宪，该规范的正当性问题就转化为其上一级规范是否符合更上

58 翟小波：《论我国宪法的实施制度》，中国法制出版社 2009 年版，第 52 页。

一级规范的问题。[59] 这一理由貌似正当，但实际上是“只见树木，不见森林”。即便是为执行法律而制定的行政法规以及为执行法律、行政法规的规定而制定的地方性法规，一旦它们既违法又违宪，当然既进行违法审查，也进行违宪审查，并且只有在违宪审查的层面上才能真正维护法制的统一和尊严。然而，如果它们不是直接违法而是直接违宪，即便在法律审查的层面也无法解决违宪的问题，还是必须回到违宪的审查层面进行矫正。

（三）法律不是我国备案审查的对象

从我国现行宪法法律关于备案审查制所建构的内容来考察，法律无疑被排除在备案审查之外，其根据在于：（1）现行宪法未将与宪法相抵触的法律纳入审查的范围，其表现是未规定与宪法相抵触的法律由哪一个国家机关实施审查；（2）《立法法》《法规、司法解释备案审查工作办法》仅仅就行政法规、地方性法规、自治条例和单行条例违宪之备案审查作出了规定，而未对法律的违宪性实施审查问题进行规制；（3）《中华人民共和国各级人民代表大会常务委员会监督法》未就法律是否违宪以及违宪审查问题作出任何规定。

59　翟小波：《论我国宪法的实施制度》，中国法制出版社 2009 年版，第 58 页。

第三章

我国合宪性审查制度与机制问题分析

第一章与第二章分别从党、国家两个层面考察了我国合宪性审查制度的形成与基本样态，勾勒出了我国合宪性审查机制与程序的基本特征，这对于从总体上认知与把握我国合宪性审查制度及其规律具有重大的理论意义与实践价值。然而，目前我国宪法与法律、法规等规范性文件所设计的这套合宪性审查机制与程序依然存在诸多问题，而这些问题的存在直接影响了我国合宪性审查制度效能的发挥。本章重点分析了这些可能存在的问题，进而为完善与健全合宪性审查制度提供具有针对性的研究对策与解决方案。

一、执政党与国家两套合宪性审查制度处于分离状态

笔者在第一章开篇就明确提出了我国合宪性审查制度是

由国家层面的合宪性审查制度与政党层面的合宪性审查制度共同构成的观点，即党内法规和规范性文件的备案审查制度，国家层面的全国人大及其常委会的宪法审查制度与地方权力机关的宪法审查制度。从我国宪法审查的现实出发，从尊重我国的合宪性审查机制与制度的立场出发，这种宪法审查制度确实体现了我国合宪性审查制度的特色与风格，同时体现了我国政治制度的优势与基本特点。然而，如果从应当建构一套体系完整、内部统一、规则一致、程序法定的合宪性审查机制与制度的角度评价，那么两套合宪性审查制度在事实上存在分离的状态，这种分离的合宪性审查制度对于国家维护社会主义法治的统一与尊严是极为不利的。

第一，合宪性审查主体不统一。党内法规与规范性文件的备案审查或合宪性审查主体是中央办公厅，具体承办党内法规和规范性文件备案工作的是中央办公厅法规工作机构。国家层面的合宪性审查主体是多元的，既可以是全国人大及其常委会，又可能是地方省级人大常委会，关于具体承办备案审查或合宪性审查的主体：在全国人大及其常委会层面，在未修改宪法之前，是常委会法制工作委员会及备案审查工作研究室，以及法律委员会及全国人大各专门委员会，在 2018 年 3 月完成宪法修改之后，全国人大宪法和法律委员会成为专门的合宪性审查机构；在地方层面，具体备案审查主体是省级人大常委会规范性文件备案审查办公室和区县人大常委会备案审查工作机构。

第二，合宪性审查的范围不统一。党内法规和规范性文件备案审查的范围是中央纪律检查委员会、中央各部门、中央军事委员会及其总政治部和省、自治区、直辖市党委制定的党内法规和规范性文件。国家层面的备案审查或合宪性审查范围是法律以外的行政法规、地方性法规、自治条例或单行条例、行政规章、司法解释等，国家层面的合宪性审查不从事对党内法规和规范性文件合宪与否的审查。

第三，被动性合宪性审查程序不统一。党内法规和规范性文件的审查程序只有主动性审查程序，[1] 而缺乏由当事人提起的被动性审查程序，即一旦其他主体——无论是国家机关还是社会团体或公民个人——发现党内法规或党的规范性文件与宪法不一致时，如何向有关审查机关提起合宪性审查要求或建议，党内法规备案审查机制对此未作规定。国家层面上的合宪性审查程序，除了具有主动性备案审查程序外，《立法法》第九十九条与第一百条、《法规、司法解释备案审查工作办法》第二十一条与第二十二条以及地方规范性文件如地方性法规或规章，均规定了由当事人提起的被动性宪法审查程序。

第四，合宪性审查后果不统一。党内法规的备案审查的后果是：如发现党内法规和规范性文件存在同宪法不一致问题的，中央办公厅法规工作机构经批准可以建议制定机关自行纠

---

1 即应当备案的党内法规和规范性文件自发布之日起三十日内，由制定机关或联合发布党内法规和规范性文件的主办机关报送中央备案。

正，制定机关应当在三十日内作出处理并反馈处理情况，逾期不作出处理的，中央办公厅提出予以纠正或者撤销的建议，报请中央决定。国家层面的备案审查或合宪性审查，事实上未明确规定主动性宪法审查后果，无论《立法法》还是《法规、司法解释备案审查工作办法》，所规定的审查后果均为被动性合宪性审查后果。[2]

鉴于我国的政治制度与党的领导是中国特色社会主义最本质的特征之宪法要求，笔者建议应将合宪性审查制度实行整合，建构一套统一、完整、普遍适用的合宪性审查机制与制度。这一建议存在着其可能性与现实合理性。

首先，党内法规备案审查标准与国家层面的合宪性审查标准是统一的。由于宪法是我国的根本法，具有最高的法律效力，所以宪法是全国各族人民，一切国家机关和武装力量，包

2 如《立法法》第一百条规定：全国人民代表大会专门委员会、常务委员会工作机构在审查、研究中认为行政法规、地方性法规、自治条例和单行条例同宪法或者法律相抵触的，可以向制定机关提出书面审查意见、研究意见，也可以由法律委员会与有关的专门委员会、常务委员会工作机构召开联合审查会议，要求制定机关到会说明情况，再向制定机关提出书面审查意见。制定机关应当在两个月内研究提出是否修改的意见，并向全国人民代表大会法律委员会和有关的专门委员会或者常务委员会工作机构反馈。全国人民代表大会法律委员会、有关的专门委员会、常务委员会工作机构根据前款规定，向制定机关提出审查意见、研究意见，制定机关按照所提意见对行政法规、地方性法规、自治条例和单行条例进行修改或者废止的，审查终止；全国人民代表大会法律委员会、有关的专门委员会、常务委员会工作机构经审查、研究认为行政法规、地方性法规、自治条例和单行条例同宪法或者法律相抵触而制定机关不予修改的，应当向委员长会议提出予以撤销的议案、建议，由委员长会议决定提请常务委员会会议审议决定。

括共产党在内的各政党和各社会团体、各企事业组织都必须共同遵守的根本的活动准则与基本规范。习近平总书记在首都各界纪念现行宪法公布施行三十周年大会上的讲话中明确指出："宪法是国家的根本法，是治国安邦的总章程，具有最高的法律地位、法律权威、法律效力，具有根本性、全局性、稳定性、长期性。全国各族人民、一切国家机关和武装力量、各政党和各社会团体、各企业事业组织，都必须以宪法为根本的活动准则，并且负有维护宪法尊严、保证宪法实施的职责。任何组织或者个人，都不得有超越宪法和法律的特权。一切违反宪法和法律的行为，都必须予以追究。"[3]《中国共产党党章》也要求"党必须在宪法和法律范围内活动"。因此，无论是党内法规的备案审查，还是国家层面的合宪性审查，都把宪法作为审查各类规范性文件是否合法的法律依据与基本标准。就党内法规的审查而言，从党内法规制定到备案审查，在各个不同阶段进行的审查，都强调宪法标准。《中国共产党党内法规制定条例》第二十七条就明确规定：党的审议批准机关收到党内法规草案后，在交由所属负责法规工作的机构进行审核时，其主要审核的内容就包括"是否同宪法和法律不一致"。2013 年《中国共产党党内法规和规范性文件备案规定》不仅在第一条明文规定党内法规和规范性文件备案工作要保证"同宪法和法律相

3　中央党的群众路线教育实践活动领导小组编：《党的群众路线教育实践活动学习文件选编》，党建读物出版社 2013 年版，第 44 页。

一致”，[4] 而且第七条也要求负责党内法规审查的中央办公厅对报送中央备案的党内法规和规范性文件进行审查的主要内容就包括“是否同宪法和法律不一致”；2019 年新修改的《中国共产党党内法规和规范性文件备案规定》第十一条也作出了相同的规定。在国家层面上的合宪性审查，无论是《宪法》第五条关于“一切法律、行政法规和地方性法规都不得同宪法相抵触”以及“一切违反宪法和法律的行为，必须予以追究”的规定，还是《立法法》第八十七条关于“宪法具有最高的法律效力，一切法律、行政法规、地方性法规、自治条例和单行条例、规章都不得同宪法相抵触”的规定，以及地方规范性文件关于备案审查法规的相关规定，皆把宪法作为合宪性审查的最高与最终标准。可见，党内法规备案审查与国家层面的合宪性审查都以宪法作为审查标准，因此，两套审查标准具有一致性，从而为二者的制度融合奠定了宪法规范基础。

其次，两种合宪性审查均是在党的领导下进行的。党内法规与规范性文件的备案审查工作是由党的机关直接组织实施的，国家的合宪性审查同样必须在党的领导下才能有效地发挥其功能与效能。十九大报告指出：“中国特色社会主义制度的最大优势是中国共产党领导，党是最高政治领导力量”；在各

4 《中国共产党党内法规和规范性文件备案规定》第一条规定：“为了规范党内法规和规范性文件备案工作，保证党内法规和规范性文件同党章和党的理论、路线、方针、政策相一致，同宪法和法律相一致，维护党内法规制度体系的统一性和权威性，根据《中国共产党党内法规制定条例》，制定本规定。”

项工作中，“坚持党对一切工作的领导”，“必须把党的领导贯彻落实到依法治国全过程和各方面”。[5]合宪性审查是依法治国的重要环节与核心内容，无论是全国人大及其常委会的合宪性审查还是地方规范性文件的备案审查，均须贯彻党的领导，党的领导是社会主义法治的根本要求，全面依法治国、建设社会主义法治国家与法治体系，都必须坚持党的领导这一根本政治原则与宪法原则。合宪性审查涉及对法律的解释与宪法的解释，而宪法或法律实质上都是党的意志与人民意志的体现，全国人大常委会可能无法胜任解释宪法的职责，最佳的解释方式应当是由党的机关对宪法或法律事先作出实质性解释，再由党的机关将宪法解释案或法律解释案提交全国人大常委会，由全国人大常委会作形式上的审议通过，最终以全国人大常委会的名义发布宪法解释案。党在合宪性审查工作中的领导必须具体化、实质化与机构化。党内法规和规范性文件的备案审查与国家法律、法规、规章等规范性文件的合宪性审查皆坚持党的领导，这就为两套制度的融合提供了政治规范基础。

再次，合宪性审查程序基本一致。党内法规备案审查与国家宪法审查除了审查主体具有显著不同外，在审查程序上大致相同。首先都要求应当备案的规范性文件自发布或公布之日起三十日内由制定机关报送相关机关备案；其次，由备案审查

---

5 中国共产党第十九次全国代表大会文件汇编编写组编：《中国共产党第十九次全国代表大会文件汇编》，人民出版社 2017 年版，第 16 页、第 18 页。

机关依照相关规定交由具体机构负责审查；再次，具体审查机构发现问题，即告知文件的制定机关，再由制定机关提出是否修改或撤销的意见；最后，如制定机关主动对存在问题的规范性文件进行修改或撤销，审查程序终止，若制定机关不主动修改或撤销，则由相关机构提出意见，最终由审查机关决定是否予以撤销。由于两套审查制度的程序基本相同，从而为两套制度的融合提供了制度规范基础。

最后，构建混合型的合宪性审查机构既是可能的，更是现实的。中国国家意义上的合宪性审查制度之所以未见成效，与党、政两套审查制度的分离具有很大的关系。党的备案审查机制或合宪性审查制度与国家意义上的合宪性审查制度各自为政，国家意义上的宪法审查或合宪性审查仅仅强调全国人大及其常委会的国家机关自身作用，而未能从党的领导层面加以考量。如果合宪性审查仅仅依靠全国人大及其常委会，而脱离党中央的具体领导和参与，往往无法推动宪法审查的实质性进展。早在 2002 年 12 月 4 日，时任党的总书记胡锦涛同志在首都各界纪念我国宪法公布施行二十周年大会上的讲话中就明确提出："要抓紧研究和健全宪法监督机制，进一步明确宪法监督程序，使一切违反宪法的行为都能及时得到纠正。"2012 年 12 月 4 日，习近平在首都各界纪念现行宪法公布施行三十周年大会上的讲话再次重申"健全监督机制和程序，坚决纠正违宪违法行为"的要求。2013 年 11 月《中共中央关于全面深化改革若干重大问题的决定》提出"要进一步健全宪法实施监督机制和程序，把全面贯彻实施宪法提高到一个新水平”这一新要求。2014 年 10 月《中共中央关于全面推进依法治国若干重大问题的决定》提出“完善全国人大及其常委会宪法监督制度，健全宪法解释程序机制。加强备案审查制度和能力建设，把所有规范性文件纳入备案审查范围，依法撤销和纠正违宪违法的规范性文件”这一明确要求。从十九大报告提出“加强宪法实施和监督，推进合宪性审查工作，维护宪法权威”的最新要求，到十九届四中全会提出强调“健全保证宪法全面实施的体制机制。加强宪法实施和监督，落实宪法解释程序机制，推进合宪性审查工作”，这近二十年的时间，尤其是自十八大以来，党中央一直强调宪法监督机制与程序建设，而这种宪法监督机制与程序的实质是合宪性审查机制与合宪性审查程序及宪法解释程序。然而，迄今为止，我们仍未从制度上确立宪法监督机制与程序。问题出在哪里？为什么宪法监督机制与程序制度一直未确立起来？原因可能有很多，但在笔者看来，最主要的原因可能在于过分突出全国人大及其常委会的国家机关作用，而忽视了党中央对于这一机制与制度的领导和参与作用。全国人大虽然是最高国家权力机关，但不是“最高监督机关”。曾担任全国人大常委会委员长的李鹏同志于 1998 年 8 月 26 日参加常委会对《监督法》草案分组审议时，针对有的同志提出的“全国人大是最高国家权力机关，因此也是最高监督机关”的观点，他指出：“这不符合实际，人大虽是最高国家权力机关，但要在中国共产党的领导下工作，这是我们中国政治的特点。离开了这个原则，就处理不好党和人大的关系，位置摆不正，各方面的工作就都做不好了。如果人大的工作不是加强党的领导而是削弱党的领导，那么人大的工作就违背了我们国家的体制。”他认为“人大也不应该是最高的监督机构。在中国，人大是在党的领导下的国家权力机关，党的领导不直接对人大发号施令，而是通过人大党组对人大工作进行领导，通过法定的程序把党的主张变为国家意志”。[6]李鹏基于中国政治制度的实际，揭示了党与人大之间的内在关系，即全国人大及其常委会毕竟是党领导下的国家权力机关，如果人大的工作离开了党的领导，的确各方面的工作就都做不好。质言之，即使是全国人大，其工作也必须紧密依靠党的领导，并在党的领导下开展宪法监督与审查工作。从这一角度来反思中国宪法监督机制与程序制度建设就会发现，在强调人大作用的时候，并未重视和突出党的引领与具体参与作用。因此，在中国，无论如何加强和完善宪法监督机制和程序制度建设，都必须突出党在制度建设中的引领作用，并由党的组织直接参与宪法监督机制和程序制度的设计与建设。从该意义上说，突破合宪性审查机制与制度建设的瓶颈，关键是要构建由党内法规备案审查机关与国家层面的备案审查机关共同组成的混合型合宪性审查制度，由党中央直接推动合宪性审查机制与程序制度的确立与完

6 李鹏：《立法与监督：李鹏人大日记》（下），新华出版社、中国民主法制出版社2006年版，第562—563页。

善。譬如党中央首先通过的《中共中央关于推动合宪性审查工作若干问题的意见》中，明确成立一个由中共中央主导的合宪性审查工作领导小组，组长由党的总书记担任，成员由全国人大常委会委员长、国务院总理、中央纪委书记、分管宣传的政治局常委组成；同时在中央委员会中成立“宪法监督审查委员会”，在全国人大及其常委会成立“宪法监督审查委员会”，党中央的“宪法监督审查委员会”与全国人大及其常委会的“宪法监督审查委员会”合署办公，真正实现混合型宪法监督审查机制。

二、合宪性审查范围窄化

所谓合宪性审查范围窄化，主要指的是我国合宪性审查制度未将“法律”纳入合宪性审查对象之中，也就是说，在备案审查或合宪性审查实践中，全国人大制定的“基本法律”与全国人大常委会制定的除基本法律外的“其他法律”没有成为备案审查或合宪性审查的对象。这既是我国合宪性审查的一大特点，也可能是我国合宪性审查制度的缺陷。学者普遍认为，将全国人大及其常委会制定的法律排除在备案审查范围之外，是我国违宪审查制度的重大缺陷。不过，基于政治制度事实与经验，笔者的观点是：对全国人大制定的基本法律不予审查，只对全国人大常委会通过的非基本法律进行合宪性审查。

从理论上说，全国人大制定的“基本法律”也应当属于审查的对象。虽然全国人大既是宪法中规定的“最高国家权力机关”，又是我国各族人民共同行使国家权力的机关，由全国人大制定和修改的有关刑事、民事、国家机构的和其他的基本法律属于宪法之下的“最高法律”，是人民公意的体现，具有极大权威性与正确性，但全国人大毕竟是由全体人民通过间接选举而非直接选举选出来的“代表”所组成的，属于人民的“代议”机关，而人民才是权力的唯一合法来源。代议机关有可能违背选民的意志，以“人民代表”的名义自居，凌驾于人民意志之上，所以人民代表的权力必须接受人民的监督，代议机关的权力必须以全体人民制定的宪法作为对其限制的基本准则，换言之，代议机关的立法权必须受到宪法的审查监督。其中的道理，亚历山大·汉密尔顿早已揭示出来，他说：“代议机关的立法如违反委任其行使代议权的根本法自当归于无效乃十分明确的一条原则。因此，违宪的立法自然不能使之生效，如否认此理，则无异于说，代表的地位反高于所代表的主体，仆役反高于主人，人民的代表反高于人民本身。如是，则行使授予的权力的人不仅可以越出其被授予的权力，而且可以违反授权时所明确规定禁止的事。”[7]

尽管理论上有其合理性，但从尊重中国政治特点与现实出发，笔者暂不同意将全国人大制定的基本法律纳入审查范围

7 ［美］汉密尔顿、杰伊、麦迪逊：《联邦党人文集》，程逢如等译，商务印书馆 1980 年版，第 392 页。

之中，笔者将在本书第四章解释个中缘由。全国人大常委会制定的普通法律，则需纳入合宪性审查的范围。原因在于：（1）全国人大常委会只是全国人大的创设机关（《宪法》第五十七条），它要对全国人大负责并报告工作（《宪法》第五十九条），接受全国人大的监督。严格来说，全国人大是人民的第一次授权，而常委会是人民的第二次授权，如果全国人大间接代表“全体人民”的意志，那么全国人大常委会则更为间接地代表人民的意志，正如有学者指出：“全国人大常委会毕竟不同于全国人大，它仅仅是‘代表中的代表’，无论是机关性质地位还是民意代表性方面都与全国人大不可同日而语”，[8] 其通过的“法律”未必一定体现人民的意志，所以，常委会通过的“普通法律”需要接受代表人民意志的全国人大的审查。根据宪法规定，全国人大具有“改变或者撤销全国人民代表大会常务委员会不适当的决定”的职权（《宪法》第六十二条第十二款）；《立法法》第九十七条也规定：“全国人民代表大会有权改变或者撤销它的常务委员会制定的不适当的法律，有权撤销全国人民代表大会常务委员会批准的违背宪法和本法第七十五条第二款规定的自治条例和单行条例。”上述这些规定性限制条款皆说明：全国人大常委会是有可能作出“不适当的决定”的，这种“不适当”或者违反宪法，或者违

8 李克杰：《中国“基本法律”概念的流变及其规范化》，《甘肃政法学院学报》2014年第3期。

反基本法律。总之，全国人大常委会制定的规范性文件需要得到全国人大的审查，以确保其制定的规范性文件与宪法或基本法律相一致。（2）在全国人大闭会期间，虽然对全国人大制定的（基本）法律可以进行部分补充或修改，但是不得同该法律的基本原则相抵触（《宪法》第六十七条第三款）；我国《立法法》第七条也规定："全国人民代表大会常务委员会制定和修改除应当由全国人民代表大会制定的法律以外的其他法律；在全国人民代表大会闭会期间，对全国人民代表大会制定的法律进行部分补充和修改，但是不得同该法律的基本原则相抵触。"《宪法》与《立法法》对全国人大常委会的立法限制，也说明全国人大常委会在对基本法律进行部分补充或修改时，有可能同基本法律的基本原则相抵触，如若抵触，即由全国人大依照宪法规定予以改变或撤销。换言之，在全国人大闭会期间，即使宪法允许对基本法律进行补充或修改的可能，但全国人大对其创设机构的立法活动也是不放心的，需要为其预设约束的界限，从而为审查常委会的立法活动提供了宪法依据。（3）全国人大常委会人数较少，相较于由近三千名代表组成的全国人大，全国人大常委会全部人数不足两百人，仅占全国人大全体代表人数的百分之六点六六，不足以代表全国各族人民的共同意志。如果一部法律仅仅由全国人大常委会制定，未经代表民意的全国人大审查，同样存在着与宪法或基本法律不一致的可能，因此，其立法需要接受全国人大的宪法监督审查。

在这种情形下，我国当下的合宪性审查或备案审查制度把全国人大常委会制定的“法律”排斥于审查之外，既不符合宪法的规定，也违反《立法法》的规定。因为《宪法》第五条明确规定：“一切法律、行政法规和地方性法规都不得同宪法相抵触”;《立法法》第八十七条也明确规定：“宪法具有最高的法律效力，一切法律、行政法规、地方性法规、自治条例和单行条例、规章都不得同宪法相抵触。”从宪法与《立法法》的规定看，“一切法律”都不得同宪法相抵触，自然涵盖全国人大常委会制定的非基本法律即普通法律。然而，《立法法》第五章在规定“适用和备案审查”时，却把“法律”排斥在备案审查与被动审查之外，既未规定“法律”如何备案，更未规定若“法律”与宪法相抵触后，谁可以提起合宪性审查。2000 年 10 月九届全国人大常委会第三十四次委员长会议通过的《行政法规、地方性法规、自治条例和单行条例、经济特区法规备案审查工作程序》以及 2019 年的《法规、司法解释备案审查工作办法》干脆未规定“法律”的备案审查工作程序。显然，在我国的备案审查与合宪性审查机制中，人为地将“法律”排斥于合宪性审查之外，这不能不说是我国目前合宪性审查制度中的一大缺失。

学者翟小波认为“法律不受违宪质疑”，其主要理由是：第一，“违宪”与“不适当”是不同的，“不适当”不包括“违宪”，宪法中将“违宪”与“不适当”并列提出，而且只字不提法律违宪的可能，这绝非无心的忽略，其中潜伏着法律不可能违宪的假定；第二，全国人大常委会有解释宪法和提议修改宪法的权力，若它要制定某些明显违反宪法的法律，它便可以提议修改宪法，若已制定的法律有违反宪法的嫌疑，它可以解释宪法；第三，如果全国人大及其常委会制定的法律和宪法的通常含义公然且明显抵触，而全国人大对此没有以不适当为由来撤销它，这就表明宪法被法律赋予了新的含义；第四，纯粹从法秩序的逻辑来说，在中国宪法上，全国人大及其常委会不可能违宪。[9]

以上这种认为全国人大常委会不可能违宪与法律不能受到违宪质疑的观点，在笔者看来，值得商榷。关于“违宪”与“不适当”的关系将会在本书第四章中加以分析，这里只针对第三种理由提出质疑。

首先，全国人大常委会解释宪法与提议修改宪法的权力能否成为曲解宪法的理由？无论谁解释宪法，都必须按照宪法的精神与目的、立宪意图或文意字意进行解释，不能歪曲宪法；宪法虽然是在全国人大常委会主导下起草和制定的，但制定出来之后，宪法就成为独立的文本，并成为约束所有权力主体的法律，包括它的制定者。我国宪法明确规定：“一切法律、行政法规和地方性法规都不得同宪法相抵触”，所以，宪法是一切立法者的立法准绳和指针，任何人包括它的解释者和提议修改者都不能违反宪法。

9　翟小波：《论我国宪法的实施制度》，中国法制出版社 2009 年版，第 58—63 页。

其次，全国人大常委会制定的法律与宪法的通常含义公然且明显抵触，而全国人大对此没有以不适当为由来撤销它，就必然表明宪法被法律赋予了新的含义吗？全国人大常委会不可能违宪吗？上文已分析过，宪法文本一旦制定出来，就成为制约所有权力者的法律，它不但约束行政机关的行政行为和司法机关的司法行为，也同样约束立法机关的立法行为。全国人大常委会虽然是人民行使国家权力的机关，但它对人民负责，受人民监督。宪法是人民根本意志与根本利益的体现，全国人大常委会只是全国人大的常设机构，作为代议机关的常设机关，其立法行为更应受到人民的监督。全国人大常委会毕竟是人民权力的间接代表者，它更可能滥用其权力，否则宪法就没有必要规定全国人大及其常委会“对人民负责，受人民监督”之规范。2001 年，时任全国人大常委会委员长李鹏在全国法制宣传工作日座谈会上指出：“全国人大及其常委会是宪法规定的最高国家权力机关，其权力来源于宪法，也必须在宪法范围内活动，必须在宪法规定的范围内行使立法、监督等职权，不得超越宪法。”[10] 因此，全国人大常委会不仅有可能违反宪法，而且其制定的法律亦有可能违反宪法。然而，当其制定的法律和宪法的通常含义公然且明显抵触时，法律的含义能否取代宪法的含义？显然是不能的，因为宪法和法律都是成文法，

---

10 李鹏：《立法与监督：李鹏人大日记》（上），新华出版社、中国民主法制出版社 2006 年版，第 276 页。

不能因为全国人大常委会是人民行使权力的机关、宪法的修改或解释机关和法律的制定机关，就可以随意修正宪法，以法律的含义取代宪法的含义。不能以法律的含义取代宪法的含义，是因为宪法的修改须依照宪法修改的程序，在宪法内容没有经过宪法规定的修改程序修正之前，法律与宪法相抵触的话，不应以法律的含义而应以宪法的含义为准，这是不言而喻的宪法原理。因此，法律是有可能与宪法相抵触的，与宪法相抵触的法律是无效的，这是全球之通识，我国宪法也对此作出了规定，这就是“一切法律都不得同宪法相抵触”，其潜在的含义自然是：同宪法相抵触的一切法律是无效的。

所以，笔者赞成多数学者的观点，普通法律是且应当是违宪审查的客体。对此，笔者再从我国宪法和法律的规定以及宪法一般原理的角度作进一步的分析。

第一，法律是且应当是违宪审查的客体具有宪法和法律依据。首先具有宪法依据。我国《宪法》序言最后一个自然段规定：“本宪法以法律的形式确认了中国各族人民奋斗的成果，规定了国家的根本制度和根本任务，是国家的根本法，具有最高的法律效力。全国各族人民、一切国家机关和武装力量、各政党和各社会团体、各企业事业组织，都必须以宪法为根本的活动准则，并且负有维护宪法尊严、保证宪法实施的职责。”《宪法》第五条规定：“一切法律、行政法规和地方性法规都不得同宪法相抵触。一切国家机关和武装力量、各政党和各社会团体、各企业事业组织都必须遵守宪法和法律。一切违反宪法和法律的行为，必须予以追究。任何组织或者个人都不得有超越宪法和法律的特权。”李鹏曾指出：“宪法序言最集中地体现了党的基本主张和人民的根本意志，是宪法的灵魂，同宪法条文一样，具有最高法律效力，违反宪法序言，就是在最重要的问题上违反了宪法。”[11] 宪法是国家的根本法，具有最高的法律效力，一切法律都不得与宪法相抵触，一切国家机关包括最高国家权力机关的全国人大常委会等都必须以宪法为根本的活动准则，一切违反宪法的行为必须予以追究，而且显然，宪法的效力是高于法律、行政法规和地方性法规的，宪法是判断法律是否与宪法相抵触以及一切国家机关包括最高国家权力机关是否以宪法为其根本的活动准则的准据，“违宪是严重的违法行为”，[12] 所以一切违宪行为必须予以追究。宪法中所说的“必须遵守”和“不相抵触”等，是否因为法秩序未曾为之实现提供强制性保障就断言不过是“决心的表白”？[13] 笔者认为：这种断言过于主观武断，宪法规定的义务性规范缺乏强制性的保障措施，有可能是疏忽而未规定，也有可能时机未成熟而暂时无法规定，还有可能通过其他手段如政纪党纪等予以保证，怎么能够对这些可能的因素通通视而不见，而武断地认为是“决心

---

11 中共中央文献研究室编：《十五大以来重要文献选编》（下），人民出版社 2003 年版，第 2097—2100 页；李鹏：《立法与监督：李鹏人大日记》（上），新华出版社、中国民主法制出版社 2006 年版，第 275 页。

12 中共中央文献研究室编：《十五大以来重要文献选编》（中），人民出版社 2001 年版，第 1435—1437 页。

13 翟小波：《论我国宪法的实施制度》，中国法制出版社 2009 年版，第 29 页。

的表白”呢？其次，宪法的至高无上性具有法律依据。《立法法》第七十八条规定：“宪法具有最高的法律效力，一切法律、行政法规、地方性法规、自治条例和单行条例、规章都不得同宪法相抵触。”《立法法》尽管只对法规的违宪备案审查而没有对法律的违宪审查作出规定，但仅凭该法律条款的规定，就足以确认《立法法》同样在效力位阶上将宪法视为具有最高法律效力的法律，以及评价一切法律是否与宪法相抵触的准据。一切法律都不得同宪法相抵触是评价法律合宪性的唯一标准。

综上所述，《宪法》《立法法》都作出了“一切法律都不得与宪法相抵触”的规定，这足以推断出：无论是立宪者还是立法者，都担心法律有与宪法相抵触的可能。一言以蔽之，法律有违宪的可能，譬如立法机关制定了剥夺公民权利的法律或制定了具有溯及既往的法律；反之，同样可以证成：如果法律不可能违宪，立宪者和立法者就无须作出“一切法律不得与宪法相抵触”的强制性准据。

第二，从宪法一般原理分析，法律也有违宪的可能。前文论及，全国人大常委会是人民的代议机关，人民是权力的授予者，代议机关是人民权力的代行者，代议机关的立法即法律虽然是人民意志的体现，却是由代议机关代表人民制定的，作为人民代表的代议机关的法律如果没有违宪的可能，就等于假定说人民代表永远不会犯错误，但是这种假定无疑是错误的。人民代表即代议机关是具有经济理性的人构成的，他不可能不犯错误，他犯错误不可怕，可怕的是假定他永远不犯错误，从而在制度上无法规定防范制约的措施和手段。法治与宪制得以成立的一个基本人性假设就是人性是恶的，正如詹姆斯·麦迪逊所指出的那样："不能否认，权力具有一种侵犯性质，应该通过给它规定的限度在实际上加以限制。"[14] 即使是人民的代表也有可能违背人民的意志，制定违反宪法的法律，而违宪的法律自当无效，否则，就如亚历山大·汉密尔顿所指出的那样："无异于说，代表的地位反高于所代表的主体，仆役反高于主人，人民的代表反高于人民本身。如是，则行使授予的权力的人不仅可以越出其被授予的权力，而且可以违反授权时所明确规定禁止的事。"所以，当宪法和法律出现不可调和的分歧，自以效力及作用较大之法为准，"宪法与法律相较，以宪法为准；人民与其代表相较，以人民的意志为准"。[15] 换言之，宪法高于法律，人民的意志高于人民的代表的意志。英国的惠尔教授的确把宪法分成了高于立法机关的宪法和不高于立法机关的宪法，但是我们能否推断说：我国的宪法属于不高于立法机关的宪法？惠尔也承认："判断某宪法是不是最高，并不总是容易的事"，同时他指出："如果立法机关必须遵循宪法确定的程序，遵守宪法确定的'多数通过'的义务，那么立法机关就在该限度内受宪法控制，宪法就在这个

---

14 ［美］汉密尔顿、杰伊、麦迪逊：《联邦党人文集》，程逢如等译，商务印书馆1980年版，第252页。

15 ［美］汉密尔顿、杰伊、麦迪逊：《联邦党人文集》，程逢如等译，商务印书馆1980年版，第392—393页。

限度内高于立法机关。”[16]我国的全国人大常委会之职权是由宪法所授予的，必须以宪法为根本的活动准则，必须遵守宪法所确定的程序，必须遵守宪法的义务，其违宪行为也必须予以追究。因此，全国人大常委会的权力是受宪法制约的。宪法既是评判法律是否违反宪法的准绳，也是评价最高立法机关立法行为的标准，那么宪法高于法律和立法机关就是必然的结论。

综上所述，法律是且应当是合宪性审查的对象。

三、合宪性审查逻辑上的断裂

所谓合宪性审查逻辑上的断裂，是指目前我国的备案审查或合宪性审查程序设计内置错误，堵塞了宪法解释之道，使合宪性审查在自身逻辑上断裂。

目前党内规范和规范性文件的备案审查与国家意义上的备案审查和合宪性审查，无论是主动审查还是被动审查，均在审查程序上存在着堵塞宪法解释之道的障碍，这种障碍使宪法解释几无可能。

我们首先看党内法规备案审查制度的相关规定。《中国共产党党内法规和规范性文件备案规定》第十九条规定：审查中发现党内法规和规范性文件存在包括“违反宪法和法律的”问

---

16 ［英］惠尔：《现代宪法》，翟小波译，法律出版社 2006 年版，第 17—18 页。

题的，审查机关可以发函要求制定机关纠正，制定机关应当在三十日内作出处理并报告相关处理情况，逾期不作出处理且无正当理由的，审查机关可以作出撤销相关党内法规和规范性文件的决定。

根据上述党内法规规定，党的备案审查机关若发现党内法规同宪法不一致的问题，首先是建议制定机关自行纠正，只有在制定机关拒绝自我纠正的情形下，才由审查机关作出撤销决定。问题在于，党内规范性文件的制定机关是指中央纪律检查委员会、中央各部门和省、自治区、直辖市党委，试想，无论是中央纪委，还是其他党委，在中央负责备案审查的机关发现了规范性文件中的违宪问题而建议制定机关自我纠正时，这些制定机关能够拒绝自我纠正吗？在民主集中制的党的权力体制结构中，制定机关的负责人都是上级党委选拔任命的，所以可以肯定，不会出现与中央相对抗的制定机关，它们百分之百会按照相关审查机关的建议进行自我修正，备案审查程序至此终止。因此，通过制定机关的自我纠正，就无须由审查机关决定予以纠正或撤销，从而党内法规和规范性文件备案审查程序就不会走到底。当然，即使最终由审查机关决定予以纠正或撤销，也必须涉及对宪法的理解与解释问题，但是由于党的机关不具有解释宪法的宪法职权，关于宪法的解释仍然需要通过全国人大常委会进行。然而，由于最终不能进入宪法解释程序之内，所以这一规定形同虚设。

其次，我们看国家法律与地方法规关于合宪性审查程序的规定。

《立法法》第一百条规定：（1）全国人民代表大会专门委员会、常务委员会工作机构在审查、研究中认为行政法规、地方性法规、自治条例和单行条例同宪法或者法律相抵触的，可以向制定机关提出书面审查意见、研究意见；也可以由法律委员会与有关的专门委员会、常务委员会工作机构召开联合审查会议，要求制定机关到会说明情况，再向制定机关提出书面审查意见。（2）制定机关应当在两个月内研究提出是否修改的意见，并向全国人民代表大会法律委员会和有关的专门委员会或者常务委员会工作机构反馈。（3）全国人民代表大会法律委员会、有关的专门委员会、常务委员会工作机构根据前款规定，向制定机关提出审查意见、研究意见，制定机关按照所提意见对行政法规、地方性法规、自治条例和单行条例进行修改或者废止的，审查终止。（4）全国人民代表大会法律委员会、有关的专门委员会、常务委员会工作机构经审查、研究认为行政法规、地方性法规、自治条例和单行条例同宪法或者法律相抵触而制定机关不予修改的，应当向委员长会议提出予以撤销的议案、建议，由委员长会议决定提请常务委员会会议审议决定。

《贵州省各级人民代表大会常务委员会监督条例》第四十四条与第四十五条规定：（1）规范性文件审查中，常务委员会法制工作机构或者承担备案审查工作的机构，认为规范性文件有包括“同宪法、法律、法规相抵触”在内的情形的，应当与有关专门委员会或者常务委员会有关工作机构进行研究，必要时通知制定机关派员说明情况，并提出审查意见交制定机关自行处理。（2）常务委员会法制工作机构或者承担备案审查工作的机构认为规范性文件应当修改或者撤销而制定机关不予修改或者撤销的，可以提出处理建议，由主任会议决定向制定机关提出书面审查意见。制定机关收到书面审查意见后，应当在两个月内提出处理报告。（3）制定机关拒不修改或者撤销的，由主任会议提请常务委员会会议审议，决定是否撤销。

《海南省实施〈中华人民共和国各级人民代表大会常务委员会监督法〉办法》第三十一条规定：专门委员会或者人大常委会工作机构经审查认为报送备案审查或者建议审查的规范性文件存在“同宪法、法律、法规或者本级人大及其常委会作出的决议、决定相抵触的”情形之一的，书面报告法制委员会、法制工作委员会审查确认后，作如下处理：（1）向主任会议提出书面审查报告，经主任会议同意后，书面建议制定机关修改或者废止。制定机关应当在接到书面建议后六十日内作出修改或者废止的决定，并将修改或者废止情况书面报告人大常委会。（2）制定机关拒不修改或者废止的，由人大专门委员会或者人大常委会工作机构向主任会议提出撤销、部分撤销的议案或者建议，由主任会议决定提请本级人大常委会审议作出撤销或者部分撤销的决议、决定。

《安徽省各级人民代表大会常务委员会监督条例》第三十条规定：在规范性文件审查中，认为规范性文件同宪法、法律、法规相抵触或者不适当的，由人民代表大会法制委员会或者常务委员会承担备案审查工作的机构，会同有关专门委员会、常务委员会工作机构研究后，交制定机关研究处理。制定机关不予纠正的，法制委员会或者承担备案审查工作的机构应当向主任会议报告，由主任会议决定是否提请常务委员会会议审议决定。

《西藏自治区立法条例》第五十六条规定：（1）自治区人民代表大会专门委员会在审查中认为拉萨市人民代表大会及其常务委员会制定的地方性法规、自治区人民政府制定的规章与宪法、法律、行政法规、自治区的自治条例、单行条例、地方性法规相抵触的，可以向制定机关提出书面审查意见；也可以由法制委员会与有关专门委员会召开联合审查会议，要求制定机关到会说明情况，再向制定机关提出书面审查意见。（2）制定机关应当在两个月内将是否修改的意见向自治区人民代表大会法制委员会和有关专门委员会反馈。（3）自治区人民代表大会法制委员会和有关专门委员会审查中认为拉萨市人民代表大会及其常务委员会制定的地方性法规、自治区人民政府制定的规章与宪法、法律、行政法规、自治区的自治条例、单行条例、地方性法规相抵触而制定机关不予修改的，可以向自治区人民代表大会常务委员会提出书面审查意见或予以撤销的议案，由自治区人民代表大会常务委员会主任会议决定提请常务委员会会议审议决定。（4）自治区人民代表大会法制委员会和有关专门委员会在审查中认为自治区地方性法规同宪法、法律、行政法规相抵触的，可以向自治区人民代表大会常务委员会提出书面审查意见，由自治区人民代表大会常务委员会主任会议决定提请常务委员会会议审议决定。

《上海市人民代表大会常务委员会关于规范性文件备案审查的规定》第八条至第十二条规定：（1）专门委员会应当自收到报送备案材料之日起三十日内书面提出审查意见，送法工委。规范性文件存在包括“同宪法、法律、行政法规和本市地方性法规相抵触”等情形的，法工委应当书面告知制定机关，并要求制定机关在指定期限内提出处理意见。（2）制定机关应当在指定期限内修改或者废止前款所指的规范性文件，并将修改或者废止的处理结果书面告知法工委；或者书面提出无需修改或者废止的理由。（3）法工委应当将制定机关修改或者废止规范性文件的处理结果书面告知专门委员会。（4）制定机关未在指定期限内修改或者废止，也未书面提出无需修改或者废止理由的，或者提出的理由不成立的，法工委应当书面告知有关专门委员会。（5）专门委员会经研究，认为规范性文件应当修改或者废止，制定机关不予修改或者废止，或者提出的理由不成立的，由常委会办公厅书面告知制定机关在指定期限内自行纠正。（6）制定机关在指定期限内对规范性文件仍不予修改或者废止的，专门委员会可以向主任会议提出撤销该规范性文件的议案，由主任会议决定提请市人大常委会会议审议决定。（7）法工委应当每年向市人大常委会报告规范性文件备案审查情况；市人大常委会应当每年将规范性文件备案审查情况的报告印发全体市人民代表大会代表，并将备案审查情况向社会公布。

上述国家立法与地方立法中，无论是主动审查还是被动审查的相关程序，其程序上的设定都是在审查的基础上向规范性文件的制定机关提出书面审查意见，需要修改的，最终是由制定机关自身对违宪的相关文件予以修改或废止。尽管《立法法》设定了全国人大常委会审议决定予以最终撤销的程序，但这一程序也几乎可以断定是备而不用。试想，任何规范性文件的制定机关，一旦其制定的规范性文件被全国人大常委会认定为违宪而要求修改的情形下，会冒着政治与违宪风险而与全国人大常委会对抗吗？通常的情况必然是，制定机关对相关文件予以自我修改或废止，因而几乎不大可能让程序走到底，最后眼看着由全国人大常委会来撤销。假若所有被认定为违宪的规范性文件均由制定机关自我修改或废止，那么违宪审查案几无成为宪法解释案之可能。同样，地方性法规关于合宪性审查的规定，也都是在建议制定机关自我修改或废止而被拒绝的前提下，由地方具体审查机构向地方人大常委会主任会议提出修改或废止的建议，再由主任会议提请地方人大常委会作出相关决定。这一程序设置自然也是备而不用的，理由基本一致，即地方规范性文件的制定机关也不会违背地方人大常委会的意志，拒绝修改或废止与宪法相抵触或不一致的相关文件的建议。

有学者为了打通宪法解释之道，最终形成我国的违宪审查机制，建议让最高法院发挥桥梁与纽带作用，运用法律所赋予的针对违宪的规范性文件具有提请审查要求权，主动针对违宪的规范性文件向全国人大常委会提出违宪审查的要求，再由全国人大常委会作出是否违宪的正式判断，进而期待出现中国的违宪审查机制。[17] 这种观点虽然具有一定的现实性与可操作性，但仍无可能，原因就在于《立法法》第一百条关于违宪审查程序的设定。即便最高法院在审判实践中遇到所适用的规范性文件可能违宪的问题而提请全国人大常委会进行违宪审查，并进而希望由全国人大常委会对宪法作出解释，也必须按照《立法法》第一百条的程序规定，最终负责审查的机构只能向制定机关提出审查意见，而制定机关一旦对违宪的规范性文件进行修改或废止，就无法进入全国人大常委会针对与违宪规范性文件相关的宪法条款进行解释的程序通道，从而基本上堵塞了宪法解释的可能。因此，问题的关键在于：只有在全国人大常委会负责具体审查的机构认定制定机关所制定的规范性文件违反宪法而制定机关拒绝修改的情形下，才可能作出宪法解释。可是，这种可能是以制定机关拒绝接受审查机构的书面意见为前提的。

如果要建构我国合宪性审查制度，就必须废除这一预设的程序前提，一旦负责审查的机构认定被审查的规范性文件是

---

17 林来梵：《建构宪法实施的动力机制》，《人民法治》2015 年 2—3 月号；叶海波：《最高人民法院“启动”违宪审查的宪法空间》，《江苏行政学院学报》2015 年第 2 期。

违宪的，就必须直接提请全国人大常委会委员长会议，由委员长会议决定向全国人大常委会提出宪法解释案，最终由常委会审议并作出正式宪法解释案。

四、合宪性审查监督程序的不合理性

（一）合宪性审查监督程序之设定

我国合宪性审查监督实行的是全国人民代表大会及其常委会的专门监督制度，至于其他主体（如国务院以及县级以上地方权力机关）的监督，[18] 在笔者看来，不是宪法层面的监督，而是属于法律监督的范畴，故在这里不予讨论。

有关合宪性审查监督主体与权限虽在 1982 年宪法中明文规定，但未设定相应的监督程序，合宪性审查监督程序是由宪法性法律设定的，这些宪法性法律主要包括《全国人民代表大会组织法》《立法法》。

1982 年《宪法》第六十二条第二款和第十一款规定：全国人民代表大会"监督宪法的实施"，"改变或者撤销全国人民

18 《宪法》第八十九条第十三款、第十四款规定国务院有权"改变或者撤销各部、各委员会发布的不适当的命令、指示和规章"，"改变或者撤销地方各级国家行政机关的不适当的决定和命令"。第九十九条规定："地方各级人民代表大会在本行政区域内，保证宪法、法律、行政法规的遵守和执行，县级以上的地方各级人民代表大会有权改变或者撤销本级人大常委会不适当的决定。"第一百零四条规定："县级以上的地方各级人大常委会撤销本级人民政府的不适当的决定和命令，撤销下一级人民代表大会的不适当的决议。"以上规定皆属于法律监督的范畴。

代表大会常务委员会不适当的决定”；第六十七条第一款、第七款和第八款规定：全国人大常委会“解释宪法，监督宪法的实施”，“撤销国务院制定的同宪法、法律相抵触的行政法规、决定和命令”，“撤销省、自治区、直辖市国家权力机关制定的同宪法、法律和行政法规相抵触的地方性法规和决议”。

从以上宪法规定看，1982 年宪法确立了全国最高权力机关实施合宪性审查监督的体制，但除了规定合宪性审查监督主体及其权限外，对如何实施合宪性审查监督之程序却缺乏规定。上述各个合宪性审查监督主体及权限的实施是由宪法以外的其他法律予以具体设定的。

1.《全国人民代表大会组织法》设定了《宪法》第六十二条规定的全国人大“改变或撤销全国人大常委会不适当的决定”当适用的程序。该组织法第九条规定：（全国人大召开会议期间）全国人大主席团、全国人大常委会、全国人大各专门委员会、国务院、中央军委、最高法院、最高检察院，可以向全国人大提出属于全国人大职权范围内的议案，由主席团决定交各代表团审议，或者并交有关的专门委员会审议，提出报告，再由主席团审议决定提交大会表决。另外，该法第十条还规定：一个代表团或三十名以上的代表，可以向全国人大提出属于全国人大职权范围内的议案，由主席团决定是否列入大会议程，或先交有关专门委员会审议，提出是否列入大会议程的意见，再决定是否列入大会议程。全国人大改变或撤销全国人大常委会不适当的决定属于其职权范围内的事务，当然可适用该程序。其实，1982 年《宪法》第七十二条还规定了全国人大代表和全国人大常委会组成人员，也有权依照法律程序分别提出全国人大和全国人大常委会职权范围内的议案。遗憾的是，这一主体如何提起，却缺乏“法律程序”之规定。

2.《全国人民代表大会组织法》第三十二条设定了全国人大常委会合宪性审查监督程序，该条规定：全国人大各专门委员会、国务院、中央军委、最高法院、最高检察院，可以向常委会提出属于常委会职权范围内的议案，由委员长会议决定提请常委会会议审议，或者先交有关的专门委员会审议、提出报告，再提请常委会会议审议。第三十七条第三款规定：全国人大各专门委员会审议全国人大常委会交付的被认为同宪法、法律相抵触的国务院的行政法规、决定和命令，国务院各部、各委员会的命令、指示和规章，省、自治区、直辖市的人大和它的委员会的地方性法规和决议，以及省、自治区、直辖市的人民政府的决定、命令和规章，提出报告。1982 年宪法规定全国人大常委会在其职权范围内撤销国务院制定的同宪法、法律相抵触的行政法规、决定和命令，撤销省、自治区、直辖市国家权力机关制定的同宪法、法律和行政法规相抵触的地方性法规和决议也是其职权范围内的事务，自然可以适用该程序。

3. 2000 年颁布的《立法法》第八十九条规定了备案监督制度。《立法法》第八十九条规定，行政法规、地方性法规、自治条例和单行条例、规章应当在公布后的三十日内依照下列规定报有关机关备案：（1）行政法规报全国人民代表大会常务委员会备案；（2）省、自治区、直辖市的人民代表大会及其常务委员会制定的地方性法规，报全国人民代表大会常务委员会和国务院备案；较大的市的人民代表大会及其常务委员会制定的地方性法规，由省、自治区的人民代表大会常务委员会报全国人民代表大会常务委员会和国务院备案；（3）自治州、自治县制定的自治条例和单行条例，由省、自治区、直辖市的人民代表大会常务委员会报全国人民代表大会常务委员会和国务院备案；（4）部门规章和地方政府规章报国务院备案；地方政府规章应当同时报本级人民代表大会常务委员会备案；较大的市的人民政府制定的规章应当同时报省、自治区的人民代表大会常务委员会和人民政府备案；（5）根据授权制定的法规应当报授权决定规定的机关备案。

4. 2015 年修正后的《立法法》第九十条和第九十一条规定了全国人大常委会闭会期间合宪性审查监督的程序。该法第九十条规定：国务院、中央军事委员会、最高人民法院、最高人民检察院和各省、自治区、直辖市的人民代表大会常务委员会认为行政法规、地方性法规、自治条例和单行条例同宪法或者法律相抵触的，可以向全国人民代表大会常务委员会书面提出进行审查的要求，由常务委员会工作机构分送有关的专门委员会进行审查、提出意见。前款规定以外的其他国家机关和社会团体、企业事业组织以及公民认为行政法规、地方性法规、自治条例和单行条例同宪法或者法律相抵触的，可以向全国人民代表大会常务委员会书面提出进行审查的建议，由常务委员会工作机构进行研究，必要时，送有关的专门委员会进行审查、提出意见。第九十一条规定：全国人民代表大会专门委员会在审查中认为行政法规、地方性法规、自治条例和单行条例同宪法或者法律相抵触的，可以向制定机关提出书面审查意见；也可以由法律委员会与有关的专门委员会召开联合审查会议，要求制定机关到会说明情况，再向制定机关提出书面审查意见。制定机关应当在两个月内研究提出是否修改的意见，并向全国人民代表大会法律委员会和有关的专门委员会反馈。全国人民代表大会法律委员会和有关的专门委员会审查认为行政法规、地方性法规、自治条例和单行条例同宪法或者法律相抵触而制定机关不予修改的，可以向委员长会议提出书面审查意见和予以撤销的议案，由委员长会议决定是否提请常务委员会会议审议决定。

综上所述，我们可以勾勒出我国合宪性审查监督程序之基本内涵。

第一，全国人大合宪性审查监督程序，只发生于全国人大开会期间，改变或撤销全国人大常委会不适当的决定的程序分两类：第一类是由全国人大主席团、全国人大常委会、全国人大各专门委员会、国务院、中央军委、最高法院、最高检察院提起的：（1）由主席团决定交各代表团审议，或者交有关的专门委员会审议，提出报告；（2）再由主席团审议决定提交大会表决；（3）大会表决。第二类是一个代表团或三十名以上的代表提起的宪法决定程序，它比第一类多一个步骤，即先由主席团决定是否列入大会议程，或先交有关专门委员会审议，提出是否列入大会议程的意见，再决定是否列入大会议程。一旦列入大会议程后，再依照第一类中的步骤进行。

第二，全国人大常委会合宪性审查监督程序也分两种情形，一种是全国人大常委会召开常委会会议期间，另一种是在常委会会议闭会期间。

在全国人大常委会召开常委会会议期间，全国人大常委会合宪性审查监督程序根据《全国人民代表大会组织法》第三十二条规定，即：（1）全国人大各专门委员会、国务院、中央军委、最高法院、最高检察院向常委会提出属于常委会职权范围内的议案；（2）委员长会议决定提请常委会会议审议，或者先交有关的专门委员会审议、提出报告；（3）委员长会议提请常委会会议审议；（4）常委会会议审议表决。

在全国人大常委会会议闭会期间，由国务院、中央军事委员会、最高人民法院、最高人民检察院和各省、自治区、直辖市的人民代表大会常务委员会提起的全国人大常委会合宪性审查监督程序是由《立法法》第九十条与第九十一条规定，即：（1）上述五大机关认为行政法规、地方性法规、自治条例和单行条例同宪法或者法律相抵触的，可以向全国人民代表大会常务委员会书面提出进行审查的要求；（2）由常务委员会工作机构分送有关的专门委员会进行审查、提出意见。

在全国人大常委会会议闭会期间，由其他国家机关和社会团体、企业事业组织以及公民提起的全国人大常委会合宪性审查监督程序是：（1）上述主体认为行政法规、地方性法规、自治条例和单行条例同宪法或者法律相抵触的，可以向全国人民代表大会常务委员会书面提出进行审查的建议；（2）由常务委员会工作机构进行研究；（3）常委会工作机构认为必要时，送有关的专门委员会进行审查、提出意见。

然后上述程序再依次按以下步骤进行：

（1）全国人大专门委员会在审查中认为行政法规、地方性法规、自治条例和单行条例同宪法或者法律相抵触的，可以向制定机关提出书面审查意见；也可以由法律委员会与有关的专门委员会召开联合审查会议，要求制定机关到会说明情况，再向制定机关提出书面审查意见。（2）制定机关应当在两个月内研究提出是否修改的意见，并向全国人民代表大会法律委员会和有关的专门委员会反馈。（3）全国人大法律委员会和有关的专门委员会审查认为行政法规、地方性法规、自治条例和单行条例同宪法或者法律相抵触而制定机关不予修改的，可以向委员长会议提出书面审查意见和予以撤销的议案。（4）由委员长会议决定是否提请常务委员会会议审议决定。（5）常委会会议审议并决定。

（二）合宪性审查监督程序之思考

单纯从宪法与宪法性法律文本分析，我国实际上已经初步建立起了合乎代议机关宪法监督体制的相应程序。然而，问题在于：对于公民基本权利的保障与宪法权威的树立，上述宪法监督程序似乎没有发挥其应有的作用。程序的功效如果在现实生活中没有体现，该程序就值得人们加以反思与深省：程序失效之因何在？笔者欲从程序设定的监督主体、程序设定的场景与提起主体、程序监督的客体及其合理性等方面进行初步思考。

1. 程序设定的监督主体

我国的宪法监督程序是基于宪法所规定的宪法监督主体而设定的，而这一监督主体是全国人大及其常委会，以下分别予以考察。

第一，作为宪法监督主体的全国人大。全国人大作为宪法监督主体源于 1954 年《宪法》第二十七条关于全国人大监督宪法实施之规定，1982 年宪法赋予其的监督权限是改变或者撤销全国人民代表大会常务委员会不适当的决定。从赋权至今已有三十多年，事实上全国人大却从未改变或撤销过全国人大常委会“不适当”的决定。全国人大为什么没有监督的个案？这需要从三个方面予以考量：一是全国人大的构成与任务是什么？二是全国人大常委会作出“不适当”的决定是否可能？三是即便可能作出不适当决定，全国人大能否监督？

首先，全国人大是一个由兼职代表组成的近三千人的机关，一年仅召开一次会议，会期一般为十天左右，[19] 会议期间

19 除了新一届全国人大第一次会议从 3 月 5 日至 20 日（共十六天）外，其他一年一度的会议一般为每年的 3 月 5 日至 13 日或 14 日（如 2009 年第十一届全国人大第二次会议自 3 月 5 日至 13 日共计九天，2010 年、2011 年、2012 年则为每年的 3 月 5 日至 14 日共计十天）。

大会要讨论的主要事项已经由全国人大常委会事前作出了明确安排与部署（《全国人民代表大会组织法》第二条）。按照制度性惯例，代表的主要安排是听取国务院总理的政府工作报告、最高人民法院院长的工作报告、最高人民检察院检察长的工作报告以及全国人大常委会工作报告、立法和监督等必须审议表决的议程。由于人数众多、会期较短、任务明确，全国人大既无时间又无精力对全国人大常委会“不适当”的决定进行监督，因为这不在全国人大常委会事前设定的“议程”之列；加上每次全国人大开会期间大会讨论的主要事项早在代表大会举行一个月以前就已经由全国人大常委会安排和通知，一个由全国人大常委会主导的代表大会来讨论全国人大常委会自己曾作出的“决定”是否适当或是否违反宪法的问题，几乎是没有可能的，更不必说“撤销”或“改变”。

其次，全国人大常委会是否可能作出“不适当”的决定？从理论和立法实践来看，全国人大常委会实际上是有作出“不适当”的决定的可能的，因为它是立法机关，它制定的法律有可能与宪法相抵触，因此从理想设计上说，由全国人大“撤销”或“改变”其常委会作出的“不适当”的决定无疑是正确的。但是，由于宪法既赋予了全国人大常委会立法权，也赋予了其释宪权与释法权，一个既可立法又可释宪释法的机关，能够作出“不适当”的决定吗？全国人大常委会对宪法与法律的解释具有最终的法律效力，其制定的法律实际上就是对宪法某一方面的解释，因此不可能存在“不适当”的决定。

最后，即使全国人大常委会作出了不适当的决定，但这种“不适当”也只有全国人大来判断。全国人大作判断的期限只能在全国人大开会期间，前提是由全国人大主席团、全国人大各专门委员会、国务院、中央军委、最高法院或最高检察院向全国人大提出了“改变”或“撤销”全国人大常委会不适当的决定的议案。然而，由于会期短与大会讨论问题的事先安排，这种可能性亦几乎不会出现，至少到目前为止，还从未发生过。

第二，作为宪法监督主体的全国人大常委会。全国人大常委会的宪法监督权主要是撤销国务院制定的同宪法、法律相抵触的行政法规、决定和命令，以及撤销省、自治区、直辖市国家权力机关制定的同宪法、法律和行政法规相抵触的地方性法规和决议。全国人大常委会在 1982 年宪法颁布施行三十年以来，还没有行使过宪法规定的这一职责，个中原因值得思考与分析。从现实看，国务院与地方国家权力机关制定的行政法规或地方性法规同宪法或法律相抵触的情形是存在的，像 1982 年国务院制定的《劳动教养试行办法》《城市房屋拆迁管理条例》《社团登记管理条例》等，以及河南省人大常委会通过的《河南省农作物种子管理条例》等，都可能存在与宪法或法律相抵触的情形。然而，全国人大常委会没有进行宪法监督。

全国人大常委会长期没有实施宪法监督这一宪法职责，主要原因可能在于：其一，《立法法》规定了法规备案审查制度，即行政法规在公布后的三十日内报全国人民代表大会常务委员会备案，省、自治区、直辖市的人民代表大会及其常务委员会制定的地方性法规，报全国人民代表大会常务委员会和国务院备案；设区的市、自治州的人民代表大会及其常务委员会制定的地方性法规，由省、自治区的人民代表大会常务委员会报全国人民代表大会常务委员会和国务院备案。备案审查就是为了防止行政法规和地方性法规与宪法或法律相抵触的一种事后审查。一般违宪或违法情形通过备案审查的形式得以避免。其二，全国人大常委会缺乏专任、常设的宪法监督机构。全国人大常委会是一个人数达三百人的机关，每两个月召开一次常委会会议，每次会议议程已事先做好安排，在常委会会议期间几乎没有时间讨论行政法规或地方性法规是否违宪或违法的情况。法规是否违宪或违法需要调查研究，需要听取制定机关意见，需要作出裁决，这不是数天内可以完成的，因此需要设置专门的宪法监督机构才能胜任。如此一来，凡是向全国人大常委会提出审查要求或建议的，就可以直接向该专门监督机构提出，并由其受理和负责审查。

2. 程序设定的场景与程序提起主体

宪法监督程序运用的场景有两种：第一种是全国人大或全国人大常委会开会期间；第二种是全国人大常委会闭会期间。

全国人大或全国人大常委会开会期间，可以由有关机关或者代表提出宪法监督的议案，再由全国人大或全国人大常委会进行审查。这种监督场景的设定，问题有二：一是会期内有无进行宪法监督所需要的时间？二是有权提出宪法监督议案的主体能否提出？

前文已述，无论是提出全国人大会议议案还是全国人大常委会会议议案，其提出主体基本上是全国人大各专门委员会、国务院、中央军委、最高人民法院、最高人民检察院，此外，全国人大主席团和全国人大常委会也是全国人大会议议案的提出主体。尽管上述主体皆有权提出全国人大宪法监督或全国人大常委会宪法监督的议案，但是如果进一步追问的话，这种可能性几乎没有。第一，上述主体凭什么提起宪法监督程序？其提起的动机何在？提起宪法监督程序，要求对全国人大常委会的不适当决定进行审查，或要求对国务院的行政法规或地方权力机关通过的地方性法规进行审查，需要相应的利害关系人，上述机关不可能成为其利害关系人，因此上述机关缺乏提出宪法监督程序的直接利害动机。第二，即使提起宪法监督程序，那么由上述机关的哪一个具体部门负责提起？又由谁最终决定提起？到目前为止，因为缺乏由各个机关提起宪法监督程序的个案，所以还无法妄断。第三，全国人大会议会期和全国人大常委会会议会期都较短，加之每次会议讨论议程和议题都由全国人大常委会事先确定，所以，由上述机关在会议期间提出宪法监督议案的可能性几乎为零。

与之相随的问题是，在全国人大闭会期间，如果发现全国人大常委会制定的法律与宪法相抵触，如何向全国人大提起宪法监督程序？由谁提起？向什么机构提起？审查的程序又如何？诸如此类的问题，法律均无规定。因此，就全国人大的宪法监督，只设定其开会期间的宪法监督程序场景，是不够完善与充分的，毕竟全国人大一年只召开一次会议，且时间短暂，因而，必须设定全国人大闭会期间的宪法监督程序。

全国人大常委会闭会期间，提出宪法监督程序的主体有两种：一是国务院、中央军事委员会、最高人民法院、最高人民检察院和各省、自治区、直辖市的人民代表大会常务委员会认为行政法规、地方性法规、自治条例和单行条例同宪法或者法律相抵触的，可以向全国人民代表大会常务委员会书面提出进行审查的要求；二是其他国家机关和社会团体、企业事业组织以及公民认为行政法规、地方性法规、自治条例和单行条例同宪法或者法律相抵触的，可以向全国人民代表大会常务委员会书面提出进行审查的建议。应当说，这种程序设计照顾到了各种主体进行宪法监督的权利诉求，不仅国家四大机关和地方权力机关都拥有提起宪法监督程序的权利，而且其他国家机关、社会团体、企业事业组织和公民个人都拥有提起宪法监督程序的权利。但是为什么仍然没有充分发挥其保障公民基本权利的功能？究其原因，可能还在于四点：第一，毕竟全国人大常委会是解释宪法和解释法律的唯一主体，无论哪一类主体提出宪法监督的要求或建议，最终需由全国人大常委会作出解释；第二，现实中有学者提出诸如违宪审查的建议，往往缺乏具体的回应，从而影响了其他类似建议的提出；第三，一直没有类似的个案，无先例可循；第四，利害关系人的影响，宪法监督程序一般由权利的受害者提出，才具有监督的针对性，利害关系人以外的其他人由于缺乏利害关系，即使提出，也是基于公共利益的维护而缺乏可持久性。

3. 程序监督的客体

全国人大及其常委会作为宪法监督主体，其监督的客体分别是全国人大常委会通过的不适当的决定和法律、行政法规和地方性法规。至于其他监督客体（如行政规章、地方性规章）不在宪法监督之中，它们属于法律监督的对象，并由国务院或地方权力机关、政府机关进行法律监督。

从宪法监督程序设定的客体分析，目前宪法监督之客体范围过窄。对全国人大常委会制定的法律或作出的决定、行政法规和地方性法规之宪法审查，皆是作为抽象性法律文件的审查，这固然很重要，但还远远不够。从侵害公民基本权利的事实看，侵权主体不仅为抽象性规范文件，更包括政府、企事业或团体组织的具体行为。这些行为需纳入宪法监督之客体中。

同时，按照法律规范性文件效力位阶之高低，将国务院对部门规章的监督、省级人大对其常委会制定和批准的地方性法规的监督、地方人大常委会对本级人民政府制定的规章的监督以及省级政府对下级政府制定的规章的监督，都归于法律监督，即使部委行政规章、地方性法规、地方行政规章违背宪法，也需要由上述法定的不同监督主体予以改变或撤销，这就形成了所谓的全国人大及其常委会为宪法监督主体、其他机关协助监督的体制。笔者之所以不愿将除全国人大及其常委会以外的其他监督视为“宪法监督”，主要原因在于：其他机关的监督前提是以部委行政规章、地方性法规、地方行政规章与法律冲突为条件，其实如果这些规范性文件与宪法相冲突的话，应当也纳入宪法监督的客体之中。宪法监督主体只能具有唯一性，宪法监督的职能只能由单一的监督主体承担。其实，法律监督与宪法监督并行不悖，法律以下的规范性文件如果只与法律相抵触，就由法律监督主体实施监督，但如果法律以下的规范性文件与宪法相抵触，亦应由宪法监督主体实施宪法监督，不能将宪法监督与法律监督混同，更不得将与宪法相抵触的部委行政规章、地方性法规、地方行政规章，只作为法律监督之客体，这极不利于宪法的实施，不利于公民基本权利的维护，因为大量侵害公民基本权利的行为，是法律以外的部委行政规章、地方性法规、地方行政规章造成的。

4. 程序设定的合理性

从目前宪法监督程序设定的程式与步骤看，其合理性值得怀疑，主要表现在：一是程序设定步骤过于复杂、严格，不利于宪法监督的实施；二是缺乏明确的受理机构，监督无“门”；三是缺乏时效的限制，随意性较大。

我们以全国人大常委会闭会期间宪法监督程序从提起到受理、审议、表决为例。如果是国务院、中央军委、最高法院、最高检察院和各省、自治区、直辖市的人大常委会作为提起监督程序的主体，那么，总计需要七个步骤：第一步由常务委员会工作机构分送有关的专门委员会进行审查，提出意见；第二步，由全国人大专门委员会进行审查，审查中认为行政法规、地方性法规、自治条例和单行条例同宪法或者法律相抵触的继续进行下一步；第三步，向制定机关提出书面审查意见，也可以由法律委员会与有关的专门委员会召开联合审查会议，要求制定机关到会说明情况，再向制定机关提出书面审查意见；第四步，制定机关应当在两个月内研究提出是否修改的意见，并向全国人民代表大会法律委员会和有关的专门委员会反馈；第五步，全国人大法律委员会和有关的专门委员会再行审查，认为行政法规、地方性法规、自治条例和单行条例同宪法或者法律相抵触而制定机关不予修改的，可以向委员长会议提出书面审查意见和予以撤销的议案；第六步，由委员长会议决定是否提请常务委员会会议审议决定；第七步，常委会会议审议并决定。

如果是其他国家机关和社会团体、企业事业组织以及公民作为提起宪法监督程序的主体，其步骤共八个，只是在上述步骤基础上多一个，即先由常务委员会工作机构进行研究是否进入审查程序，如果认为有必要，才由常委会工作机构送有关的专门委员会进行审查、提出意见，然后依次按照上述步骤进行。

其中，问题在于：第一，全国人大常委会工作机构是什么？是常委会办公厅，还是某一工作委员会？根据《全国人民代表大会组织法》第二十七条和第二十八条规定：常委会设立办公厅，常委会可以根据工作需要设立工作委员会。《立法法》中的“全国人大常委会工作机构”的性质到底是什么？需要进一步明确规定或作出解释。

第二，各个程序步骤没有时效的规制。例如其他国家机关和社会团体、企业事业组织以及公民提起宪法监督程序后，常委会工作机构在多长时间内进行研究并给予当事人答复？如果认为无必要进行专门审查，需要以什么形式、在多长时间内告知当事人？当事人对此不服，可否再次提起？进入审查阶段后，专门委员会在多长时间内审查完毕，然后向制定机关提出意见？全国人大法律委员会和有关的专门委员会再行审查的时间需要多久？委员长会议决定是否提请常务委员会会议审议的决定需要在多长时间内作出？如果常委会会议进行审议，需要多长时间才能作出最终决定？如果缺乏时效的约束，宪法监督就无法得以有效实施。

第三，审查周期长，监督效率降低。即便在诸多监督步骤缺乏时效的规制下，从提起到常委会会议决定，以最快的时间起算，大概也需要一百九十四天，即：常委会工作机构研究七天，专门委员会审查三十天，制定机关六十天，全国人大法律委员会和有关的专门委员会再行审查七天，委员长会议三十天，常委会会议六十天。这是按照最快的时效设计，其中某个阶段一旦拖延，则宪法监督更遥遥无期，不仅大大降低监督效率，而且影响宪法监督程序提起主体的热情与信心。

第四，程序步骤过于严苛。宪法监督之目的在于保障公民权利的救济与实现，之所以撤销或改变与宪法相抵触的法律、法规，主要是因为这些违背宪法的规范性文件或限制，或剥夺，或克减，或侵害公民基本权利，故应予以撤销或改变。因此，基于公民基本权利保障的宪法监督程序的设定应当遵循方便、简化的原则，程序不能使人望而生畏。我们考察中国大陆设定的宪法监督程序，其中受理的主体、审查主体、决定主体皆为国家最高权力的相关机构，例如全国人大常委会工作机构、常委会各专门委员会、委员长会议、常委会会议等，如果再考虑全国人大监督程序则须由全国人大主席团、全国人大常委会、全国人大各专门委员会、国务院、中央军委、最高法院、最高检察院向全国人大提出改变或撤销全国人大常委会不适当的决定的议案，再由主席团决定交各代表团审议，或者先交有关的专门委员会审议，提出报告；然后由主席团审议决定提交大会表决；最后大会表决。这样的程序设计貌似合理，其实往往使人望而却步。无论是程序的启动，还是程序的递次展开，均需要最高国家权力机关各个部门参与，大大提高了监督的“门槛”。过高的门槛就会阻挡公民权利诉求的步伐。

五、合宪性审查程序缺乏专门化、统一化与规范化

长期以来，关于宪法监督程序或合宪性审查监督程序的问题一直是我国宪法审查制度健全与发展的瓶颈。2002 年 12 月 4 日，时任党的总书记胡锦涛同志在首都各界纪念我国宪法公布施行二十周年大会上的讲话中就明确提出了“要抓紧研究和健全宪法监督机制，进一步明确宪法监督程序”这一要求；2012 年 12 月 4 日，习近平总书记在首都各界纪念现行宪法公布施行三十周年大会上的讲话中再次重申要“健全监督机

制和程序”；2013 年 11 月《中共中央关于全面深化改革若干重大问题的决定》以党的文件的形式提出“要进一步健全宪法实施监督机制和程序”这一任务，2014 年 10 月《中共中央关于全面推进依法治国若干重大问题的决定》也提出“完善全国人大及其常委会宪法监督制度，健全宪法解释程序机制”的使命，2017 年 10 月党的十九大报告在中国特色社会主义新时代背景下再次提出了“加强宪法实施和监督，推进合宪性审查工作”新要求。可见，党中央是非常重视我国的宪法监督审查或合宪性审查程序建设的，无论是针对党内法规备案审查制度还是国家层面的合宪性审查制度，关于备案审查或合宪性审查程序性规定都已出台，应当说，目前我国备案审查或合宪性审查程序已经初步确立。问题在于，我国合宪性审查存在着两套不同的机制与制度，因此在合宪性审查程序设置上存在着两套不同审查程序；即使是国家层面的合宪性审查或备案审查，也存在着全国人大常委会合宪性审查与地方省级人大常委会合宪性审查两套不同的程序。因此，我国合宪性审查程序存在缺乏规范化、专门化与统一化的问题。

第一，两套合宪性审查程序各异，缺乏专门性与统一性的审查程序。

党内法规和规范性文件的备案审查与国家意义上的合宪性审查，由于审查主体与体制的不同，直接导致了两套审查制度在程序上的不同。即便是国家层面上的合宪性审查，仍然被划分为全国人大常委会的合宪性审查与地方省级人大常委会的合宪性审查，其审查程序也存在两套程序制度。因此，我国合宪性审查制度实际上存在着四种不同的程序：一是党内法规与规范性文件的合宪性审查程序；二是行政法规、地方性法规、自治条例和单行条例的合宪性审查程序；三是地方政府规章等其他规范性文件的合宪性审查程序；四是司法解释的合宪性审查程序。

党内法规与规范性文件合宪性审查程序是由 2013 年通过的《中国共产党党内法规和规范性文件备案规定》确立的，其中第十条规定了主动性备案审查的程序，该程序依次是：（1）审查中发现党内法规和规范性文件存在“同宪法和法律不一致”等问题的，中央办公厅法规工作机构经批准可以建议制定机关自行纠正；（2）制定机关应当在三十日内作出处理并反馈处理情况；（3）逾期不作出处理的，中央办公厅提出予以纠正或者撤销的建议并报请中央；（4）中央决定是否予以纠正或撤销。2019 年修订的《中国共产党党内法规和规范性文件备案审查规定》第十一条、第十三条、第十九条对备案审查程序又作了大致相同的规定，只不过审查主体改为党组织及其所属的法规工作机构或承担相关职能的工作机构。

行政法规、监察法规、自治条例和单行条例的合宪性审查程序是由《立法法》第九十九条到第一百零一条与《法规、司法解释备案审查工作办法》确立的，提请人要求或建议的合宪性审查属于被动性审查，当然，具体负责审查的机构可以进行主动性备案审查；被动审查与主动审查的程序基本相同，被动审查只是比主动审查多了一道提起程序。

地方政府规章等其他规范性文件的备案审查程序是由地方性法规确立的，其中有九个省、自治区、直辖市地方性法规确立了合宪性审查程序。[20]

司法解释合宪性审查程序是由十届全国人大常委会第四十次委员长会议于 2005 年 12 月 16 日通过的《司法解释备案审查工作程序》（以下简称《工作程序》）首次确立的。该《工作程序》规定，最高人民法院、最高人民检察院制定的司法解释，应当自公布之日起三十日内报送全国人大常委会备案。国务院等国家机关和社会团体、企业事业组织以及公民认为司法解释同宪法或者法律相抵触，均可向全国人大常委会书面提出审查要求或审查建议。此外，《工作程序》还就有关司法解释的报送和接收、审查工作的分工负责、被动审查和主动审查、同宪法或者法律相抵触的司法解释的纠正程序等作出了具体规定。该《工作程序》被 2019 年全国人大常委会通过的《法规、司法解释备案审查工作办法》所取代。

上述四种合宪性审查程序，除了法规与司法解释备案审查和合宪性审查程序规定基本相同外，其他审查程序都存在较大差异，造成差异的主要原因是审查主体的不同：党内法规合宪性的审查主体是党组织；国家层面的合宪性审查主体，在中央是全国人大常委会，在地方则是省级人大常委会。

20　关于该部分的审查程序规定，请参见第二章第二部分内容，在此不再赘述。

由于在我国同时存在四种基本各异的合宪性审查程序，从而造成在一个统一的主权国家内缺乏一种统一的、专门的合宪性审查程序。既然合宪性审查均把是否与宪法相一致或相抵触作为宪法审查的唯一标准，把宪法这个具有法律效力的根本法作为判断法律、法规、规章、司法解释等规范性文件的依据，审查程序自然应当统一起来，不能各自为政。

在党内法规和规范性文件的合宪性审查程序与国家意义上的合宪性审查程序难以统一的情况下，国家意义上的合宪性审查即全国人大常委会与地方省级人大常委会的合宪性审查程序应当统一起来。具体设想应当是确立地方省级人大常委会合宪性审查移送制度，[21]即地方省级人大常委会在审查地方政府规章及其他地方性法律文件时，若是遇到宪法审查或合宪性审查问题，必须移送至全国人大常委会，由全国人大常委会统一负责合宪性审查工作。

第二，合宪性审查程序规范性程度较低，缺乏明确的时效限定。

所谓规范性，是指合乎规范所达到的标准，即设定的标准清晰、明确，否则就意味着随意性强，缺乏明确的方式、步骤或方法的提炼，表述冗长。无论是党内法规和规范性文件的备案审查程序，还是《立法法》规定的合宪性审查程序与地方省级权力机关的合宪性审查程序，对程序的表述皆缺乏规范

21　本书第四章第五部分对该制度进行了详细论证。

性，主要体现在表达冗长，缺乏步骤的关键词提炼。从规范性要求出发，则可将全国人大常委会的合宪性审查程序提炼为：（1）提请主体；（2）分送审查或主动审查；（3）提出意见；（4）制定机关的反馈处理意见；（5）审查机关的撤销或废止议案；（6）委员长会议审议决定；（7）常委会解释与决定；（8）向当事人反馈与社会公开。通过提炼各个审查环节，程序一目了然，步骤清晰明确。

同时，合宪性审查程序的各个程序节点几乎皆缺乏明确的时效限定，没有具体、明确的时间，就会使程序失去时效性。例如，在全国人大常委会的合宪性审查程序中，提请人提出审查建议，常委会工作机构对此进行研究，必要时，送有关的专门委员会进行审查、提出意见。其中，对提请人的建议何时予以回复以及何时送交有关机构审查均未有时效规定。再如，全国人大专门委员会、常委会工作机构在审查、研究中若认为行政法规、地方性法规、自治条例和单行条例同宪法或者法律相抵触的，在多长时间内可以向制定机关提出书面审查意见、研究意见？具体审查机构认为行政法规、地方性法规、自治条例和单行条例同宪法或者法律相抵触而制定机关不予修改的，在多长时间内应当向委员长会议提出予以撤销的议案、建议？该建议案在何时由委员长会议决定提请常务委员会会议审议决定？全国人大常委会会议何时予以审议作出决定？诸如此类的各种审查环节，均缺乏时效的规制。

六、宪法解释程序尚待健全与落实

合宪性审查与宪法解释之间是一种怎样的关系？完善合宪性审查制度为何需要宪法解释程序的健全与完善？

法律或法规的备案审查与合宪性审查都属于“宪法监督”的范畴，具体而言，就是通过享有宪法解释权的全国人大常委会对宪法实施中所遇到的违宪问题进行审查监督，以确保宪法的全面贯彻实施。《中共中央关于全面推进依法治国若干重大问题的决定》提出“完善全国人大及其常委会宪法监督制度，健全宪法解释程序机制”，即是此意义上的宪法监督。其中涉及宪法监督与宪法解释之间的关系。

我国《宪法》关于宪法解释与宪法监督的规定是第六十七条第一款，它规定全国人大常委会的职权之一是“解释宪法，监督宪法的实施”。与第六十二条关于全国人大职权的规定相比，该款规定没有将全国人大“修改宪法”与“监督宪法的实施”分列为两个单独条款，而是将“解释宪法”与“监督宪法的实施”合并于同一款之中，而且中间使用逗号分开并列。由于我国宪法中没有规定“监督宪法的实施”程序，立法机关也没有制定《宪法监督程序法》，所以，全国人民代表大会与全国人民代表大会常委会如何就“监督宪法的实施”进行分工协调就不清晰。

单单就全国人大常委会解释宪法与监督宪法这两种职权

进行分析，存在以下不同。首先，宪法解释与宪法监督的目的不同，因而解释宪法未必意味着监督宪法。宪法解释的场合主要是针对宪法规范含义模糊或疑难案件中法律适用规范选择等问题，解释的目的是对宪法规范含义进行具体理解与阐释。当然，在宪法规范含义具体、明确而不需要解释的场合，就无须解释。宪法监督的目的是保障宪法得以在现实生活中有效实施，只有当宪法在实施中遇到阻力或障碍而不能落实时，宪法监督才是必要的。所以，在宪法无须解释的情形下，也同样需要宪法监督，只不过这时的宪法监督不会导致宪法解释。其次，宪法监督可能遭遇对宪法的解释问题，例如，在宪法监督过程中遭遇规范性法律文件是否与宪法相抵触的判断问题，这时就可能涉及对宪法相关条文的解释，但未必伴随宪法解释。任何对宪法的解释都是为了更好地理解宪法，以便于宪法的实施，在此意义上，解释宪法就不意味着是出于“监督”之目的，例如，最高法院如果出于法律适用之需要而向全国人大常委会提出“解释宪法”的要求，这时的宪法解释就是为了使适用宪法的机关更好地把握宪法的意图而不是出于监督。全国人大常委会一般不会主动解释宪法，需要具有提出宪法解释要求权的主体在明确提出解释宪法的要求之后，全国人大常委会才可能对相关宪法条款作出解释，而这种解释往往不是出于“监督宪法的实施”之目的。可见，“解释宪法”与“监督宪法的实施”虽然被规定在同一个条款中，并非是目的与手段的关系，而是一种并列与交叉关系。解释宪法并非完全出于监督宪法的实施之目的，而监督宪法的实施过程中也并非必然有宪法的解释。如果说“解释宪法”是全国人大常委会一项最重要的职权，那么“监督宪法的实施”是它的一项经常性的职责。换言之，“解释宪法”虽然是重要的，但不必经常对宪法进行解释；“监督宪法的实施”则应当是全国人大常委会日常工作中的经常性活动。[22] 全国人大常委会根据《宪法》第七十一条对某些特定问题进行的调查就属于宪法实施的监督活动。假若全国人大常委会对大学生因在校婚育问题被开除学籍、男女平等就业等问题进行调查，以确定宪法中所规定的受教育权和法律面前人人平等的原则是否得到落实，那么这类特别调查就是监督宪法实施活动的组成部分，未必需要对宪法进行解释。当然，在这类调查中，可能产生要对宪法作解释的问题，比如大学生因行使宪法所赋予的婚姻自由权利而被学校开除学籍是否侵害了宪法所规定的另一种权利——受教育权，全国人大常委会可能就婚姻自由权与受教育权是否择其一，或者现实中这类规定、做法是否违背宪法进行解释。

然而，一旦全国人大常委会作为审查主体，判断相关的法律、法规、规章等规范性文件与宪法相抵触或相一致，则必然需要对宪法的相关原则或规范作出解释。原因很简单，在判断宪法外的一条规范、规则或原则是否合乎宪法，必须对相关宪法内容的含义与意义作出理解与解释，唯有如此，才能判

22　范进学：《认真对待宪法解释》，山东人民出版社 2007 年版，第 37—38 页。

断其他规范文件是否与宪法相契合。从该意义上说，备案审查或合宪性审查这种宪法监督方式必然涉及对宪法的解释。如果说合宪性审查监督、解决违宪审查案件必须提请全国人大常委会，那么宪法解释程序则解决了全国人大常委会如何解释宪法的程式问题。只有完备的宪法解释程序，才能将合宪性审查进行到底。因此，合宪性审查的贯彻，实际上就是宪法解释的过程。在现实中，有一个值得警惕的现象是，在合宪性审查监督中所遇到的一切违宪情形，不是积极回应社会生活对于宪法解释的普遍需求，而是极力规避对宪法的解释。其实，只要拥有解释宪法职权的全国人大常委会积极行使这一宪法赋予的权力，而不是逃避宪法解释，宪法解释的未来才是有希望的。

全国人大常委会在解释宪法时，应当遵循怎样的步骤、程式与方法？我国长期以来缺乏一部专门规范宪法解释程序的法律；加之，全国人大常委会近四十年来从未有以“宪法解释案”的形式正式解释宪法的实践。鉴于此，一些宪法学家呼吁应当制定宪法解释程序；[23] 亦有人大代表向全国人大提交关于

---

23 2007年韩大元教授以司法部课题“宪法解释制度研究”为基础，成立了《宪法解释程序法》课题组，于2009年草拟并公布了《宪法解释程序法》（初稿）；2011年向国家有关部门提交了上述专家建议稿（参见韩大元、张翔等：《宪法解释程序研究》，中国人民大学出版社2016年版，第174—181页。另参见韩大元：《〈宪法解释程序法〉的意义、框架与思路》，《浙江社会科学》2009年第9期；《论当代宪法解释程序的价值》，《吉林大学社会科学学报》2017年第4期）；秦前红教授提出“建议尽快制定《宪法解释程序法》”（《社会科学报》2015年4月2日）等。

制定《宪法解释程序法》的议案；[24] 还有学者结合宪法及相关法律所涉及的宪法解释程序规则，提出了如何完善宪法解释程序机制的建议。[25] 关于宪法解释程序机制的建设问题，党的十八届四中全会首次提出了“健全宪法解释程序机制”的要求，为了贯彻落实这一要求，全国人大常委会党组认真研究制定了有关健全宪法解释程序的意见。[26] 有关部门也对宪法解释问题进行了比较充分的研究，并制定了相应的程序规则。[27] 然而，有关健全宪法解释程序机制的问题，笔者查阅了 2015—2020 年全国人大常委会工作报告，对此均未提及，至于全国人大常委会党组制定的有关健全宪法解释程序的意见，作为内部文件从未向社会公开。党的十九届四中全会为完善中国特色社会主义法治体系、健全保证宪法全面实施的体制机制，又一次提出了“落实宪法解释程序机制”的新要求。按照中央部署，我国宪法解释程序机制不仅“健全”，而且要进入“落实”阶段。从“健全”到“落实”，显然意味着我国宪法解释程序

---

24 2012 年 3 月，梁慧星等三十五名代表向第十一届全国人大第五次会议提交了《关于制定宪法解释程序法的议案》（第 181 号），并附有韩大元教授课题组完成的《宪法解释程序法》（草案），请参见中国人大网，http: //www.npc.gov.cn/wxzl/gongbao/2012-05/29/content_1728277.htm，2020 年 8 月 4 日访问。

25 秦前红教授针对制定《宪法解释程序法》所涉及的主要内容提出了建设性意见（参见秦前红：《〈宪法解释程序法〉的制定思路和若干问题探究》，《中国高校社会科学》2015 年第 3 期）；王旭教授在已有的制度基础上就宪法解释程序机制的细节提出了完善的建议（参见王旭：《论我国宪法解释程序机制：规范、实践与完善》，《中国高校社会科学》2015 年第 4 期）。

26 乔晓阳：《党的十八大以来立法工作新突破》，《求是》2017 年第 11 期，第 8 页。

27 本书编写组编著：《党的十九大报告辅导读本》，人民出版社 2017 年版，第 269 页。

已经完备且需要贯彻执行。全国人大常委会党组讨论制定的有关健全宪法解释程序的意见因属于“红头”文件而无从查阅，但从已有的与宪法解释程序相关的规则考察与分析，或可勾勒出我国宪法解释程序的基本框架及其内涵。因此，在学理上探讨我国法治实践中可能存在的宪法解释程序机制以及如何完善与落实等问题，将具有强烈的现实意义与深远的学术价值。

第四章

完善我国合宪性审查制度与机制的方法与建议

我国合宪性审查制度与机制的完善，必须遵循习近平新时代中国特色社会主义思想，从适合我国自身的政治体制与制度，尊重现阶段合宪性审查制度自身的特点与优势出发，构建适合中国国情的合宪性审查制度。本章所提出的完善方法与建议都以此为基点进行考量。

一、确立我国合宪性审查制度的基本原则

由于我国合宪性审查制度的特殊性，在现阶段，从我国国情与现实出发，要真正推动合宪性审查工作不断发展，就必须首先确立两个基本原则：一是基本法律不予审查原则；二是党内法规和规范性文件不予审查原则。

（一）基本法律不予审查原则

“基本法律”一词在我国首次出现是在 1980 年 8 月 26 日彭真同志向第五届全国人大第三次会议所作的常委会工作报告中，他谈到民法和民事诉讼法时称“是很重要的基本法律”。[1]1982 年宪法文本中才第一次正式出现“基本法律”这一术语，《宪法》第六十二条第三款规定全国人大行使“制定和修改刑事、民事、国家机构的和其他的基本法律”；对于全国人大常委会的职权，《宪法》第六十七条第二款、第三款规定：常委会行使“制定和修改除应当由全国人民代表大会制定的法律以外的其他法律”的职权，以及“在全国人民代表大会闭会期间，对全国人民代表大会制定的法律进行部分补充和修改，但是不得同该法律的基本原则相抵触”。2000 年 3 月由第九届全国人大第三次会议通过的《立法法》第七条又重申了 1982 年宪法的上述规定。[2]然而，《宪法》、《立法法》以及历届全国人大常委会工作报告、全国人大及其常委会的其他正式文件，均未对“基本法律”的内涵如标准、位阶效力等作出权

1 彭真：《全国人民代表大会常务委员会工作报告》（1980 年），《全国人民代表大会常务委员会公报》1980 年第 5 期。

2 2000 年 3 月 15 日第九届全国人大第三次会议通过的《中华人民共和国立法法》第七条规定：全国人民代表大会和全国人民代表大会常务委员会行使国家立法权。全国人民代表大会制定和修改刑事、民事、国家机构的和其他的基本法律。全国人民代表大会常务委员会制定和修改除应当由全国人民代表大会制定的法律以外的其他法律；在全国人民代表大会闭会期间，对全国人民代表大会制定的法律进行部分补充和修改，但是不得同该法律的基本原则相抵触。

威性解释。目前只有学者从学术探讨与研究的角度，对“基本法律”进行了分析与阐释，[3] 例如，韩大元与刘松山在《宪法文本中“基本法律”的实证分析》一文中认为：“基本法律是指由全国人民代表大会制定的仅次于宪法而高于其他法律的对国家政治、经济和社会生活某个领域重大和全局性事项作出规范的法律。”

从宪法的规定分析，1982 年宪法第一次赋予了全国人大常委会行使“国家立法权”的职权，在此之前全国人大是“唯一”行使“国家立法权”的机关。[4]1982 年宪法之所以赋予作为全国人大常设机关的常委会国家立法权，立宪者的考量是：“由于全国人大代表人数较多，不便经常进行工作、行使职权……因此，草案将原来属于全国人大的一部分职权交由它的

---

3 具体文章可参见韩大元、刘松山：《宪法文本中“基本法律”的实证分析》，《法学》2003 年第 4 期；薛佐文：《论“基本法律”和“法律”的性质和地位》，《西南政法大学学报》2003 年第 2 期；韩大元、王贵松：《中国宪法文本中“法律”的涵义》，《法学》2005 年第 2 期；薛佐文：《对立法权限度的法理思考——专论全国人大与全国人大常委会的立法权限》，《河北法学》2008 年第 2 期；莫纪宏：《论宪法与基本法律的效力关系》，《河南社会科学》2010 年第 5 期；马英娟：《再论全国人大法律与全国人大常委会法律的位阶判断》，《华东政法大学学报》2013 年第 3 期；李克杰：《中国“基本法律”概念的流变及其规范化》，《甘肃政法学院学报》2014 年第 3 期；等等。

4 1954 年宪法规定：“全国人民代表大会是行使国家立法权的唯一机关”，全国人民代表大会行使“制定法律”的职权；全国人大常委会行使“解释法律”和“制定法令”的职权。1955 年 7 月，第一届全国人大第二次会议通过了《关于授权常委会制定单行法规的决议》，该决议授予了全国人大常委会制定单行法规的权力；1959 年 4 月，第二届全国人大第一次会议通过决议，进一步授权全国人大常委会在全国人大闭会期间，根据实际情况的发展和工作的需要对现行法律中一些不再适用的条文，适时地加以修改，作出新的规定；1978 年宪法第一次赋予了全国人大常委会“解释宪法”的权力。

常委会行使，扩大全国人大常委会的职权和加强它的组织，更好地发挥国家最高权力机关的作用。”[5] 因此，全国人大常委会拥有的立法权是由全国人大立法权派生出来的。[6] 结合 1982 年《宪法》第六十二条与第六十七条关于全国人大及其常委会的立法职能之规定与彭真《关于中华人民共和国宪法修改草案的说明》，笔者认为，立宪的基本意图是划分全国人大及其常委会的立法权限，即全国人大制定哪些法律，常委会制定哪些法律，而不是对“基本法律”和非基本法律进行定义上的界分。从全国人大制定包括基本法律与非基本法律的全部法律，到常委会也制定一部分法律，这部分法律是除全国人大制定的法律以外的“其他法律”，宪法关于全国人大及其常委会立法职权的划分规定，表达了五层含义：一是全国人大有权“制定刑事、民事、国家机构的和其他的基本法律”；二是全国人大也有权制定“刑事、民事、国家机构的和其他的基本法律”以外的法律；[7] 三是第六十七条第二款规定的“由全国人民代表大会

5 彭真：1982 年 4 月 22 日在五届全国人大常委会第二十三次会议上《关于中华人民共和国宪法修改草案的说明》，参见许崇德：《中华人民共和国宪法史》（下册），福建人民出版社 2005 年第二版，第 437 页。

6 薛佐文：《论“基本法律”和“法律”的性质和地位》，《西南政法大学学报》2003 年第 2 期。

7 有学者认为：从法理上讲，1982 年宪法实施后，全国人大就只能制定“基本法律”而不能再制定“其他法律”了，参见薛佐文：《论“基本法律”和“法律”的性质和地位》。这一观点不符合《宪法》第六十七条第二款关于“全国人民代表大会制定的法律”的立法意图，宪法文本的字词不是可有可无的，这里之所以使用“法律”而非“基本法律”，就清楚地表明立宪者心中的“法律”包括基本法律与非基本法律，而且这一理解与解释也符合宪法条款的体系解释。

制定的法律”包括基本法律与非基本法律；四是全国人大常委会制定除应当由全国人民代表大会制定的法律以外的其他法律，也就是说，常委会可以制定除全国人大制定的法律（包括基本法律与非基本法律）以外的（非基本）法律；五是全国人大闭会期间，常委会在不得同全国人大制定的法律的基本原则相抵触的前提下，可以对全国人大制定的法律（包括基本法律）进行部分补充和修改。

从 1982 年宪法的上述规定看，宪法只是规定了全国人大常委会可以分享全国人大的国家立法权，换言之，1982 年之前，所有的国家法律均由全国人大制定，其中包括基本法律与非基本法律；由于 1982 年宪法赋予了全国人大常委会与全国人大共享“国家立法权”的权力，所以全国人大常委会自然可以制定“除全国人大制定的法律以外的其他法律”；然而，全国人大有权“制定刑事、民事、国家机构的和其他的基本法律”，由此可推知，“基本法律”制定主体只能为全国人大，而作为全国人大常设机关的常委会不能制定“基本法律”，只能制定“基本法律”之外的、全国人大不制定的“非基本法律”。因为全国人大常委会是从属于全国人大的创设机关，其立法权是由全国人大立法权派生而来的，要对全国人大负责并报告工作，也有可能制定或通过“不适当”的决定，所以《宪法》第六十二条第十一款又赋予了全国人大对其常设机关即常委会制定或通过的“不适当”的决定予以“改变”或“撤销”的审查监督权，从而为全国人大常委会制定的法律由全国人大进行合宪性审查提供了宪法依据。而对于全国人大自身制定的“基本法律”，除了《宪法》第五条要求“一切法律”都不得同宪法相抵触外，宪法并未规定具体由谁进行审查监督。由于人民代表大会制是我国的根本政治制度，因此否定了西方国家那种权力制衡式的由全国人大（议会）之外的第三方机构监督审查全国人大（议会）制定的基本法律的可能性。所以，全国人大制定的“基本法律”不可能受到最高国家权力机关之外的其他权力机关的监督与审查，即使另设一个独立于全国人大的机构（类似“宪法法院”或“宪法委员会”），也不符合我国的政治制度与政治体制，并将会与之背道而驰。如此看来，全国人大制定的基本法律具有不可审查性。如审查，也只能由全国人大进行自我审查。然而，这种自我审查应当不属于合宪性审查范畴，针对自己起草或制定的规范性文件，对照宪法进行自我审查，使自己制定的基本法律不与宪法相抵触，这是立法者的基本要求，问题是制定出来的“基本法律”是否与宪法相抵触，由谁进行合宪性审查？因为该问题在现行宪法中没有规定，《立法法》也未对基本法律的合宪性审查作出规定，所以，从学理上推论，基本法律的违宪问题属于自我审查的问题，不应当由全国人大之外的其他机关予以审查。

合宪性审查的目的在于通过审查宪法以外的一切规范性文件的合宪性，以此确保宪法的正确实施，确保宪法的权威。在我国，法律体系是以宪法为核心的中国特色社会主义法律体系，在全部法律体系中，全国人大制定的基本法律与全国人大常委会制定的基本法律以外的法律，截至 2020 年 3 月，共有二百五十三部；[8] 截至 2016 年 7 月底，现行有效的地方性法规、自治条例和单行条例以及经济特区法规共九千九百十五件。其中，省、自治区、直辖市地方性法规五千七百零一件，设区的市、自治州地方性法规二千九百三十六件，自治条例和单行条例九百六十七件，经济特区法规三百十一件。[9]

从我国法律体系的法律数量看，最庞大的是法规群与规章群，违宪或违法的规范性文件多属于行政法规、地方性法规与政府规章等规范性文件。因此，在我国，只要普通法律、法规或规章等规范性文件的合宪性问题解决了，违宪问题就能够得到解决。

基本法律不予审查原则确立的意义在于：第一，避免了全国人大对自己制定的基本法律进行自我审查式的批评与指责。全国人大作为最高国家权力机关，其制定的基本法律具有“基础规范”的作用与功能，在实践上对其不予审查，是充分相信基本法律不会违反宪法，即便违宪，也相信能够凭借全国人大严格的法律制定程序与自我完善机制得以妥当处理。第二，避免全国人大常委会作为常设机关监督全国人大的权力逻辑上的悖论。在宪法设计上，全国人大常委会是全国人大的常

---

8 吉林省法学会网，http: //jlfxhw.com/flmlnew/index.jhtml，2020 年 3 月 26 日访问。

9 《截至 7 月底我国现行有效的地方性法规、自治条例和单行条例以及经济特区法规共 9 915 件》，《法制日报》2016 年 9 月 8 日。

设机关，自身隶属于全国人大，向全国人大负责并报告工作；若在合宪性审查实践中，由常委会审查全国人大制定的基本法律是否违宪，在权力逻辑上是矛盾的，在现实中也是不可能的。第三，将全国人大常委会合宪性审查工作的重点放在法律之外的法规、规章与司法解释等规范性文件上，就抓住了事物的主要矛盾。只要法律外规范性文件的合宪性解决了，宪法的权威就能够树立起来，公民的宪法权利或人权就能够得以保障。

（二）党内法规和规范性文件不予审查原则

目前我国合宪性审查体制采取的是“党内法规和规范性文件归党审查、国家法律规范性文件归国家审查”的党国审查制度分离模式。我国《宪法》《立法法》《各级人民代表大会常务委员会监督法》《法规、司法解释备案审查工作办法》等规范性法律文件，皆把合宪性审查的对象局限于法律、法规、自治条例和单行条例、规章以及司法解释等，没有将党内法规和规范性文件纳入国家意义上的合宪性审查范围之中。国家意义上的合宪性审查制度对党内法规和规范性文件的合宪性问题均遵循不予审查的原则。

党内法规和规范性文件的合宪性审查不在全国人大及其常委会审查范围之内，由党的机构负责审查。根据 2019 年修订的《中国共产党党内法规和规范性文件备案规定》，党内法规和规范性文件的备案式合宪性审查是由党组织负责，具体事务由其所属法规工作机构或承担相关职能的工作机构办理。所谓备案式合宪性审查，是指审查机构主动对其收到的报送机关需要备案的党内法规和规范性文件“是否违反宪法的情形”进行审查的活动。

事实上，党内法规和规范性文件归党审查而国家机关对其不予审查原则是一个既定事实，也就是说，这一原则事实上为国家立法者与国家层面的合宪性审查主体所遵循。这里的问题是：人大机关为何对党内法规和规范性文件采取不予审查的原则?

第一，党内法规和规范性文件属于中国共产党内部规范性文件，是党治理自身事务的基本规范。根据《中国共产党党内法规制定程序暂行条例》的规定，党内法规是指党的中央组织、中央各部门、中央军委总政治部和各省、自治区、直辖市党委制定的用以规范党组织的工作、活动和党员的行为的党内各类规章制度的总称；党章是最根本的党内法规，其他党内法规是党章有关规定的具体化。根据《中国共产党党内法规和规范性文件备案规定》第二条规定：“本规定所称规范性文件，是指党组织在履行职责过程中形成的具有普遍约束力、在一定时期内可以反复适用的文件。”因此，包括党章在内的党内法规和规范性文件是共产党治理自身事务和工作的基本准绳与规范，对于加强党的建设，保证党的各项工作和党内生活的制度化，具有十分重要的作用。党规党法的效力只对党内事务和党的组织及其成员具有普遍约束力，对党外其他组织或公民个人没有任何约束力。共产党是我国的执政党，是领导党，共产党所制定的规范性文件不在全国人大常委会审查范围之列。实践中，国家宪法和法律将党内法规和规范性文件的合宪性审查交由执政党自身进行审查，因此，全国人大及其常委会对其不予审查是有法定依据的。

第二，党内审查机制能够保证党内法规与规范性文件的合宪性。执政党的党内法规和规范性文件从制定到通过之后都有相关机构进行合宪性审查，以确保党内法规文件与宪法相一致，不会出现违宪情形。《中国共产党党内法规制定程序暂行条例》第六条规定：制定党内法规应“遵守党必须在宪法和法律的范围内活动的规定，不得与国家法律相抵触”的原则；同时，条例还规定了审定程序，即党内法规起草工作完成后，应履行审定手续，报送中央审议；具体承办机构（中央办公厅）负责校核并向中央提出校核报告。以上规定确保了党内法规在制定过程中不出现违宪。同时，党内法规和规范性文件自发布之日起三十日内，按照《中国共产党党内法规和规范性文件备案规定》由党组织制定的党内法规和规范性文件向上级党组织报备，再由党组织负责对报备的党内法规和规范性文件进行合宪性审查。通过党组织主动性备案式合宪性审查，就基本确保党内法规和规范性文件不会出现违宪现象。所以，在此前提下，再由全国人大常委会进行审查就显得没有必要。

第三，党内法规和规范性文件不在人民法院案件受理范围之内。如果说党内法规和规范性文件的备案审查是主动性合宪性审查，那么由利害关系人针对党的规范性文件提起合法性或合宪性审查则属于被动性审查。对于当事人提起的这种被动性审查，党的文件或国家法律、法规等法律文件皆未规定此种情况。从理论上说，这种情况是有可能发生的。例如，1988年云南省高级人民法院在审查受理水利电力部第十四工程局诉云南省机电设备公司房屋产权纠纷一案时发现了中共云南省委的一份文件，即批转云南省经委《关于统一管理物资和设置省物资管理总局的请示》，正是这份指示引发了产权纠纷，于是云南省高院向最高人民法院提出了请示报告，最高人民法院在《关于因党委发文调整引起的房产纠纷不属法院主管范围的批复》中指出："经研究认为：水电部第十四工程局要求收回的房屋是经云南省委发文件批转调整给云南省机电公司使用的，不属法院主管范围，不应受理，可告知当事人向有关部门申请解决。"[10] 这是由当事人针对党的文件提起的唯一一起纠纷，按照最高法院的司法批复，此类案件不属于法院管辖范围。因此，目前来看，关于党的规范性文件的合法性或合宪性被动审查既不在法院受案范围之内，也不在全国人大常委会审查范围之内。

---

10 《最高人民法院关于因党委发文调整引起的房产纠纷不属法院主管范围的批复》，1988年1月3日（88）民他字第62号。

二、我国合宪性审查机构的重构

（一）关于在中国设立合宪性审查机构的观点评析

合宪性审查是保障宪法有效实施的重要监督制度。宪法是一国的根本法，具有最高法律效力、最高权威，一切规范性文件皆不得与宪法相抵触。通过合宪性审查，将与宪法不一致的规范性文件予以撤销或废止，从而得以维护一国法律体系的统一与法律的尊严，所以，世界各国几乎都设立了合宪性审查制度。截至 2012 年的统计资料表明，世界上一百九十三个国家的宪法中，只有三个国家没有规定宪法监督制度。[11] 长期以来，在我国宪法监督制度中始终未确立起一个具有权威的专门机构，因此，自 1982 年宪法颁布迄今，学者们提出过诸多极具价值与影响的方案与建议。对这些建议或方案之得失进行分析与评判，对于我国合宪性审查制度的构建与完善具有重要借鉴意义。

在 1982 年宪法起草与全民讨论过程中，曾有四种方案：一是由全国人大设立宪法委员会；二是设立宪法法院；三是由检察机关负责；四是国家设立监察委员会。多数人主张设立宪法委员会，认为这种形式更灵活一些，不仅可以监督宪法的实

11　相关数据统计来自《世界各国宪法》编辑委员会编：《世界各国宪法》（四卷本），中国检察出版社 2012 年版。

施，还可以负责宪法解释工作。[12] 时任全国人大常委会法制工作委员会主任王汉斌也证实："当时研究，较多的意见倾向于设立宪法委员会。"[13] 作为 1982 年宪法制定主要负责人的彭真同志对于保障宪法实施的问题非常重视，他针对各种宪法保障实施的方案指出：有人提出搞宪法委员会，也有提设宪法法院的。这个问题要作为一个重要问题考虑和提出。怎么监督宪法执行？主要是依靠人民，十亿人。专门机构要不要？可以提两个方案，权衡一下。这个问题可以研究。就是设宪法委员会，也要设在全国人大和人大常委会下，全国人大一元化不要多元化。放在谁手里？放在大多数人手里可靠。[14] 关于宪法实施保障机构的设立，尽管彭真同志对设立宪法法院的意见没有提出明确的反对意见，但这种设置显然不符合中国政治制度的设计，因为中国宪制是中国共产党领导下的人民代表大会制，共产党是中国最高政治力量，全国人大是国家最高权力机关，任何溢出这一政治体制的机构都不可能为中国政治制度所容纳。宪法法院作为限制最高权力机关立法权的机构及可能对党内法规文件进行合宪性审查的机构，在中国现实政治制度中不可能有存在的空间与土壤，因此，设立宪法法院的设想最早被否

---

12 刘政：《人民代表大会制度的历史足迹》，中国民主法制出版社 2014 年版，第 254 页；许崇德：《中华人民共和国宪法史》（下册），福建人民出版社 2005 年版，第 374—375 页。

13 王汉斌：《王汉斌访谈录——亲历新时期社会主义民主法制建设》，中国民主法制出版社 2012 年版，第 125 页。

14 《彭真传》编写组编：《彭真传》第四卷，中央文献出版社 2012 年版，第 1473 页。

定。多数人的意见倾向于设立宪法委员会，认为这种形式更灵活一些，不仅可以监督宪法的实施，还可以负责宪法解释工作。综合考虑之后，设立其他宪法实施监督机构的方案都被否定了。因此，宪法实施保障的机构设立问题最终回到了是否要设立宪法委员会以及如何设立的问题上来。

关于宪法委员会的设置，1982 年宪法起草时也有三种方案。第一种意见主张设立直属全国人大的宪法委员会，其地位与全国人大常委会相等，只对全国人大负责并报告工作。第二种意见主张设立的宪法委员会地位应低于全国人大常委会，对全国人大及其常委会负责并报告工作。它协助全国人大及其常委会监督宪法的实施，对法律、法规的合宪性提出意见或报告，对违宪行为提出处理意见，由全国人大或全国人大常委会作出决定。第三种意见主张应设立一个跟全国人大平行的宪法委员会，类似于法国的宪法委员会，由最有名望、最有权威的人士组成。

根据彭真的意见，宪法修改委员会秘书处提出了两个方案，一是不设宪法监督机构的方案；二是设立宪法监督机构的方案，并草拟了条文："全国人民代表大会设立宪法委员会，协助全国人民代表大会和全国人民代表大会常务委员会监督宪法的实施，对中央和省、自治区、直辖市国家机关的重大违宪行为，向全国人民代表大会和全国人民代表大会常务委员会提出报告。"该草案写入了宪法修改稿之中。后又决定暂时不写入草案中，等中央决定后再作处理。彭真就这个问题同邓小平交换了意见，邓小平很明确地说，不要搞宪法监督委员会。彭真又同胡耀邦交换意见，彭真说：这个方案过去考虑过，小平说不要为好。胡耀邦说：我也主张不要。这样，设宪法监督机构的方案就没有采用。[15] 在 20 世纪 80 年代初期，立宪者就已经意识到了建立宪法实施保障机构的重要性，并试图在宪法中予以确立，但最终还是囿于我国政治制度的现实而放弃，从而选择了一种不设专门宪法实施保障机关而由最高国家权力机关和它的常设机关监督和保障宪法的实施之路。

1982 年 11 月 6 日，宪法修改委员会副主任委员彭真同志在第五届全国人大第五次会议上作的《关于宪法修改草案的报告》中指出："《序言》总结建国以来制定和执行宪法的正反两方面的历史经验，明确指出：'全国各族人民、一切国家机关和武装力量、各政党和各社会团体、各企业事业组织，都必须以宪法为根本的活动准则，并且负有维护宪法尊严、保证宪法实施的职责。'全国人大和它的常委会都有监督宪法实施的职权，地方各级人大在本行政区域内保证宪法的遵守和执行。中国共产党领导中国人民制定了新宪法，中国共产党也将同全国各族人民一道，同各民主党派和各人民团体一道，共同维护宪法尊严和保证宪法实施。宪法通过以后，要采取各种形式广泛地进行宣传，做到家喻户晓。十亿人民养成人人遵守宪法、维护宪法的观念和习惯，同违反和破坏宪法的行为进行斗争，

---

15 《彭真传》编写组：《彭真传》第四卷，中央文献出版社 2012 年版，第 1473 页。

这是一个伟大的力量。”[16] 在审议宪法修改案时，许多代表团又提出设立宪法委员会的意见，宪法修改工作小组进行了研究，由宪法修改委员会副秘书长胡绳同志在主席团会议上作了说明，他说：是不是要设立一个专门的机构来保证宪法实施呢？这个问题在起草宪法过程中，宪法修改委员会讨论过。设立一个专门的机构，如果参照外国的经验，是有这样搞的。有的国家设立了宪法法庭或者宪法委员会，现在在我们国家要保证宪法实施，设立一个什么样的最高权力机构合适呢？实际上还只能是全国人大常委会。在我们国家不可能在全国人大常委会以上再有一个什么更高的权力机关。所以，现在我们的宪法规定，全国人大常委会负有监督宪法实施的责任。过去的宪法是把这个职责归于全国人大，但是全国人大每年才召开一次会议，所以它要监督是困难的，而全国人大常委会可能比较经常地来执行这个职务。而且这一次又规定设立各个专门委员会，它可以审议全国人大常委会交付的被认为与宪法相违背的法规和决议。而且宪法又规定，对全国人大常委会制定的不适当的规定，全国人大可以提出意见加以纠正。这样一套制度实际上已经起了某些国家宪法法庭、宪法委员会的作用。[17] 胡绳最后说：“依靠整个国家机构，首先是人大、人大常委会，然后是

---

16 《彭真传》编写组编：《彭真传》第四卷，中央文献出版社 2012 年版，第 1483—1484 页。

17 王汉斌：《王汉斌访谈录——亲历新时期社会主义民主法制建设》，中国民主法制出版社 2012 年版，第 126 页。

整个司法机关、检察机关、行政机关，再加上全国人民来保证宪法的实施，这才是保护宪法实施的一套完整的体系。”[18]彭真在大会审议中针对宪法实施保障问题作了进一步补充，他说：“大家关心宪法能不能执行的问题。是不是搞一个有权威的机构来监督宪法的实施？外国有的是宪法委员会，有的是大法官，像美国、巴基斯坦就是大法官。我们是不是也采用这样的形式？这个问题，在起草宪法的过程中反复考虑过。大家所想的，就是‘文化大革命’把一九五四年宪法扔到一边去了。实际上，在当时无论你搞什么样的组织，能不能解决这个问题呢？不见得。宪法规定了最高国家权力机关是全国人民代表大会，人大常委会、国家主席、国务院、军委、两高，都由它产生，受它监督。全国人大一年只开一次会，审议加强人大常委会的职权，全国人大和它的常委会都有监督宪法实施的职权。恐怕很难设想再搞一个比全国人大常委会权力更大、威望更高的组织来管这件事。按照宪法规定，全国人大和它的常委会设六个委员会，凡是人大和它的常委会认为违反宪法的问题，就可以交有关的专门委员会去研究。违宪的，全国人大常委会组成人员可以提出来，代表也可以提出来。每一个公民、每一个单位也可以检举，由常委会交专门委员会去研究，这在组织上讲比较理想。这是从机构上来讲。从法律上来讲，宪法序言里

18　刘政：《人民代表大会制度的历史足迹》，中国民主法制出版社2014年版，第256页。

说了，一切国家机关和武装力量，包括人民解放军，各政党，当然也包括中国共产党，各社会团体、各企事业组织都必须以宪法为根本的行动准则，并且负有维护宪法尊严、保证宪法实施的责任。宪法条文还规定，任何人，任何组织都没有超越宪法和法律的特权。这一点，我们宪法规定得比较严格，因为我们有十年‘文化大革命’的教训。有的同志问，如果党违背了宪法怎么办？我们的党章规定了党的活动、党员的活动，都要在宪法规定的范围以内。从法律上讲，比较完备了。当然，随着情况的发展，是不是可以搞一个具体的规定，那要等将来再说。还是人大常委会来行使监督宪法实施的权力比较适宜。”[19]

从彭真与胡绳的上述报告与解释中，我们知道，确立专门保障宪法实施机构的意见在最高决策层看来是没有必要的，因为全国人大及其常委会本身就是最有权威、最有威望的人组成的国家最高权力机关，如果连这样一个机关都无法遏制违宪问题，那么其他机构也不能防止违宪事件的发生。“宪法的监督和保障，虽然需要专门的机构，但不是依靠少数人的力量所能解决的，‘文革’中宪法遭到破坏，并非是因为没有监督宪法实施的机构，而恰恰是由于一个或少数掌握党和国家最高权力的人置宪法于不顾，破坏了宪法的实施，所以要保障宪法的实施不能只着眼于一个或少数有权力

19 《彭真传》编写组编：《彭真传》第四卷，中央文献出版社 2012 年版，第 1484—1487 页；刘政：《人民代表大会制度的历史足迹》，中国民主法制出版社 2014 年版，第 256 页。

的人，而在于充分发展社会主义民主和党内民主，使国家政治生活民主化，在于广大人民和党员都能担负起维护宪法、保证宪法实施的责任，十亿人民的力量是最大的力量，十亿人民保证宪法的实施，这是最大的保证。”[20] 因此，最终保证宪法实施的机关是全国人大与全国人大常委会，而不是通过设立宪法委员会来保障宪法实施。但从彭真的解释中也看到，他并没有完全否定设立专门保障宪法实施机构的可能性，而是认为随着未来情况的发展，或许有设立这种机构的可能。参与宪法草案起草的肖蔚云先生是这样解释的，他说：“最高国家权力机关和它的常设机关既是最有权威的机关，又可以经常性地监督宪法的实施，这样做比较适合我国的实际情况，也体现了全国人大统一行使最高国家权力的政治制度。”[21]

关于宪法委员会的设立问题，即使在 1982 年宪法通过之后，仍有不少人（尤其是法学界人士）提出，设立类似全国人大专门委员会性质的宪法委员会。第六届全国人大时期，曾考虑设立一个类似其他专门委员会的宪法委员会，协助全国人大及其常委会监督宪法的实施。第七届全国人大在起草《监督法》过程中，也曾提出过这种建议，设立类似其他专门委员会的宪法委员会，对违反宪法的规范性文件和具体的违宪行为提

20　肖蔚云：《我国现行宪法的诞生》，北京大学出版社 1986 年版，第 64—65 页。

21　肖蔚云：《我国现行宪法的诞生》，北京大学出版社 1986 年版，第 65 页。

出处理意见，报全国人大或其常委会决定。1993 年对宪法部分内容进行修改时，一些人提出全国人大设立专门委员会性质的宪法监督委员会，建议在《宪法》第七十条中增加这方面的规定。中共中央在《关于修改宪法部分内容的建议的说明》中认为，根据《宪法》第七十条的规定，全国人大可以设立专门委员会性质的宪法监督委员会，宪法可以不再作规定。[22]

然而，自 1982 年宪法公布施行始迄今近四十年的宪法实施实践中，全国人大及其常委会作为宪法明确规定的“监督宪法实施”的保障机关在监督宪法的实施方面做得很不够，或者说几乎没有起到监督实施的应有作用。出现这种状况的原因，早在 1991 年，吴家麟教授就分析过：“我国监督宪法实施的机构是全国人大及其常委会，这在政治体制上说是适宜的，但实际上难以发挥作用。全国人大由近三千名代表组成，每年召开一次会，会期只有两个星期左右，这十天来要听好几个报告，要讨论、审议、酝酿、表决，很难在监督宪法的实施上有所作为。全国人大已经到了第七届了，全国人大的会议没有在监督宪法实施方面采取过什么行动。全国人大常委会人数少，每两个月开会一次，本来可以在监督宪法的实施方面多发挥作用，但由于立法任务繁重，顾不了审查和处理违宪问题，事实上全国人大常委会除了发出严格遵守宪法、加强教育之类的一

22　全国人大常委会办公厅编：《中华人民共和国第八届全国人民代表大会第一次会议文件汇编》，人民出版社 1993 年版，第 119 页。

般口号之外，从来没有讨论和处理过具体的违宪问题。”[23] 这种状况一直持续至今，也未改变。这与立宪者当时所设想的状况完全不同，既没有人大代表针对违宪行为提出来，也没有专门委员会针对违宪问题提出来。尤其是 2000 年《立法法》规定了法规备案审查制度之后，相关国家机关或公民个人及社会组织可以依照申请针对法规提出合宪性审查的要求或建议，因而不断有公民个人或组织针对违宪行为向全国人大常委会提出，但由于缺乏一个专门的机构受理并处理，最终不了了之。我国备案审查的实践也说明，如果没有一个专门协助全国人大及其常委会监督宪法实施的机构，就无法对宪法实施监督。因此，宪法学界一直没有停止对设立宪法实施保障专门机构的学术探索。

学术界的主流意见还是期待在全国人大之下设立一个与其他专门委员会并列的宪法委员会，在人大闭会期间受全国人大常委会的领导。例如，吴家麟教授在 1991 年就提出过这种建议，他主张成立全国人大宪法监督委员会，受全国人大领导，在全国人大闭会期间，受常务委员会领导。[24] 韩大元教授建议由全国人大设立专门的宪法委员会，协助全国人大及其常委会监督宪法的实施，并负责研究审议违宪争议，拟定争议处理决定。[25] 胡锦光教授建议设立宪法委员会，其性质为全国人

23　吴家麟：《论设立宪法监督机构的必要性和可行性》，《法学评论》1991 年第 3 期。

24　吴家麟：《论设立宪法监督机构的必要性和可行性》，《法学评论》1991 年第 3 期。

25　韩大元：《关于推进合宪性审查工作的几点思考》，《法律科学》2018 年第 2 期。

大的专门委员会，其地位是全国人大和全国人大常委会的协助机构，并不具有宪法上的独立地位。[26] 秦前红教授建议，在全国人大设立专门委员会性质的宪法委员会，协助全国人大及其常委会监督宪法实施，具体负责研究和审议违宪争议，草拟争议处理决定，同时制定相关法律，完善宪法监督和宪法解释程序，这将是我国完善宪法实施和宪法监督制度的重大顶层设计。[27] 由此可见，作为宪法实施监督的专门机构，由全国人大设立一个专门宪法委员会的设想，是多数学者的基本共识。不过，也有学者建议设立与全国人大常委会地位平行的宪法委员会，如林来梵教授就持这种观点，他主张设立直属于全国人大、与全国人大常委会平行的宪法委员会，或借鉴中央军事委员会或国家监察委员会的模式，设立由中共中央和全国人大双重领导的、与全国人大常委会平行的宪法委员会。[28] 持此观点的还有江国华等学者，他们也主张："宪法委员会设在全国人大之下作为全国人大的常设机关，与全国人大常委会地位平行。"[29]

然而，设立与全国人大常委会地位平行的宪法委员会，以作为全国人大的第二个常设机关是否可行？按照江国华等学者的观点，"宪法委员会作为全国人大的常设机关，负责监督宪

26 胡锦光：《论推进合宪性审查工作的体系化》，《法律科学》2018 年第 2 期。
27 秦前红：《设立宪法委员会与完善宪法监督制度》，《理论视野》2017 年第 2 期。
28 林来梵：《合宪性审查的宪法政策论思考》，《法律科学》2018 年第 2 期。
29 江国华、彭超：《中国宪法委员会制度初论》，《政法论丛》2017 年第 1 期。

法实施，有权对全国人大常委会制定和批准的法律法规进行审查，可以有效避免全国人大常委会‘自我监督’的逻辑悖论。全国人大常委会作为全国人大的常设机关，其制定的非基本法律及其所作的法律解释、法律修改，以及其批准的自治条例和单行条例、国务院的行政法规、省自治区直辖市人民代表大会及其常务委员会制定的地方性法规，在数量上要远多于全国人大制定的基本法律，在细密程度上也远甚于全国人大制定的基本法律，在违宪的可能性上也远高于全国人大制定的基本法律。因此，全国人大常委会制定或批准的法律法规不能被排除在审查范围之外。这就内在地要求宪法委员会的法律地位至少不能低于全国人大常委会，否则，宪法监督的权威性和有效性难以保障。在人民代表大会制度的体制下，宪法委员会不宜比全国人大常委会地位更高，因此，将宪法委员会设定为全国人大的常设机关是适宜的”。这种观点似乎十分合理，却忽视了全国人民代表大会与其常委会的地位，不符合我国宪制。按照1982 年制宪者的意图，全国人大常委会虽然是全国人大的常设机构，但全国人大与全国人大常委会都是行使国家立法权的最高权力机关。1982 年 2 月 27 日，宪法修改委员会秘书长胡乔木在宪法修改委员会第二次全体会议上说：之所以设立常委会，主要是弥补全国人大人数多、开会时间短，不可能有充分时间来考虑立法以及其他许多问题的困难，人大常委会享有仅次于人大的很广泛的权力，由于人大常委会经常开会，这样就起了一个国会的作用，跟一个经常工作的国会差不多的作用。[30]1982 年 4 月 22 日，宪法修改委员会副主任委员彭真在五届全国人大常委会第二十三次会议上作《关于宪法修改草案的说明》时指出：全国人大是一元化的最高国家权力机关，行使国家最高权力。草案将原来全国人大的一部分权力交由它的常委会行使，来解决发挥国家最高权力机关作用的问题，因为，全国人大常委会委员实际上也可以说是常务代表。[31]可以说，全国人大及其常委会是一体的，共同构成国家最高权力机关。在我国，全国人大常委会委员长是国家元首的一部分，它与国家主席共同行使国家元首的职权。刘少奇在关于 1954 年宪法草案的报告中说得很清楚："适应我国的实际情况，并根据中华人民共和国成立以来建设最高国家权力机关的经验，我们的国家元首职权由全国人民代表大会所选出的全国人民代表大会常务委员会和中华人民共和国主席结合起来行使。我们的国家元首是集体的国家元首。"[32]肖蔚云对此指出："这种集体国家元首表现为全国人大常委会集体决定的内容和国家主席执行相结合的形式，这是我国国家制度的一个特点。"[33]由此可知，全国人大常委会作为全国人大的常设机关，既是国家最高权力机关，也是国家元首制度的组成部分，这种宪法上的崇高

---

30 许崇德：《中华人民共和国宪法史》(下册)，福建人民出版社 2005 年版，第 395 页。

31 许崇德：《中华人民共和国宪法史》(下册)，福建人民出版社 2005 年版，第 437 页。

32 刘少奇：《刘少奇选集》(下卷)，人民出版社 1985 年版，第 157 页。

33 肖蔚云：《我国现行宪法的诞生》，北京大学出版社 1986 年版，第 69 页。

地位是全国人大以外的任何国家机关所不能比拟的。如果设立一个与全国人大常委会地位相同的宪法委员会，不但直接冲击国家权力机构的设置，而且如果宪法委员会与常委会之间发生意见分歧或冲突，全国人大如何协调与处理？全国人大常委会委员长、副委员长、秘书长及其常务委员组成了全国人大常委会，常委会本身就是在闭会期间行使全国人大的部分职权，发挥全国人大的作用。所以，试图设立与全国人大常委会地位相当的宪法委员会的建议在目前是不合乎我国政治制度的，也不符合立宪者的意图。

因此，唯一可行的方案就是在全国人大之下设立一个专门委员会，即宪法委员会，并在全国人大闭会期间受全国人大常委会的领导。按照韩大元教授的建议，宪法委员会设立后，需要对现行法律委员会的一些职权进行调整，并入宪法委员会，在对法律草案的合宪性审查方面，宪法委员会与法律委员会在职能上需要进行分工，宪法委员会处理宪法问题，法律委员会主要负责对法律草案进行统一审议。[34]这一建议最终被写入《中华人民共和国宪法解释程序法（专家建议稿）》第五条："全国人民代表大会设立宪法委员会，研究、审议和拟定与宪法解释相关的议案。宪法委员会受全国人民代表大会领导；在全国人民代表大会闭会期间，受全国人民代表大会常务委员会领导。宪法委员会由主任委员、副主任委员若干人和委员若干

34　韩大元：《关于推进合宪性审查工作的几点思考》，《法律科学》2018 年第 2 期。

人组成。”[35]这样规定，就使宪法委员会成为协助全国人大常委会解释宪法的重要主体。

（二）合宪性审查机构的确立：全国人大宪法和法律委员会

第十三届全国人大第一次会议通过的《宪法修正案》第四十四条规定，《宪法》第七十条第一款中“全国人民代表大会设立民族委员会、法律委员会、财政经济委员会、教育科学文化卫生委员会、外事委员会、华侨委员会和其他需要设立的专门委员会”修改为“全国人民代表大会设立民族委员会、宪法和法律委员会、财政经济委员会、教育科学文化卫生委员会、外事委员会、华侨委员会和其他需要设立的专门委员会”。“宪法和法律委员会”虽说是由“法律委员会”更名而来，但实际上可理解为全国人大新设立的一个专门委员会。宪法修正案的这次调整是在党的十九届三中全会审议通过的《深化党和国家机构改革方案》（以下简称《方案》）中首次提出的，《方案》指出：“全国人大法律委员会更名为全国人大宪法和法律委员会。为弘扬宪法精神，增强宪法意识，维护宪法权威，加强宪法实施和监督，推进合宪性审查工作，将全国人大法律委员会更名为全国人大宪法和法律委员会。全国人大宪法和法律

35　韩大元、张翔等：《宪法解释程序研究》，中国人民大学出版社 2016 年版，第 174 页。

委员会在继续承担统一审议法律草案工作的基础上，增加推动宪法实施、开展宪法解释、推进合宪性审查、加强宪法监督、配合宪法宣传等职责。”[36]《方案》与宪法修正案，虽然对“法律委员会”仅增添了“宪法”二字，但对于落实党的十九大提出的“加强宪法实施与监督，推进合宪性审查工作，维护宪法权威”这一新时代要求具有重大现实意义与实践价值。《方案》不仅说明了为何如此调整的原因，同时也界定了全国人大宪法和法律委员会的功能定位。按照《方案》要求，全国人大宪法和法律委员会今后作为我国合宪性审查的专门机构，将担负起推动宪法实施、开展宪法解释、推进合宪性审查、加强宪法监督、配合宪法宣传的重要使命。

1. 从“法律委员会”到“宪法和法律委员会”之修宪目的

习近平总书记2012年12月4日在首都各界纪念现行宪法公布施行三十周年大会上的讲话中指出：“保证宪法实施的监督机制和具体制度还不健全”，为此提出了“全面贯彻实施宪法”的目标；2013年《中共中央关于全面深化改革若干重大问题的决定》明确提出“要进一步健全宪法实施监督机制和程序，把全面贯彻实施宪法提高到一个新水平”；2014年《中共中央关于全面推进依法治国若干重大问题的决定》再次重申要“完善全国人大及其常委会宪法监督制度，健全宪法解释程序机制”；党的十九大鲜明地提出

36 《深化党和国家机构改革方案》，《光明日报》2018年3月22日。

“加强宪法实施和监督，推进合宪性审查工作，维护宪法权威”这一新时代下的新要求。可以说，完善和健全对宪法实施的监督和程序，推动合宪性审查工作，已成为关乎“全面贯彻实施宪法”与“全面推进依法治国”的关键。而宪法具体实施机构的缺失则成为我国宪法监督实施的“阿喀琉斯之踵”，无论是宪法监督还是宪法解释，最重要、最关键的是确立一个负责具体实施宪法的专门机构。宪法修正案将“法律委员会”更名为“宪法和法律委员会”既符合中央关于深化党和国家机构改革的精神，也符合我国宪法规范与宪法设计。

第一，全国人大宪法和法律委员会的重构是党中央深化人大机构改革、完善人大专门委员会设置的需要。十九届三中全会通过的《中共中央关于深化党和国家机构改革的决定》提出要“深化人大机构改革”，“完善人大专门委员会设置，更好发挥其职能作用”。[37]《方案》也提出“要适应新时代我国社会主要矛盾变化，完善全国人大专门委员会设置，更好发挥职能作用”。随着我国依法治国基本方略的全面推进与落实，“依法治国首先是依宪治国、依法执政关键是依宪执政”这一理念已深入人心，执政党充分认识到：“维护宪法权威，就是维护党和人民共同意志的权威。捍卫宪法尊严，就是捍卫党和人民共同意志的尊严。保证宪法实施，就是保证人民根本利益的实

37 《深化党和国家机构改革的决定》,《光明日报》2018 年 3 月 5 日。

现。只要我们切实尊重和有效实施宪法，人民当家作主就有保证，党和国家事业就能顺利发展。反之，如果宪法受到漠视、削弱甚至破坏，人民权利和自由就无法保证，党和国家事业就会遭受挫折。”[38] 因此，全面贯彻实施宪法是实现全面推进依法治国、加快建设社会主义法治国家这一目标的根本要求，是建设社会主义法治国家的首要任务与基础性工作。在中国特色社会主义新时代下，弘扬宪法精神、增强宪法意识、维护宪法权威、加强宪法实施和监督、树立宪法至上理念就成为新时代全体社会成员的基本共识。然而，全面贯彻实施宪法需要一个具体负责实施的机构。其实这个问题在制定 1982 年宪法的过程中，就一直是大家关注和讨论的热点问题之一。当时存在三种意见：第一种意见主张设立一个与全国人大常委会地位相等的宪法委员会，它只对全国人大负责并报告工作；第二种意见主张设立一个地位低于全国人大常委会的宪法委员会，对全国人大常委会负责并报告工作；第三种意见主张设立跟全国人大平行的、与法国做法类似的宪法委员会。[39] 在《宪法解释程序法》的制度设计中，韩大元教授提出可以考虑两种方案：一种是设立具有专门委员会性质的“宪法委员会”，另一种是

38 习近平：《在首都各界纪念现行宪法公布施行三十周年大会上的讲话》，中共中央文献研究室编：《十八大以来重要文献选编》（上），中央文献出版社 2014 年版，第 87 页。

39 刘政：《人民代表大会制度的历史足迹》，中国民主法制出版社 2014 年版，第 254—255 页。

将现有的法律委员会调整为“宪法和法律委员会”。[40] 多数学者赞成设立宪法委员会。[41] 2018 年 3 月的宪法调整与《方案》采取了折中方案，将“法律委员会”更名为“宪法和法律委员会”，赋予其“推动宪法实施、开展宪法解释、推进合宪性审查、加强宪法监督、配合宪法宣传等”职责，从而把宪法和法律委员会作为实施宪法和监督宪法的专门机构，最终解决了学术界与实务界关于是否设立以及如何设立专门宪法监督机构的问题。

第二，我国宪法文本中，常常将“宪法和法律”并列使用，如《宪法》第五条关于“一切国家机关和武装力量、各政党和各社会团体、各企业事业组织都必须遵守宪法和法律。一切违反宪法和法律的行为，必须予以追究。任何组织或者个人都不得有超越宪法和法律的特权”的规定，第三十三条关于“任何公民享有宪法和法律规定的权利，同时必须履行宪法和法律规定的义务”的规定，第五十三条关于“中华人民共和国公民必须遵守宪法和法律”的规定，第八十九条关于国务院“根据宪法和法律，规定行政措施……”的规定等，都明确使用了“宪法和法律”这种并列用法。因此，用“宪

40 范进学:《论中国特色社会主义新时代下的宪法修改》,《学习与探索》2018 年第 3 期。

41 韩大元:《关于推进合宪性审查工作的几点思考》,《法律科学》2018 年第 2 期；胡锦光:《论推进合宪性审查工作的体系化》,《法律科学》2018 年第 2 期；林来梵:《合宪性审查的宪法政策论思考》,《法律科学》2018 年第 2 期。

法和法律”委员会取代“法律”委员会是符合宪法文本的语言规范的。

第三，将“法律委员会”更名为“宪法和法律委员会”，更合乎现行宪法的制度设计功能。全国人大及其常委会均肩负着“监督宪法的实施”的职能，然而，无论在全国人大之下还是全国人大常委会之下单独设计一个“宪法委员会”皆无法完美地将上述功能在全国人大及其常委会之间统合起来。如果在全国人大之下再设立一个与“法律委员会”并行的“宪法委员会”，具有一定的重复性；如果将宪法委员会单独设立在全国人大常委会之下，那么全国人大“监督宪法的实施”的职权也面临着落空的可能。只有将现有的“法律委员会”更名为“宪法和法律委员会”，才能兼顾全国人大与全国人大常委会监督宪法实施的功能，使二者有机地统一起来。

第四，将全国人大“法律委员会”更名为“宪法和法律委员会”，较好地解决了“宪法和法律委员会”与全国人大常委会之间的关系。如果在全国人大之下设立一个与全国人大常委会并列的“宪法委员会”或“宪法监督委员会”，二者之间的关系将难以调处与解决：一个是宪法规定的监督宪法实施与解释宪法的法定机关，一个是监督宪法与法律实施的具体机构，一旦宪法委员会认为全国人大常委会制定的法律或宪法解释草案违反宪法，这该如何解决？而“宪法和法律委员会”作为全国人大的一个委员会则完全不同，根据《宪法》第七十条关于“在全国人民代表大会闭会期间，各专门委员会受全国人民代表大会常务委员会的领导。各专门委员会在全国人民代表大会和全国人民代表大会常务委员会领导下，研究、审议和拟订有关议案”之规定，“宪法和法律委员会”在全国人大闭会期间受全国人大常委会的领导，这样就可以将“宪法和法律委员会”径直作为全国人大常委会解释宪法的具体工作机构，在全国人民代表大会和全国人民代表大会常务委员会领导下，研究、审议和拟订有关议案，担负起全国人大常委会“解释宪法”的工作。

第五，“宪法和法律委员会”取代“法律委员会”，改革的成本与代价最小。宪法制度的改革，必须考虑到改革所付出的成本，特别是政治成本。“宪法和法律委员会”取代“法律委员会”，是在充分尊重我国现有宪法制度前提下的改革，既符合我国宪法的政治制度，也合乎宪法制度的功能，没有任何改革的风险。[42]

基于上述理由，将《宪法》第七十条全国人大法律委员会更名为全国人大宪法和法律委员会是适宜的、妥当的。

2. 全国人大宪法和法律委员会的功能定位

《方案》明确指出：“全国人大宪法和法律委员会在继续承担统一审议法律草案工作的基础上，增加推动宪法实施、开展宪法解释、推进合宪性审查、加强宪法监督、配合宪法

---

42 范进学：《论中国特色社会主义新时代下的宪法修改》，《学习与探索》2018年第3期。

宣传等职责。”这实际上就是中央对改革后的全国人大宪法和法律委员会功能的重新定位。根据党中央关于全国人大宪法和法律委员会的机构设计，宪法和法律委员会作为协助全国人大和全国人大常委会监督宪法的实施的专门职能机构，其功能应该是协助全国人大及其常委会在宪法实施、宪法解释、合宪性审查、宪法监督与宪法宣传等方面开展工作。监督宪法的实施与解释宪法是我国现行宪法赋予全国人大及其常委会的职权，其他职权包括：全国人大可以“改变或者撤销全国人民代表大会常务委员会不适当的决定”；全国人大常委会可以“撤销国务院制定的同宪法、法律相抵触的行政法规、决定和命令”以及“撤销省、自治区、直辖市国家权力机关制定的同宪法、法律和行政法规相抵触的地方性法规和决议”，等等。这些宪法职权都需要全国人大及其常委会设置一个专门机构具体负责实施，倘若全国人大及其常委会缺乏这样一个机构，那么宪法赋予的职权将始终处于“虚置”状态，形同虚设。全国人大宪法和法律委员会的重构，使得宪法赋予全国人大及其常委会的上述职权的实现有了制度性载体与抓手，也由此决定了设置专门保障和监督宪法实施机构的重大意义与价值。归结起来，宪法和法律委员会具有以下五大基本功能。

（1）推动宪法实施

所谓宪法实施，是指宪法在国家现实生活中的贯彻落实，是使宪法规范的内容转化为具体社会关系中的人的行为。法律实施是宪法实施的重要环节；法律得到实施，便意味着通过法律得到具体化的宪法实质上也得到了实施。[43]“宪法的生命在于实施，宪法的权威也在于实施。”[44]实施意味着实现、施行，宪法实施则意味着宪法规范在现实生活中得以运行，产生法律上的实际效力。宪法文本是无言的、静止的，宪法的实施需要制度保障才能有效运行，发挥其应有的作用。我国宪法规定了宪法的实施主体与义务主体，即《宪法》序言最后一段所指出的：“全国各族人民、一切国家机关和武装力量、各政党和各社会团体、各企业事业组织，都必须以宪法为根本的活动准则，并且负有维护宪法尊严、保证宪法实施的职责。”《宪法》序言的表述表达了两种意义：一是宪法实施的主体；二是保证宪法实施的义务主体。首先，全国各族人民、一切国家机关和武装力量、各政党和各社会团体、各企业事业组织，只要在现实生活中以宪法为根本的活动准则，按照宪法规范的要求行为，宪法规定自然得到落实和实现，因此，宪法实施主体是上述各个主体。实施宪法是以上主体的共同宪法义务，因此，以上主体又被称为宪法实施的义务主体。从义务判断的完整性看，序言的表述只告诉人们谁是保证宪法实施的义务主体，而

---

43 《宪法学》编写组编：马克思主义理论研究和建设工程重点教材《宪法学》，高等教育出版社、人民出版社 2011 年版，第 296 页。

44 习近平：《在首都各界纪念现行宪法公布施行三十周年大会上的讲话》，中共中央文献研究室编：《十八大以来重要文献选编》（上），中央文献出版社 2014 年版，第 88 页。

非义务责任主体，因而《宪法》序言的规定可有可无，并不能使上述宪法义务主体成为宪法实施的力量。[45]全国人大及其常委会作为监督宪法实施的机关，由于自身缺乏专门负责监督宪法实施的机构而使监督活动一直处于停滞状态，无法真正监督各类宪法实施主体的具体实施行为。宪法将宪法和法律委员会确立为协助全国人大及其常委会负责监督宪法实施的专职机构，就能够经常性地监督宪法实施的各项活动，并就宪法实施中存在的问题进行专门调研，提出对策或方案，从而有效推动宪法实施。

（2）开展宪法解释

宪法解释是指有权解释机关在监督宪法的实施过程中对宪法条文的理解与说明。[46]在我国，宪法解释是由享有宪法解释权的全国人大常委会在宪法实施过程中，就宪法的规定需要进一步明确具体含义，或在出现新的情况时明确适用宪法依据的活动。我国现行宪法把解释宪法的职权授予了全国人大常委会，全国人大常委会应该就宪法实施中出现的问题作出必要的解释和说明，使宪法的规定得以有效落实。尤其是“在对违宪活动的审查过程中，往往由于对宪法条款的含义有不同理解，发生争执。为解决这种争执，就需要全国人大常委会作出

---

45 范进学：《中国宪法实施与宪法方法》，上海三联书店2014年版，第12页。

46 韩大元、张翔等：《宪法解释程序研究》，中国人民大学出版社2016年版，第4页。

宪法解释”。[47]改革开放四十多年来，中国社会处于一个大变革的时代，从计划经济到社会主义市场经济的形成，从人治到社会主义法治国家的建设，从毛泽东思想到习近平新时代中国特色社会主义思想的确立，宪法需要面对不断变化的新情况、新问题而与时俱进，社会变迁除了通过修改宪法来加以应对外，我们还应当更加注重对宪法的解释。修宪固然是必要的，但频繁修宪则直接影响宪法的稳定性，而宪法解释在保持宪法文字不变的前提下，保持了宪法文本的稳定，所以，“宪法解释可以在不变动宪法文本的情况下，使宪法适应社会现实的变迁，这就很好地协调了宪法的规范性价值与现实性价值，保证了二者是平衡和统一”。[48]作为改革开放产物的1982年宪法，迄今已作了五次修改，[49]平均七年左右修宪一次，我国宪法近四十年来仅仅通过修宪这种单一的方式来应对我国社会、政治、经济、文化等各种复杂关系所发生的急剧变革，然而具有宪法解释权的全国人大常委会却一直没有启动解释宪法的程序，未对宪法的内容作出任何解释，在改革开放四十多年的社会变迁过程中使宪法解释对于宪法规范与宪法价值的整

---

47 王汉斌:《王汉斌访谈录——亲历新时期社会主义民主法制建设》，中国民主法制出版社2012年版，第133页。

48 韩大元、张翔等:《宪法解释程序研究》，中国人民大学出版社2016年版，第7—8页。

49 1988年4月12日第七届全国人大第一次会议、1993年3月29日第八届全国人大第一次会议、1999年3月15日第九届全国人大第二次会议、2004年3月14日第十届全国人大第二次会议和2018年3月11日第十三届全国人大第一次会议分别对1982年宪法进行了部分修改。

合、修补、引导、规制作用缺失了，宪法解释在中国社会百年之大变革时期缺席，未能发挥其应有的功能，这不能不说是一种莫大的遗憾。这种缺席与遗憾也是因为全国人大及其常委会缺乏一个具体负责解释宪法的机构。宪法和法律委员会的确立，使全国人大常委会“解释宪法”的职权有了负责实施的平台与机制，为今后开展宪法解释活动提供了有力的制度保障。

（3）推进合宪性审查

“推进合宪性审查工作”[50]是党的十九大报告在中国特色社会主义新时代下首次提出的新要求。合宪性审查工作其实一直在进行，这就是我国的备案审查制。严格来说，1982 年宪法确立的宪法审查制度是一种合“法”性审查制度，或者说是一种融合法性审查与合宪性审查为一体的制度，其中的“法”既包括宪法，也包括法律。宪法中的审查制度作为一种原则性顶层设计，只是初步构建起了我国以最高国家立法机关为审查主体的合法性审查机制，这种审查制度需要通过法律及相关规范性文件加以具体化、程序化、可操作化。2000 年由全国人大制定通过的《立法法》、由全国人大常委会通过的《行政法规、地方性法规、自治条例和单行条例、经济特区法规备案审查工作程序》以及全国各省、自治区、直辖市制定的地方规范性文

50 中国共产党第十九次全国代表大会文件汇编编写组编：《中国共产党第十九次全国代表大会文件汇编》，人民出版社 2017 年版，第 31 页。

件备案审查规定或条例，[51]则具体规定了备案审查的主体、对象、时效、程序及后果等，从而构筑起规范性文件备案审查制度，这种备案审查制度遂成为中国特色的宪法审查制度或合宪性审查制度。然而，我国的备案审查制度是集合法性审查与合宪性审查于一体的审查制度，因为合宪审查是针对所要审查的对象是否违反宪法而进行的审查，也可称之为违宪审查；合法（律）审查则是对所要审查的对象是否违反法律或上位法而作的审查，也即违法审查。合宪审查意旨通过宪法的理解与解释，撤销并纠正违宪的规范性文件，以维护宪法的尊严与最高权威，保障宪法得到根本实施；合法审查则意旨通过理解与解释法律，撤销并纠正违法的规范性文件，以维护我国法制的统一与尊严。合宪审查机制通常是由专门的宪法监督机关实施，而合法审查则无须专门监督机构实施，一般立法机关与司法机关均可实施。我国《立法法》将合宪性审查与合法性审查不加区分地置于同一个条款之中，加之二者审查主体、审查程序等完全相同，从而导致了合宪审查与合法审查之混同。十九大报告特别提出“推进合宪性审查工作”的要求，意味着需要重点突出合宪性审查在全面依法治国进程中对于维护宪法权威的重要意义，加强合宪性审查工作的开展。目前对行政法规、地方性法规、司法解释的具体审查研究工作是由 2004 年 5 月全国

51　全国人大常委会法制工作委员会法规备案审查室编：《地方规范性文件备案审查法规汇编》，中国民主法制出版社 2012 年版。

人大常委会在法制工作委员会内设立的“法规备案审查室”负责。根据全国人大常委会法工委主任沈春耀的报告，截至2018年11月底，制定机关共向全国人大常委会报送备案现行有效行政法规、地方性法规、司法解释一万二千三百九十七件；法制工作委员会共收到公民、组织提出的审查建议有一千二百二十九件。[52]法制工作委员会对上述文件存在的与法律相抵触或者不适当问题积极稳妥地作了处理。然而，目前我国备案审查制度明显存在两大问题：一是法规备案审查工作室地位低（相当于司局级），规模小（八到十二人左右），不足以应对大量法律文件的备案审查；二是法工委对依申请进行的审查，均属于合法性审查，根本未触及合宪性审查。可以说，这种状况与弘扬宪法精神、履行宪法使命、树立宪法至上意识、培育宪法信仰、全面贯彻实施宪法的新时代下的新要求是不相适应的。因此，为落实十九大提出的“推进合宪性审查工作，维护宪法权威”这一要求，就必须设立推动合宪性审查工作的专门机构，宪法和法律委员会的设立恰逢其时，它应当担负起推动合宪性审查工作的历史使命。

（4）加强宪法监督

宪法监督从学理上可分为广义的宪法监督与狭义的宪法监督，广义的宪法监督是指国家为了监督宪法的实施而确立各

---

52 沈春耀在十三届全国人大常委会第三次会议上作的全国人大常委会法工委《关于2018年备案审查工作情况的报告》，中国人大网，http: //www.npc.gov.cn/npc/c12491/201812/afbfcb16af1d455b86dfbocb4175ba2a.shtml，2020年3月26日访问。

种外部措施制度的统称，既包括狭义上的宪法监督即“由特定国家机关按照法律程序对国家机关作出的宪法行为进行合宪性审查的制度”，[53]也包括“除宪法监督专门机关之外的其他国家机关、社会团体、政党组织和公民个人对宪法的监督和制约”。[54]从狭义上说，宪法监督与合宪性审查是不可分的，宪法监督是通过合宪性审查实现的，合宪性审查本身就是宪法监督的有机组成部分。然而，宪法监督不能等同于合宪性审查，合宪性审查只是针对法律、法规、规章和司法解释等规范性文件是否合乎宪法进行的审查，是宪法监督的主要形式，绝非唯一的形式。《宪法》序言规定：“全国各族人民、一切国家机关和武装力量、各政党和各社会团体、各企业事业组织，都必须以宪法为根本的活动准则，并且负有维护宪法尊严、保证宪法实施的职责”；《宪法》第五条明确要求：“一切国家机关和武装力量、各政党和各社会团体、各企业事业组织都必须遵守宪法和法律。一切违反宪法和法律的行为，必须予以追究。”可见，宪法监督的主体除了合宪性审查机关外，还包括全国各族人民、一切国家机关和武装力量、各政党和各社会团体、各企业事业组织，这意味着宪法监督的形式还涵盖人民监督、国家机关监督、政党监督、社会监督、舆论监督等形式；同时，也意味着以上主体也是被监督的对象，宪法应是其根本的活动准

---

53 《宪法学》编写组：马克思主义理论研究和建设工程重点教材《宪法学》，高等教育出版社、人民出版社 2011 年版，第 299 页。

54 李忠：《宪法监督论》，社会科学文献出版社 1999 年版，第 4 页。

则。另外，宪法修改确立的“国家工作人员就职时应当依照法律规定公开进行宪法宣誓”制度，也是监督国家机关工作人员实施宪法的一项重要形式。公职人员借助宪法宣誓，借助一种戏剧化、具象化、符号化的仪式把对宪法的情感、价值、信念表达出来，使宣誓人对宪法的神圣价值获得了内心的认同和良心上的绝对忠诚；以庄严、肃穆的仪式，烘托出宪法不可侵犯的神圣性，昭示宪法的至上权威，同时也使全体社会成员对他们已经宣誓的承诺与宪法履职行为进行广泛社会监督。上述宪法监督同样需要一个专门的宪法监督机构予以落实，尤其是需要让第五条所规定的“一切违反宪法和法律的行为，必须予以追究”的宪法规范得以落实。因此，宪法和法律委员会在加强宪法监督方面可以发挥更大的优势与作用。

（5）配合宪法宣传

宪法是国家的根本法，“我国宪法以国家根本法的形式，确立了中国特色社会主义道路、中国特色社会主义理论体系、中国特色社会主义制度的发展成果，反映了我国各族人民的共同意志和根本利益，成为历史新时期党和国家的中心工作、基本原则、重大方针、重要政策在国家法制上的最高体现”。[55] 尤其是 2018 年的宪法修改，把党的十九大确定的重大理论观点和重大方针政策，特别是习近平新时代中国特色社会主义思

55 习近平：《在首都各界纪念现行宪法公布施行三十周年大会上的讲话》，中共中央文献研究室编：《十八大以来重要文献选编》（上），中央文献出版社 2014 年版，第 86 页。

想载入国家根本法，为新时代坚持和发展中国特色社会主义提供了有力的宪法保障。[56]因此，要在全社会树立宪法至上理念、弘扬宪法精神、增强宪法意识、养成宪法信仰、培育宪法文化，就必须加强宪法宣传，诚如习近平总书记所要求的："我们要在全社会加强宪法宣传教育，提高全体人民特别是各级领导干部和国家机关工作人员的宪法意识和法制观念，弘扬社会主义法治精神，努力培育社会主义法治文化，让宪法家喻户晓，在全社会形成学法尊法守法用法的良好氛围。我们要通过不懈努力，在全社会牢固树立宪法和法律的权威，让广大人民群众充分相信法律、自觉运用法律，使广大人民群众认识到宪法不仅是全体公民必须遵循的行为规范，而且是保障公民权利的法律武器。我们要把宪法教育作为党员干部教育的重要内容，使各级领导干部和国家机关工作人员掌握宪法的基本知识，树立忠于宪法、遵守宪法、维护宪法的自觉意识。"[57]普法宣传的主要职责由新组建的司法部负责，[58]宪法和法律委员会作为推动宪法监督与实施的专职机构，通过宪法解释、合宪性审查、宪法监督等方面的工作，就能够凭借其具体的行动与作

---

56 张德江在第十三届全国人大第一次会议上作的《全国人大常委会工作报告》，《光明日报》2018 年 3 月 12 日第 2 版。

57 习近平：《在首都各界纪念现行宪法公布施行三十周年大会上的讲话》，中共中央文献研究室编：《十八大以来重要文献选编》（上），中央文献出版社 2014 年版，第 91 页。

58 《深化党和国家机构改革方案》第三十二项规定：重新组建的司法部的主要职责之一是"负责普法宣传"。国务委员王勇在第十三届全国人大第一次会议上所作的《关于国务院机构改革方案的说明》中重申了这一职责。

为更好地配合司法部等国家机关进行宪法宣传。宪法知识宣传固然重要，但通过宪法和法律委员会对宪法条文词语的解释，可以使人们更加深刻理解与领会宪法的原则与精神；通过宪法和法律委员会对违宪的一切规范性文件的合宪性审查与纠正，可以使人们更加尊崇宪法的神圣；通过宪法和法律委员会对一切违宪行为的追究，可以使人们更加敬畏宪法的权威与尊严。

3. 全国人大宪法和法律委员会的使命

全国人大宪法和法律委员会成立后，需要紧紧围绕上述五大基本功能，尽快开展以下工作：

（1）处理与全国人大常委会负责备案审查的相关工作机构在工作程序与制度衔接上的法律问题

按照《立法法》规定，无论是国务院、中央军事委员会、最高人民法院、最高人民检察院和各省、自治区、直辖市的人民代表大会常务委员会等五大机构提出审查要求的，还是上述机关以外的其他国家机关和社会团体、企业事业组织以及公民提出审查建议的，都由常务委员会工作机构即法工委下设的法规备案审查工作室负责，同时具体审查由全国人大各专门委员会、常委会法工委负责。根据《全国人民代表大会组织法》规定，各专门委员会审议全国人民代表大会常务委员会交付的被认为同宪法、法律相抵触的国务院的行政法规、决定和命令，国务院各部、各委员会的命令、指示和规章，省、自治区、直辖市的人民代表大会和它的常务委员会的地方性法规和决议，以及省、自治区、直辖市的人民政府的决定、命令和规章，提出报告；法律委员会统一审议向全国人民代表大会或者全国人民代表大会常务委员会提出的法律草案。然而，从《方案》赋予全国人大宪法和法律委员会的新职能与重要使命来看，上述规定显然需要作出修改与调整，宪法和法律委员会在工作机制、工作程序、职责分工等各方面需要与《立法法》《各级人民代表大会常务委员会监督法》《全国人民代表大会组织法》等法律规定相衔接与协调。这项工作应当是宪法和法律委员会目前所面临的迫切任务，具体而言，今后，无论是主动性备案审查还是依申请而进行的被动性合法性审查，凡是涉及规范性文件的合宪性问题的，一律由宪法和法律委员会负责审查，向全国人大或者全国人大常委会提出的法律草案的合宪性也由宪法和法律委员会负责统一审议。

（2）起草《合宪性审查程序法》

之所以重构宪法和法律委员会，其中一个重要的原因就是要推进合宪性审查工作。然而，要推动合宪性审查工作，必须首先起草和制定合宪性审查工作的程序法，凡事预则立，不预则废。目前我国合宪性审查工作的重中之重就是尽快着手起草《合宪性审查程序法》，将合宪性审查工作纳入法律程序之中，依法有序审查。由于目前我国已经形成由党委、人大、政府、军队各系统分工负责、相互衔接的规范性文件备案审查制度体系，即同时存在全国人大常委会对行政法规、地方性法规、司法解释的备案审查，国务院对地方性法规、部门规章、地方政府规章的备案审查，地方人大常委会对本级及下级地方政府规章以及下一级地方人大及其常委会的决议、决定和本级地方政府的决定、命令的备案审查，党中央和地方党委对党内法规和党内规范性文件的备案审查，以及中央军事委员会对军事规章和军事规范性文件的备案审查，[59]然而各种备案审查中均会涉及合宪性审查，这些合宪性审查在各自备案审查机制中的程序皆不相同，各自为政，其中存在一个共同的问题是除了全国人大常委会，其他备案审查机关都缺乏合宪性审查与宪法解释的权力。因此，必须将各种合宪性审查主体与程序统一起来，确立全国人大常委会作为唯一的合宪性审查机关，其他备案审查主体若遇到合宪性审查问题，必须通过移送制度，将需要合宪性审查的规范性文件移送至全国人大常委会，由常委会移交宪法和法律委员会进行具体审查。

（3）起草《宪法解释程序法》

作为合宪性审查的专门机构，在进行合宪性审查过程中，必然遇到对宪法条文的理解与解释，这时，只有通过宪法解释，才能作出合宪性的判断，对合乎宪法的规范性文件予以维护，对与宪法相抵触的规范性文件予以改变或撤销、废止。对宪法进行解释，同样需要程序规制。1982 年宪法虽然将“解释宪法”的职权授予全国人大常委会，但全国人大常委会如何解释宪法的程序一直未确立，解释程序的缺失也直接导致宪法

59 沈春耀在十二届全国人大常委会第三十一次会议上作的《关于十二届全国人大以来暨 2017 年备案审查工作情况的报告》,《全国人民代表大会常务委员会公报》2018 年第 1 期。

解释主体无法可依。建议全国人大宪法和法律委员会在起草《宪法解释程序法》时参考由韩大元教授带领《宪法解释程序法》课题组向国家有关部门提交的《宪法解释程序法（专家建议稿）》。[60] 该建议稿就《宪法解释程序法》的立法目的与遵循的基本原则、宪法解释主体与事由、宪法解释请求的提起与受理、宪法解释案的起草与审议、宪法解释的通过及效力等皆作出了明确规定。

（4）积极协助全国人大及其常委会开展工作

宪法和法律委员会只是全国人大设立的一个专门委员会，受全国人大领导；在全国人大闭会期间，它受全国人大常委员领导；它是在全国人大及其常委会的领导下，研究、审议和拟定有关议案，因此，宪法和法律委员会可以协助全国人大及其常委会开展的工作包括：① 审议宪法修正案草案。② 审议下列法律和其他决定是否与宪法相抵触：由全国人大审议的法律案；全国人大常委会通过的法律、决定，全国人大常委会批准的自治条例和单行条例，全国人大常委会、国务院、最高人民法院、最高人民检察院工作报告中与宪法实施相关的内容，由全国人大常委会审议的法律，国务院制定的行政法规、决定和命令；省、自治区、直辖市国家权力机关制定的地方性法规和决议，自治区的自治条例和单行条例，省、自治区、直辖市的

60　韩大元、张翔等：《宪法解释程序研究》，中国人民大学出版社 2016 年版，第 174—178 页。

人大常委会批准的自治条和单行条例。③ 就中央国家机关以及省、自治区、直辖市国家机关的重大违宪行为，向全国人大及其常委会提出报告。④ 处理国家机关及相互关系中存在的违宪争议。⑤ 对依申请提起的合宪性审查要求或建议中所涉及的规范性文件进行合宪性审查。⑥ 起草全国人大常委会宪法解释的草案。⑦ 全国人大及其常委会行使职权中其他涉及宪法的工作。

三、建立党内法规备案审查与国家法规备案审查衔接联动机制

（一）为何建立党内法规备案审查与国家法规备案审查衔接联动机制？

由于同时存在党内法规备案审查与国家法规备案审查双重机制，在主动性备案审查的情形下，只要遵循“党内法规归党审查、国家法规归国家审查”的原则就基本能够保证党规与国法的合宪性，问题可能发生于被动性审查这一环节上。换言之，在党内法规和规范性文件的具体实施过程中，倘若国家机关、社会团体或公民个人认为党内法规或规范性文件与宪法不一致而提出合宪性审查要求或建议时，应当向哪个机构提起申请？无非向党内法规审查机构或国家层面审查机构提起，问题在于，无论向哪个机构单独提起合宪性审查，这些机构都难以独自从事合宪性审查活动。

我们首先来分析全国人大常委会或全国人大宪法和法律委员会能否独立进行合宪性审查的问题。国家层面的合宪性审查机构对党内法规和规范性文件的被动审查是没有法律依据的，其审查缺乏合法性。我国现行宪法虽然确立了“党在宪法和法律范围内活动”的基本原则，但宪法文本中未明确规定将党的规范性文件纳入合宪性审查范围之中，《宪法》第五条第三款只明确规定：“一切法律、行政法规和地方性法规都不得同宪法相抵触”，而对“各政党”的宪法要求是“必须遵守宪法和法律”；《立法法》第八十七条也明确规定：“宪法具有最高的法律效力，一切法律、行政法规、地方性法规、自治条例和单行条例、规章都不得同宪法相抵触”，也未将“党内法规和规范性文件”纳入其中。特别是《立法法》关于备案审查的规定，都是针对法律、行政法规、地方性法规、自治条例和单行条例、规章的，其中第九十九条关于依申请提起的被动性合宪性审查的对象更是局限于行政法规、地方性法规、自治条例和单行条例，[61] 既没有针对法律和规章，更未针对党内法规和

61 《立法法》第九十九条规定：国务院、中央军事委员会、最高人民法院、最高人民检察院和各省、自治区、直辖市的人民代表大会常务委员会认为行政法规、地方性法规、自治条例和单行条例同宪法或者法律相抵触的，可以向全国人民代表大会常务委员会书面提出进行审查的要求，由常务委员会工作机构分送有关的专门委员会进行审查、提出意见。前款规定以外的其他国家机关和社会团体、企业事业组织以及公民认为行政法规、地方性法规、自治条例和单行条例同宪法或者法律相抵触的，可以向全国人民代表大会常务委员会书面提出进行审查的建议，由常务委员会工作机构进行研究，必要时，送有关的专门委员会进行审查、提出意见。

规范性文件。2006 年十届全国人大常委会通过的《各级人民代表大会常务委员会监督法》(以下简称《监督法》) 关于规范性文件备案审查的规定，则排除了法律的审查，更不必说对党内法规和规范性文件的审查。[62]《监督法》第三十二条关于依申请提起合法性审查的对象仅限于最高法院的审判解释与最高检察院的检察解释。[63] 因此，由国家层面的合宪性审查机构审查党内法规和规范性文件是缺乏合法依据的。

为什么国家层面的立法针对党的规范性文件的合宪性审查均未作明确规定？其中的原因不好揣测，但这确实是一个高度敏感的政治问题，事关党的领导这一重大政治原则。例如，《监督法》自六届全国人大常委会就开始起草，但是在 2007 年由十届全国人大常委会通过的，为什么前后长达二十多年？其中一个难点就是如何处理对党内文件的宪法监督。譬如

---

62 《各级人民代表大会常务委员会监督法》第二十八条规定："行政法规、地方性法规、自治条例和单行条例、规章的备案、审查和撤销，依照立法法的有关规定办理。"

63 《各级人民代表大会常务委员会监督法》第三十二条规定：国务院、中央军事委员会和省、自治区、直辖市的人民代表大会常务委员会认为最高人民法院、最高人民检察院作出的具体应用法律的解释同法律规定相抵触的，最高人民法院、最高人民检察院之间认为对方作出的具体应用法律的解释同法律规定相抵触的，可以向全国人民代表大会常务委员会书面提出进行审查的要求，由常务委员会工作机构送有关专门委员会进行审查、提出意见。前款规定以外的其他国家机关和社会团体、企业事业组织以及公民认为最高人民法院、最高人民检察院作出的具体应用法律的解释同法律规定相抵触的，可以向全国人民代表大会常务委员会书面提出进行审查的建议，由常务委员会工作机构进行研究，必要时，送有关专门委员会进行审查、提出意见。

1990 年七届全国人大常委会在起草《监督法》时就遇到这个问题，即在监督宪法的实施时，如果有人向人大提出党中央的文件有同宪法不一致的地方，人大要不要管？当时，多数人认为，监督宪法实施的主要任务之一是审查规范性文件，这包括主动审查和有控告才进行审查的被动审查两类；《监督法》修改稿第十六条规定被动审查的规范性文件中包括“各政党、各社会团体中央机关制定的规范性文件”，这其中自然包括党中央的文件。这样规定，就是说如果有人控告党中央的文件有同宪法不一致的地方，人大应当管。尽管有的同志提出，这样规定难以执行，但多数同志认为，《宪法》序言和《宪法》第五条都规定：一切国家机关和武装力量、各政党和各社会团体、各企业事业组织都必须遵守宪法和法律。一切违反宪法和法律的行为，必须予以追究。《党章》也规定，党必须在宪法和法律范围内活动。因此，作上述规定是合乎《宪法》和《党章》的，不好不作规定。[64] 然而，当全国人大常委会党组会讨论《监督法》的起草问题时，因为考虑到政治条件与时机还不成熟，就暂时停止了起草工作，时任委员长万里在听了大家的意见后表态说：《监督法》不搞了，也不再起草了，拖一两年再说，特别是当前接受不了。[65] 即使 2007 年由十届全国人大常委会通过的《监督法》也没有触及监督党的文件这一敏感的政

64 刘政：《人民代表大会制度的历史足迹》，中国民主法制出版社 2014 年版，第 180 页。

65 刘政：《人民代表大会制度的历史足迹》，中国民主法制出版社 2014 年版，第 183 页。

治原则问题。这说明，党与国家领导人关于全国人大常委会是否监督党的文件的合宪性问题是非常审慎的，迄今也没有一个统一的意见。鉴于这种情况，如果轻易地确定国家层面的合宪性审查机构负责审查党的规范性文件的合宪性问题，则可能引发棘手的政治问题。所以，目前情况下采取“党内法规归党管、国家法规归国家管”的双重审查机制是最稳妥的路径。

另外，有学者指出：“中国宪法明确指出，中国共产党是中国的领导核心，党领导全国政治生活和经济发展，领导立法、执法和司法活动。就立法机关而言，中共中央通过派出党组实施对全国人大的领导。因此，如果由人大来审查居于领导地位的党组织制定的党内法规和规范性文件，就会出现逻辑关系颠倒、权力位阶不清的问题，进而也难以付诸实践。第二，党内法规和规范性文件与国家宪法法律之间是互相促进的关系。党必须在宪法和法律范围内活动，但党的方针政策亦有引领推动宪法法律向前发展的功能。在现实中，国家重大法律基本上都由党中央向全国人大提出立法或修法建议，全国人大在立法中遇到重大问题也要向党中央请示汇报。因此，党内法规和规范性文件更具有先导性。从这一点看，人大审查党内法规和规范性文件难以超越中央意图。”[66]

其次，我们来分析党内备案审查机构能否独立进行合宪

66 马立新：《党内法规与国家法规规章备案审查衔接联动机制探讨》，《学习与探索》2014 年第 12 期。

性审查的问题。党内备案审查机构如单独依申请提起的要求或建议对党的规范性文件进行审查，也面临着难以克服的困境。党内法规和规范性文件的性质是规范党的组织和党员行为的，其效力仅达党内领域，《中国共产党党内法规制定条例》第二条规定："党内法规是党的中央组织以及中央纪律检查委员会、中央各部门和省、自治区、直辖市党委制定的规范党组织的工作、活动和党员行为的党内规章制度的总称。"因此，党内法规和规范性文件的效力溢出党内而扩至党外，一般不具有法律上的拘束力；然而，有些党的文件一旦上升为国家意志或具有国家意志的性质，并公之于众，加以实施，则对党外的国家机关、企事业组织和公民个人同样具有法的约束力。2013 年 12 月 30 日成立的中央深化改革领导小组，截至 2017 年 8 月总共召开三十八次会议，通过了两百多项党的规范性文件，它们成为具有法律效力的、指导国家全面深化改革的文件。再例如，以中共中央与国务院的名义发布的规范性文件，既是党的文件，也是具有国家意志的文件，具有法律上的约束力。这种在社会生活中实施的具有法律效力的党内规范性文件，与国家意义上的法律法规文件一样，会对社会成员的生活产生实质的影响，如果国家机关或社会团体、公民个人针对党内文件的合宪性提出审查要求或建议，党内法规审查机构就不能单独进行审查，主要原因有二：一是由党内法规审查机构进行合宪性审查同样缺乏合法性依据，即没有任何一部法律规定党内法规备案审查机关有权审查依申请提起的合宪性审查要求或建议,《宪法》、《立法法》或《监督法》等均无此规定；二是党内法规备案审查机关不享有宪法解释职权。宪法解释权仅属于全国人大常委会享有，这种权力具有排他性，除了全国人大常委会，其他任何国家机关皆不得享有解释宪法的职权。由于在合宪性审查过程中，必然需要对宪法的条款规范作出理解与解释，因此，由党内法规备案审查机关进行合宪性审查显然缺乏主体资格要件。所以，党内法规审查机构也不能单独进行合宪性审查。

国家意义的合宪性审查机关基于政治问题而不能对党内规范性文件进行合宪性审查，党内法规备案审查机关则由于缺乏宪法解释的宪定职权而无权进行合宪性审查，然而现实中的确可能出现依申请提起的合宪性审查要求或建议，如何对此类情况进行合宪性审查，就成为我国推进合宪性工作的一大难题。其中的关键问题就在于，目前我国合宪性审查制度中缺乏一种能够将党与国家两种合宪性审查机制勾连起来的衔接联动机制，所以，如何构建党内法规备案审查与国家法规备案审查的衔接联动机制成为破解这一难题之关键。

应当说，党的最高决策层已经注意到了党和国家的合宪性审查之间缺乏衔接联动机制的问题，因而于 2013 年 5 月中央批准公布的《中国共产党党内法规和规范性文件备案规定》第十四条就作出了明文规定，要求“建立党内法规和规范性文件备案审查与国家法规、规章和规范性文件备案审查衔接联动机制”。2015 年中央办公厅下发了《关于建立法规、规章和规范性文件备案审查衔接联动机制的意见》；2016年中央批准发布的《关于加强党领导立法工作的意见》再次明确强调："一切违反宪法法律的法规规章和规范性文件都必须予以纠正，推动建立健全法规规章和规范性文件备案审查衔接联动机制。"2016年3月张德江委员长在全国人大会议上作常委会工作报告时指出："常委会工作机构与有关方面共同建立法规、规章和规范性文件备案审查衔接联动机制。"[67] 2016年9月,十二届全国人大常委会副委员长李建国在长春市召开的第二十二次全国地方立法研讨会上也指出："要主动加强与党委、政府各备案审查工作机构的协作配合，抓紧建立备案审查衔接联动机制，把所有规范性文件纳入备案审查范围，实现备案审查全覆盖。"[68] 2019年新修订的《中国共产党党内法规和规范性文件备案审查规定》第四条第三款明确要求"各级党委应当与同级人大常委会、政府等有关方面建立健全备案审查衔接联动机制"。可见，当下建构党内法规备案审查与国家法规备案审查衔接联动机制是解决二者相互脱钩问题所必需的制度机制。

（二）构建混合型的合宪性审查机构

如何构建党内法规备案审查与国家法规备案审查衔接联

---

67 张德江:《健全规范性文件备案审查制度》，中国青年网，http: //news.youth.cn/gn/201603/t20160309_7724373.htm，2020年3月26日访问。

68 李建国:《努力将地方立法工作提高到一个新水平》，人大新闻网，http: //npc.people.com.cn/n1/2016/0914/c14576-28716437.html，2020年3月26日访问。

动机制？当下的制度设计是建立党委、人大、政府系统备案工作机构共同参与的备案审查衔接联动机制，在组织形式上，备案审查衔接联动机制主要体现为党委、人大、政府系统备案工作机构之间建立工作联系，形成沟通协调机制。比如，各参与主体收到属于其他备案机关处理的事项，应当移交相关备案机关处理；定期或者不定期召开备案工作联席会议，通报备案工作情况，共同研究解决备案工作中存在的问题等。[69] 据此，张晓燕进一步指出：在中央层面，参与备案审查衔接联动机制的主体主要是中共中央办公厅法规局（以下简称“中办法规局”）、全国人大常委会办公厅秘书局和全国人大常委会法工委法规备案审查室、国务院法制办政府法制协调司；在部门和地方层面，参与主体主要是党委、人大、政府系统负责备案审查的工作机构。[70] 马立新提出，通过联席会议制度对党内法规和规范性文件进行合法、合宪性审查，在两套备案审查体系之间架起沟通桥梁。[71] 而秦前红、苏绍龙则独辟蹊径，建议考虑整合提升中办法规局的备案审查机构和人员，同时考虑与全国人大及其常委会的政治地位相对应，在中共中央设立相对独立的法治监督委员会，为备案审查衔

69 张晓燕：《党的建设制度改革顶层设计研究》，《理论月刊》2014 年第 1 期。

70 张晓燕：《党的建设制度改革顶层设计研究》，《理论月刊》2014 年第 1 期。

71 马立新：《党内法规与国家法规规章备案审查衔接联动机制探讨》，《学习与探索》2014 年第 12 期。

接联动机制的优化升级奠定组织基础。[72]

首先，关于在中共中央设立相对独立的法治监督委员会为备案审查衔接联动机制的组织基础的建议，是出于加强和改善党中央对国家立法、宪法监督等工作的领导之目的，充分考虑到了要整合提升中办法规局的备案审查机构和人员以及与全国人大及其常委会的政治地位相对应的现实，因而这个建议具有合理性与政治优势。然而，这一建议其实仍未解决衔接联动机制的问题，因为“法治监督委员会”依旧是属于党中央的工作机构，党内已经存在合宪性审查制度，中办法规局就是党内合宪性审查的具体工作机构，如果中央法治监督委员会这一新型机构只是出于“整合提升中办法规局”政治地位的考量，则意义不大，因为它无非是用一个党内机构取代另外一个党内机构罢了，即使设立了中央法治监督委员会，也只不过是中办法规局的升级版，并没有为党内合宪性审查与国家合宪性审查之间的具体衔接联动机制找出任何方案，故该机构设立与否，对

72 “中央法治监督委员会主要职责可以作如下设计：对有关国家机关党组报送党中央的重大法律、决定等规范性法律文件草案进行初审，经初审通过的草案报中央审核后，再按法定程序提请有关国家机关决定；对向中央报备的党内法规和规范性文件是否与党章和党的路线方针相抵触，是否同上位党内法规和规范性文件相抵触等党内事项进行备案审查；与全国人大宪法委员会衔接联动，对党内法规和规范性文件是否符合宪法和法律进行审查；经审查认为与党章和党的路线方针等不一致的，以及经与全国人大宪法委员会联动审查认为与宪法和法律不一致的党内法规和规范性文件，应当按程序提出修改意见、退回要求纠正或者予以撤销。”参见秦前红、苏绍龙：《党内法规与国家法律衔接和协调的基准与路径——兼论备案审查衔接联动机制》，《法律科学》2016 年第 5 期。

于衔接联动机制的建立，没有多大的建设性意义。

其次，关于党委、人大、政府系统备案工作机构之间建立工作沟通协调机制联席会议制度，该联席会议制度的组成成员除包括党和国家两套备案系统的相关部门代表外，还要吸收党务、法律及其他综合部门参加，部门派出的成员最好固定，也可以根据需要调整；联席会议制度除固定成员外，根据审查内容的需要还可以临时吸收相关部门和专业人员参加，使之具有广泛的代表性。尽管这种联席会议制度兼顾党和国家两套备案审查系统以及其他部门的成员，具有广泛的代表性与最大限度的民主参与性，但它只能算是一个意见咨询与建议组织，其意见或建议需具体法定的审查机构来判断是否采纳，至于能否被采纳，我们不得而知。说到底，这种制度只是在不同机构之间起到一种沟通与桥梁作用，在该联席会议上，当党或国家层面的审查机构意见不一致时，不能轻易按照民主集中制的原则解决，因为毕竟是党的机关与国家机关之间在理解宪法或规范性文件时所发生的意见分歧，不能一概适用“多数决”的民主原则。如果出现意见或看法不一致的情况，即使联席会议提出了某种建议，那么意见不统一的有关机构也不太可能参照执行。同时，该制度还存在着“单向沟通多，多方互动少；临时性沟通协调多，例行性会议交流少；随意性有余，稳定性不足”[73]等

73 秦前红、苏绍龙：《党内法规与国家法律衔接和协调的基准与路径——兼论备案审查衔接联动机制》，《法律科学》2016 年第 5 期。

问题。因此，联席会议制度作为一种沟通交流、表达各自意见的平台具有一定的中介作用，但作为制度化的党与国家的合宪性审查工作的衔接机制是远远不够的，需要进一步实现机构的融合。它目前的工作沟通协调机制只是解决了三者之间某种工作联系，但关于三者如何直接沟通、如何协商，并没有明确的程序设置。例如，三者之中谁主动联系？如何联系？若沟通、协商无法达成，将以哪一方的意见为准？是以党委的意见还是以多数意见为主？如何贯彻落实“党领导一切”的政治原则？这些程序付之阙如，该机制或许无法有效运行，更难以长期发挥其应有的作用。

因此，关于衔接联动机制，学者们提出的上述观点虽然都具有极大的合理性与启迪意义，但总体上不能真正起到衔接联动的功能。那么如何才能构建起党内法规备案审查与国家法规备案审查衔接联动机制呢？笔者基于党的十九大报告以及2018年3月第十三届全国人大第一次会议通过的宪法修正案与党的十九届三中全会通过的《中共中央关于深化党和国家机构改革的决定》《深化党和国家机构改革方案》，依据其原则与精神，认为应当构建一种统一的合宪性审查机构，专门负责对党内法规或规范性文件的被动审查工作，以便真正架构起党内合宪性审查与国家合宪性审查衔接联动机制的中介与桥梁。

2017年10月，党的十九大报告明确把“中国特色社会主义最本质的特征是中国共产党领导”作为习近平新时代中国特色社会主义思想的核心内容，提出“坚持党对一切工作的领导”的原则，认为党是中国最高的政治领导力量，党的领导是中国特色社会主义制度的最大优势，党政军民学，东西南北中，党是领导一切的，必须确保党发挥总揽全局、协调各方的领导核心作用，为此，十九大提出：“在省市县对职能相近的党政机关探索合并设立或合署办公”的新政改要求；在国家监察体制改革的过程中，将新设立的监察委员会与党的纪律检查委员会合署办公。党的十九大报告提出的上述主张和政策为党的全面领导与未来构建“党政一体”的新政体制提供了正当性依据。2018 年宪法修正案就明确把“中国共产党领导是中国特色社会主义最本质的特征”载入《宪法》第一条，并在宪法条款中专门增设“监察委员会”一节，把党的主张写入宪法，把党的领导从《宪法》序言扩展到总纲部分，成为宪法规范，并把它确定为中国特色社会主义最本质的特征，同时依据《宪法》《监察法》组建了党政合署办公的一体化监察委员会作为党和国家反腐败工作机构，从而为党的全面领导与未来构建“党政一体”的新政体制提供了宪法基础性依据。十九届三中全会通过的《中共中央关于深化党和国家机构改革的决定》提出“把加强党对一切工作的领导贯穿改革各方面和全过程，完善保证党的全面领导的制度安排”。[74] 中共中央关于《深化党和国家机构改革方案》中则明确提出：“深化党中央机构改革，要着眼于健全加强党的全面领导的制度，优化党的组织机构，

74 《深化党和国家机构改革的决定》，《光明日报》2018 年 3 月 5 日。

更好发挥党的职能部门作用，推进职责相近的党政机关合并设立或合署办公，确保党的领导全覆盖。”[75] 上述关于党和国家机构改革的决定与方案所传达的信息就是党的全面领导下的党政机构职能一体的融合改革趋势。基于这种“党政一体”融合的新政改革思路，中央组建了国家监察委员会、中央全面依法治国委员会、中央审计委员会、中央教育工作委员会、中央和国家机关工作委员会中央组织部统一管理公务员工作，中宣部统一管理新闻出版工作和电影工作，中央统战部统一领导国家民族事务委员会并统一管理宗教、侨务工作等。这种党政一体的新政改革，确保了党的全面领导在国家制度层面的充分实现，为党长期执政奠定了坚实的制度基础。

我国的合宪性审查机构，既存在党内法规的合宪性审查机构，又存在国家意义上的合宪性审查机构，然而，无论是党内还是国家的合宪性审查机构，都是针对规范性文件的审查，党的规范性文件与国家的规范性文件虽然制定机关不同，即一个是党的机关，一个是国家立法机关，然而其合宪性审查的标准上是一致的，即是否与宪法相一致是审查党和国家的规范性文件的共同标准，宪法是审查机构的唯一依据。《中共中央关于全面推进依法治国若干重大问题的决定》明确要求：“加强备案审查制度和能力建设，把所有规范性文件纳入备案审查范围，依法撤销和纠正违宪违法的规范性文件，禁止地方制发带

75 《深化党和国家机构改革方案》,《光明日报》2018 年 3 月 22 日。

有立法性质的文件。”既然合宪性审查标准是一致的，加上都是针对规范性文件的合宪性审查，那么，党内法规和规范性文件的审查机构与国家层面的合宪性审查机构属于“职能相近”的两个机构，完全可以按照十九大关于“职责相近的党政机关合并设立或合署办公”的战略部署与中共中央《深化党和国家机构改革方案》的基本要求，将党内合宪性审查机构与全国人大及其常委会的合宪性审查机构合并或合署办公，组建混合型合宪性审查机构，主要针对党内法规和规范性文件被动性合宪审查的问题进行审查；同时可以针对党内合宪性审查机构认为可能与宪法不一致的规范性文件进行审查。

新设立的这种混合型合宪性审查机构，由全国人大宪法和法律委员会、全国人大常委会法制工作委员会、中共中央办公厅法规局部分人员共同组成，办公机构可设在中共中央办公厅或全国人大宪法和法律委员会内部。全国人大宪法和法律委员会的成员属于全国人大常委会委员，而按照现行《宪法》第六十五条第四款关于“全国人民代表大会常务委员会的组成人员不得担任国家行政机关、监察机关、审判机关和检察机关的职务”之规定，全国人大常委会委员可以担任党的机构的职务，因此，混合型合宪性审查机构的负责人应当由党的合宪性审查机构的负责人担任，以制度形态体现党的领导在合宪性审查工作领域的实现。

混合型合宪性审查机构的审查意见须经中共中央办公厅或全国人大常委会党组报中央审议。涉及党内法规或规范性文件的合宪性审查，属于重大政治方面的问题，依据1991年党中央《关于加强对国家立法工作领导的若干意见》的原则与精神，举凡重大政治问题的立法问题都须经过党中央政治局（或党委）与中央全会的审议；同时，依据《关于新形势下党内政治生活的若干准则》规定，全国人大常委会研究涉及全局的重大事项或作出重大决定，其党组要及时向党中央请示报告。因此，党内法规和规范性文件的合宪性审查意见报请党中央审议是必经的法定程序。党内法规和规范性文件均是党中央的政策、主张，一经被提出合宪性审查的要求或建议，党中央必须重新审查政策规范性文件的合法性，并经中央最高领导层原则同意，因此，党内法规的合宪性审查经中共中央办公厅或全国人大常委会党组报请党中央政治局或中央常委审议的环节，是加强党对合宪性审查领导的重要环节。若党中央经过审议，其确属与宪法不一致，则由制定机关自行予以修改或废止，审查结束。党的政策、方针等规范性文件的审查问题，只能由党通过自我修正完成，而不能由全国人大常委会予以撤销，这是由中国特色社会主义民主政治制度所决定的。

四、明确我国合宪性审查的对象与范围

（一）宪法规定的“不适当”的宪法解释与合宪性审查对象的扩展

我国现行《宪法》第六十二条第十二款规定：全国人大

有权“改变或者撤销全国人民代表大会常务委员会不适当的决定”；《宪法》第八十九条第十三款和第十四款规定：国务院有权改变或撤销各部委发布的不适当的命令、指示和规章，改变或撤销地方各级国家行政机关的不适当的决定和命令等；《立法法》第八十八条在规定违宪审查时均使用了“同宪法和法律相抵触”的标准，而全国人大对其常委会的审查，国务院对规章的审查，省级人大对其常委会制定的地方性规章的审查，地方人大常委会对本级人民政府制定的规章审查，省、自治区的人民政府对下级人民政府制定的规章的审查，皆使用了“不适当”的标准。《各级人民代表大会常务委员会监督法》第二十七条规定县级以上地方各级人民代表大会常务委员会审查、撤销下一级人民代表大会及其常务委员会的决议、决定和本级人民政府发布的决定、命令程序时，同样使用的是“不适当”的标准。换言之，只要不属于违宪审查的范畴，其他主体的法律审查使用的标准都是“不适当”。笔者的问题是：何谓“不适当”？“不适当”能否包括“与宪法相抵触”的情形？

《应用汉语词典》对“适当”的解释是：适当就是“合适”“恰当”。[76]“不适当”之汉语字意就是不合适，不恰当。那么，“不适当”在宪法文本中的含义是什么？

2000年《立法法》第八十七条针对有关机关依照其权限予以改变或者撤销法律、行政法规、地方性法规、自治条例和

76 商务印书馆辞书研究中心编：《应用汉语词典》，商务印书馆2000年版，第1152页。

单行条例、规章的“不适当”的情形是：（1）超越权限的；（2）下位法违反上位法规定的；（3）规章之间对同一事项的规定不一致，经裁决应当改变或者撤销一方的规定的；（4）规章的规定被认为不适当，应当予以改变或者撤销的；（5）违背法定程序的。[77]

2001年国务院公布的《法规规章备案条例》第十条针对国务院法制机构审查报送国务院备案的法规、规章是否适当的情况，这些情况是：（1）超越权限的；（2）下位法违反上位法规定的；（3）地方性法规与部门规章之间或者不同规章之间对同一事项的规定不一致，是否应当改变或者撤销一方的或者双方的规定；（4）规章的规定是否适当；（5）是否违背法定程序。

2006年《各级人民代表大会常务委员会监督法》第三十条规定县级以上地方各级人民代表大会常务委员会对下一级人民代表大会及其常务委员会作出的决议、决定和本级人民政府发布的决定、命令进行审查而认为有“不适当”的情形有三：（1）超越法定权限，限制或者剥夺公民、法人和其他组织的合法权利，或者增加公民、法人和其他组织的义务的；（2）同法律、法规规定相抵触的；（3）有其他不适当的情形，应当予以撤销的。

77 2015年3月15日第十二届全国人民代表大会第三次会议修改通过的《立法法》第九十六条与之相同。

2007年《最高人民法院关于司法解释工作的规定》第二十条规定，研究室审核司法解释送审稿时主要就以下八种情况进行审核：（1）是否符合宪法、法律规定；（2）是否超出司法解释权限；（3）是否与相关司法解释重复、冲突；（4）是否按照规定程序进行；（5）提交的材料是否符合要求；（6）是否充分、客观反映有关方面的主要意见；（7）主要争议问题与解决方案是否明确；（8）其他应当审核的内容。这八种情形也可以说是对是否适当情况的概括。因为司法解释只要符合上述情况之一，就被认为是不适当的，从而需要加以修改。

从以上法律、行政法规和司法解释对“不适当”或者是否“适当”的情形规定看，它们无论怎样概括与归纳，都包含是否与宪法或者法律相符合、相抵触、相违反的情形。《立法法》规定的是“下位法违反上位法规定的”，《法规规章备案条例》规定的是“下位法违反上位法规定的”，《各级人民代表大会常务委员会监督法》规定的是“同法律、法规规定相抵触的”，《最高人民法院关于司法解释工作的规定》规定的是“是否符合宪法、法律规定”。

从《立法法》规定的“下位法违反上位法规定的”不适当的情形中，可以推导出“法律违反宪法规定的”情形，也就是说，按照该法第八十八条第一款关于“全国人民代表大会有权改变或者撤销它的常务委员会制定的不适当的法律”之情形，当全国人大常委会制定的法律有“下位法违反上位法规定的”，即法律违反宪法规定的“不适当”的情形出现时，就当然应当按照第八十七条“由有关机关依照本法第八十八条规定的权限予以改变或者撤销”之规定，予以改变或撤销。由于《立法法》是全国人大根据宪法制定的规范立法活动的基本法律，从而可看作对《宪法》第六十二条第十二款关于全国人大有权“改变或者撤销全国人民代表大会常务委员会不适当的决定”的规定的宪法解释，因此《立法法》对《宪法》中的“不适当”的解释已然包含着“法律违反宪法规定的”情形。

《法规规章备案条例》规定的是“下位法违反上位法规定的”情形，《各级人民代表大会常务委员会监督法》规定的是“同法律、法规规定相抵触的”情形，都属于“不适当”的情形，尽管这两部法所指的“不适当”的情形不是针对法律的审查，但对“不适当”含义的概括与阐释却蕴涵着一个共同的元素，即“下位法违反上位法规定的”情形。而《最高人民法院关于司法解释工作的规定》则直接将“不符合宪法、法律规定”列为“不适当”的情形之中。

综上分析，笔者得出的结论是，宪法中的“不适当”含义应当包括“违反宪法”或者“与宪法相抵触”的情形。由此可推知，《宪法》第六十二条对全国人大有权“改变或者撤销全国人民代表大会常务委员会不适当的决定”之规定，可解释为全国人大有权改变或撤销其常委会“违反宪法”或“与宪法相抵触”的法律。其意义在于从制度上把全国人大常委会制定的非基本法律或普通法律纳入违宪审查的范围之中，从而扩大了违宪审查的对象。

（二）合宪性审查对象与范围的全覆盖

由于在我国同时存在着党内法规和规范性文件审查机制与国家意义上的合宪性审查机制，在下文中笔者将针对党内与国家意义上的合宪性审查的对象与范围分别予以阐明，笔者的重点是想解释后一种合宪性审查的范围问题。

在党内合宪性审查制度层面，按照《党内法规制定条例》《党内法规和规范性文件备案规定》，合宪性审查的对象主要是党的中央组织以及中央纪律检查委员会、中央各部门和省、自治区、直辖市党委制定的规范党组织的工作、活动和党员行为的党内规章即党内法规。至于省级党委以下的规范性文件，《党内法规和规范性文件备案规定》第十五条规定："省、自治区、直辖市党委应当依照本规定精神建立相应的备案制度，按照下备一级原则开展备案工作"，换言之，省级党委以下的规范性文件应当由省级党委的审查机构进行审查。

国家意义上的合宪性审查机构是由全国人大及其常委会负责实施的，具体由全国人大宪法和法律委员会负责实施与落实。根据《宪法》、《立法法》以及相关文件之规定，法律、行政法规、地方性法规、自治条例和单行条例、规章都不得同宪法相抵触，是否与宪法相抵触，须由合宪性审查机构按照法定程序进行合宪性审查，因此，从全国宪法和法律规定来看，目前已经做到了十八届四中全会提出的“把所有规范性文件纳入备案审查范围，依法撤销和纠正违宪违法的规范性文件”这一法治要求。

《宪法》序言庄严宣布宪法“是国家的根本法，具有最高的法律效力”；第五条则明确规定：“一切法律、行政法规和地方性法规都不得同宪法相抵触。”

《立法法》第八十七条同样明确规定：“宪法具有最高的法律效力，一切法律、行政法规、地方性法规、自治条例和单行条例、规章都不得同宪法相抵触。”

全国人大常委会通过的《法规、司法解释备案审查工作办法》规定：国家机关依照法律规定向全国人大常委会书面提出的对法规、司法解释的审查要求，由常委会办公厅报秘书长批转有关的专门委员会会同法制工作委员会进行审查。国家机关和社会团体、企业事业组织以及公民依照法律规定向全国人大常委会书面提出的对法规、司法解释的审查建议，由法制工作委员会依法进行审查研究。需要审查的，送有关的专门委员会对法规进行审查。

全国人大常委会通过的《司法解释备案审查工作程序》规定，针对最高人民法院、最高人民检察院制定的司法解释，国务院等国家机关和社会团体、企业事业组织以及公民认为司法解释同宪法或者法律相抵触，均可向全国人大常委会书面提出审查要求或审查建议。

《宪法》、《立法法》及相关文件的上述规定，已经把法律、行政法规、地方性法规、行政规章、司法解释等皆纳入合宪性审查范围之中。需要指出的是，目前我国备案审查工作实践中，实际上未将“法律”纳入其中。按照《宪法》第六十二条和《立法法》第九十七条之规定：全国人大有权“改变或者撤销全国人民代表大会常务委员会不适当的决定”；全国人大有权撤销全国人民代表大会常务委员会批准的违背《宪法》和《立法法》第七十五条第二款关于“报全国人民代表大会常务委员会批准后生效”的自治条例和单行条例。换言之，这里指的“法律”是由全国人大常委会制定的“法律”，也就是依据宪法“制定和修改除应当由全国人民代表大会制定的法律以外的其他法律”，至于全国人大制定和修改刑事、民事、国家机构的和其他的“基本法律”则未在合宪性审查范围之内，这就是笔者所提出的“基本法律不予审查”原则的由来。目前，由全国人大自己制定的“基本法律”除非自我审查，其他任何机关都不能进行合宪性审查，因为全国人大是最高国家权力机关，是全体中国人民行使国家权力的机关，它自己拥有制定法律和解释宪法法律的全部权力，全国人大制定的“基本法律”不会违宪，也不可能违宪。

五、确立合宪性审查移送制度

在我国，无论事实上存在多少备案审查制度及其审查主体，但作为规范性文件合宪性审查主体只能是全国人大常委会，具体负责的机构是全国人大宪法和法律委员会。这种合宪性审查制度是宪法确立的，合宪性审查职权是由宪法授予的，因此，凡是涉及规范性文件是否与宪法相抵触的合宪性审查问题，一律移交具有合宪性审查职权的全国人大常委会，由宪法和法律委员会进行具体的合宪性审查。为此就需要在我国确立合宪性审查并宪法解释的移送制度。

（一）党内法规和规范性文件合宪性审查移送制度

按照《中国共产党党内法规制定条例》《中国共产党党内法规和规范性文件备案规定》之规定，党内法规从制定到通过，都需要对法规草案或正式文件进行合宪性审查。在党内法规制定时，需要由所属负责法规工作的机构进行审核，依据新修订的《中国共产党党内法规制定条例》第二十七条规定："审议批准机关收到党内法规草案后，交由所属法规工作机构进行前置审核"，审核内容之一就是党内法规草案"是否同宪法和法律不一致"。按照新修订的《中国共产党党内法规和规范性文件备案审查规定》，党组织对于报送的党内法规和规范性文件负责审查，其中包括针对规范性文件是否同宪法不一致的情形进行合宪性审查，具体事务则由党组织所属的法规工作机构或承担相关职能的工作机构办理。由于党内法规和规范性文件是由中央办公厅法规局进行合宪性审查，然而由于党的机关缺乏宪法所规定的宪法审查的职权，因此，若遇到合宪性审查的问题，需提交具有宪定合宪性审查职权的全国人大常委会进行审查；同时，由于国家层面的合宪性审查机构难以独立胜任对党内法规和规范性文件的审查，故需要移交笔者所建议的统一的新型合宪性审查机构进行合宪性审查。

（二）最高人民法院、最高人民检察院合宪性审查移送制度

按照《立法法》第九十九条第一款的规定，最高人民法院、最高人民检察院认为行政法规、地方性法规、自治条例和单行条例同宪法或者法律相抵触的，可以向全国人民代表大会常务委员会书面提出进行审查的要求。但正如林来梵教授所指出的那样，“遗憾的是，这个制度虽然看似授予了最高院一项很大的‘权力’，但缺乏足够的运行动力机制。根据现行的职权配置情况，最高法更倾向于行使司法解释权，即通过对已有的法律进行详细的、符合上位法的解释来直接解决这个问题，而不是向全国人民代表大会常务委员会书面提出审查要求”。[78] 基于最高法院、最高检察院缺乏宪法审查与解释宪法的权力，所以《立法法》才规定最高法院遇到合宪性审查问题时可以向全国人大常委会提出合宪性审查的要求。但是，在司法实践中，真正遭遇法律、法规、规章、司法解释等规范性文件与宪法相抵触的现实问题是各级人民法院和

78　林来梵：《建构宪法实施的动力机制》，《人民法治》2015 年 2—3 月号。

各级人民检察院，它们在审判实践中遇到需要提起合宪性审查的问题，只能按照《立法法》第九十九条第二款之规定，“可以向全国人民代表大会常务委员会书面提出进行审查的建议”，何况这种“建议”须“由常务委员会工作机构进行研究，必要时，送有关的专门委员会进行审查、提出意见”。当然，最高法院以外的地方各级法院、最高检察院以外的地方各级检察院，遇到合宪性审查等法律适用的疑难问题时，最有可能是向上一级法院、检察院或最高法院、最高检察院提出司法解释，而非向全国人大常委会提出合宪性审查的建议。因此，确立一种由各级法院、各级检察院基于合宪性审查问题的移送制度就显得十分重要。这种移送制度的具体程序、具体构想是：

1. 法院、检察院在办理普通司法案件时，如果发现适用的规范性法律文件可能存在与宪法相抵触或不一致的情形时，法院或检察院可以中止当前的诉讼程序，并通过法院或检察院内部案件请示制度，将案件中涉及的规范性法律文件是否与宪法相抵触的问题，以书面形式上报至最高人民法院或最高人民检察院。

2. 最高法院或最高检察院经过审核，认为确实涉及合宪性审查问题，即根据《立法法》第九十九条第一款规定，以书面提起审查要求的法定形式，移送全国人大常委会，由具有合宪性审查权的机关进行合宪审查。

3. 全国人大常委会对规范性文件的合宪性问题作出正式

判断之后，将相关判断发回法院或检察院，由原审法院继续审理原案。

如此一来，凡是在审判与检察实践中遇到的所有宪法问题的审查均通过案件移送制度，由全国人大常委会及其相关专责审查机构负责合宪性审查。

（三）省、自治区、直辖市人大常委会合宪性审查移送制度

在第二章中，笔者论及地方省级人大常委会的备案审查制度时，曾指出：在各省级人大常委会备案审查制度设计中，有黑龙江、山西、上海、浙江、安徽、福建、海南、贵州、西藏等九个省、自治区、直辖市的备案审查制度涉及合宪性审查与合法性审查。由于省级地方权力机关没有宪法审查和宪法解释的宪定职权，因而无权对地方规范性文件进行合宪性审查。因此，一旦在备案审查过程中遇到规范性文件的合宪性问题，也必须通过“合宪性审查移送制度”，将涉及规范性文件是否合乎宪法的问题移送至全国人大常委会，由具有宪法审查权和宪法解释权的全国人大常委会负责合宪性审查。或许有人担心，如果建立了解释案移送制度，将会出现大量需要移送的宪法或法律解释案件，这种情况可能存在，但实际上出现的概率是极小的，原因在于：制定机关一般为同级人民政府或下一级地方人大常委会或人民政府，一旦被省级人大常委会审查机关认定与宪法、法律相抵触，则极少存在

不予修改的情况。因此，最终通过合宪性审查移送制度的情形不会大量出现。

六、落实宪法解释程序机制

（一）我国宪法解释程序机制评估

任何文本一旦成为语言文字，其规范意蕴必须借助解释方可揭示。由于宪法文本高度抽象与概括，必须通过解释其文字含义，我们才能领略与把握立宪者之意图或意旨。就阐释文本的含义而言，任何对宪法文本内容的具体化立法都可视为一种对宪法的解释，因为宪法文本本身具有高度的原则性、抽象性、概括性与模糊性，任何条款都需要明确其含义，而根据宪法制定的所有法律法规都必然是对宪法某一规范含义的具体化阐释，在该意义上说，根据宪法制定的法律皆为立法性的宪法解释。譬如新制定的《民法典》就是对宪法中的民事基本权利的立法解释，其中关于宪法中对私有财产进行征收征用的补偿问题，《民法典》第一百一十七条、第二百四十三条、第二百四十五条作了具体规定。第一百一十七条的规定是“应当给予公平、合理的补偿”。第二百四十三条针对征收集体所有的土地和组织、个人的房屋以及其他不动产的补偿，作出更加具体规定：征收集体所有的土地，应当依法及时足额支付土地补偿费、安置补助费以及农村村民住宅、其他地上附着物和青苗等的补偿费用，并安排被征地农民的社会保障费用，保障被征地农民的生活，维护被征地农民的合法权益；征收组织、个人的房屋以及其他不动产，应当依法给予征收补偿，维护被征收人的合法权益，征收个人住宅的，还应当保障被征收人的居住条件。第二百四十五条针对因抢险救灾、疫情防控等紧急需要而依法征用组织、个人的不动产或者动产的补偿问题作出了规定：被征用的不动产或者动产使用后，不仅应当返还被征用人，而且在组织、个人的不动产或者动产被征用或者征用后毁损、灭失的，还应当给予补偿。《民法典》的上述立法性规定，应当视为全国人大以立法的形式对宪法关于征收征用条款的解释，即通过立法而对宪法征收征用条款作出了更明确的解释，尤其是对宪法文本中的“补偿”进行了具体解释，使补偿条款的含义更加明确，具有可操作性。这种立法型宪法解释的结果就是法律文本的诞生，而法律文本同样具有概括性、抽象性与模糊性，因而对法律文本的解释就成为法官适用法律的职责所在。立法型宪法解释本质上属于立法活动，其行为遵守立法程序，因此，立法型宪法解释不属于笔者所指称的“宪法解释”，[79]除了少数学者主张立法型宪法解释外，宪法主流学术界皆不

79 也有学者对立法型宪法解释提出了批评，认为在我国目前的解释体制下，立法机关和解释机关是同一机关，而细化宪法的任务一般来说是通过立法实现的；如果宪法解释的任务由非立法机关承担，则可以起到拾遗补阙的作用，但如果由立法机关自己承担，则可能屏蔽掉这一功能，因为立法（包括法律的废立改）更直接、更方便，从而使宪法解释显得多余（参见马岭：《我国宪法解释的切入口探析》，《中国社会科学院研究生院学报》2020 年第 2 期）。

认可。

实践中存在的另一种宪法解释模式却应当予以重视，即全国人大常委会以“决议”或者“决定”的形式行使解释宪法的职权，由于该解释模式不针对具体的案件事由，故学者们将其称为抽象型解释，抽象型宪法解释模式在我国已有若干个案。王振民梳理了六个，[80] 周伟也梳理了六个，[81] 胡锦光、王丛

80 六个解释例是：1982 年 12 月 4 日全国人大通过的《关于本届全国人民代表大会常务委员会职权的决议》，1983 年 9 月 2 日六届全国人大常委会第二次会议通过的《关于国家安全机关行使公安机关的侦查、拘留、预审和执行逮捕的职权的决定》，1998 年 12 月 29 日九届全国人大常委会第六次会议通过的《关于新疆维吾尔自治区生产建设兵团设置人民法院和人民检察院的决定》，1996 年 5 月 15 日八届全国人大常委会第十九次会议通过的《〈中华人民共和国国籍法〉在香港特别行政区实施的几个问题的解释》，1998 年 12 月 29 日九届全国人大常委会第六次会议通过的《关于〈中华人民共和国国籍法〉在澳门特别行政区实施的几个问题的解释》，1996 年九届全国人大常委会第十次会议通过的《关于〈中华人民共和国香港特别行政区基本法〉第二十二条第四款和第二十四条第二款第（三）项的解释》（参见王振民：《中国违宪审查制度》，中国政法大学出版社 2004 年版，第 290—300 页）。

81 六个解释例是：1981 年 6 月 10 日全国人大常委会通过的《关于加强法律解释工作的决议》，1986 年 12 月 2 日六届全国人大常委会第十八次会议通过的对地方组织法的修改案，1993 年 9 月 2 日全国人大常委会通过的《关于加强对法律实施情况检查监督的若干规定》，1993 年 12 月 29 日八届全国人大常委会第五次会议通过的《关于中国人民解放军保卫部门对军队内部发生的刑事案件行使公安机关的侦查、拘留、预审和执行逮捕的职权的决定》，1998 年 12 月 29 日九届全国人大常委会第六次会议通过的《关于新疆维吾尔自治区生产建设兵团设置人民法院和人民检察院的决定》，对全国人大常委会立法权限的一系列立法性解释（参见周伟：《宪法解释方法与案例研究——法律询问答复的视角》，法律出版社 2007 年版，第 95—102 页）。

虎则总结了八个。[82] 值得注意的是，没有一个为他们所共同认可的宪法解释例，其中《关于本届全国人民代表大会常务委员会职权的决议》、《关于国家安全机关行使公安机关的侦查、拘留、预审和执行逮捕的职权的决定》以及《关于加强法律解释工作的决议》均分别为两位学者所承认，其他列举的宪法解释例均为一人之见。不过，宪法学界基本认同的宪法解释，例如 1983 年 9 月 2 日六届全国人大常委会第二次会议通过的《全国人民代表大会常务委员会关于国家安全机关行使公安机关的侦查、拘留、预审和执行逮捕的职权的决定》和 1993 年 12 月 29 日八届全国人大常委会第五次会议通过的《关于中国人民解放军保卫部门对军队内部发生的刑事案件行使公安机关的侦查、拘留、预审和执行逮捕的职权的决定》，以及 2018 年 6 月 22 日十三届全国人大常委会第三次会议通过的《关于全国人民代表大会宪法和法律委员会职责问题的决定》等，笔者认

---

82 八个解释案是：1979 年 9 月 13 日全国人大常委会通过的《关于省、自治区、直辖市可以在一九七九年设立人民代表大会常务委员会和将革命委员会改为人民政府的决议》，1980 年 9 月 10 日全国人大通过的《关于修改宪法和成立宪法修改委员会的决议》，1981 年 6 月 10 日全国人大常委会通过的《关于加强法律解释工作的决议》，1982 年 12 月 4 日全国人大通过的《关于本届全国人民代表大会常务委员会职权的决议》，1983 年 9 月 2 日全国人大常委会通过的《关于国家安全机关行使公安机关的侦查、拘留、预审和执行逮捕的职权的决定》，1987 年 1 月 22 日全国人大常委会通过的《关于加强法制教育维护安定团结的决定》，1990 年 4 月 4 日全国人大通过的《关于〈中华人民共和国香港特别行政区基本法〉的决定》，1993 年 9 月 2 日全国人大常委会通过的《关于加强对法律实施情况检查监督的若干规定》（参见胡锦光、王丛虎：《论我国宪法解释的实践》，《法商研究》2000 年第 2 期）。

为实际上就是极典型的宪法解释例。前两个《决定》是对《宪法》第三十七条、第四十条关于公安机关、国家安全机关职权的扩大解释；而第三个《决定》是对《宪法》第七十条关于宪法和法律委员会职责的扩大解释，它除了赋予宪法和法律委员会继续承担统一审议法律草案等工作职责外，还增加了推动宪法实施、开展宪法解释、推进合宪性审查、加强宪法监督、配合宪法宣传等工作职责。这种抽象型宪法解释就是落实宪法解释程序机制的体现与表达，它起到了积极回应社会关切，实现宪法的稳定性和适应性相统一的作用。

此外，第三种宪法解释模式是附随型宪法解释，即依附于合宪性审查，并在合宪性审查程序中进行宪法解释。一般而言，包括宪法在内的法解释对具体案件必须具有关联性，即在具体案件中需要对宪法条文的含义进一步明确时才可能具备解释的可能，因为对于适用者而言，“恰恰就是在讨论该规范对此类案件事实得否适用时，规范文字变得有疑义”。[83] 我国台湾地区学者黄茂荣借用德国学者的话指出：“真正的法律解释的问题与其说是从法律条文自身，毋宁说是从应去或拟去成立的案件所引起。”[84] 可见，宪法解释案须伴随法规范的具体适用方可发生。在我国，宪法文本的具体适用之情形主要是备案审

83 ［德］卡尔·拉伦茨：《法学方法论》，陈爱娥译，商务印书馆 2003 年版，第 193 页。
84 黄茂荣：《法学方法与现代民法》，中国政法大学出版社 2001 年版，第 252 页。

查过程中的合宪性审查，[85]曾担任全国人大常委会秘书长、法工委主任的王汉斌指出：“宪法解释主要是针对是否符合宪法作出的具有法律效力的解释。在对违宪活动的审查过程中，往往由于对宪法条款的含义有不同理解，发生争执。为解决这种争执，就需要全国人大常委会作出宪法解释。”[86]有学者对此指出，宪法解释一般是在合宪性审查中启动的，脱离合宪性审查的单独解释较为少见。[87]因为只有在合宪性审查过程中，才可能遇到被审查的规范性文件与宪法相抵触的问题，从而会出现需要对相应的宪法条文作出解释的时机。可见，合宪性审查将伴随着宪法解释，甚至可以说宪法解释是合宪性审查的必然结果，没有宪法解释，合宪性审查结论就无从得出。全国人大常委会法工委法规备案审查室主任梁鹰指出，每一次合宪性审查实践，都可能涉及对宪法相关问题的研究，都会涉及对宪法相关内容的理解和把握。启动合宪性审查，就必然要涉及对宪法精神、宪法原则、宪法规定等的理解、认识和把握。推进合宪

85 其中包括党内备案审查中的合宪性审查与国家意义上的备案审查中的合宪性审查，以及党内法规和规范性文件备案审查中的合宪性审查，即使涉及宪法的解释，亦仍须提交有权机关进行解释，故本书集中讨论全国人大常委会解释宪法的程序问题，党的机关关于宪法的理解与解释在本文中不予涉及。

86 王汉斌：《王汉斌访谈录——亲历新时期社会主义民主法制建设》，中国民主法制出版社 2012 年版，第 133 页。

87 马岭：《我国宪法解释的切入口探析》，《中国社会科学院研究生院学报》2020 年第 2 期。

性审查工作，对正式启动宪法解释程序提出了要求。[88]因此，合宪性审查程序几乎与宪法解释程序合二为一，在某种意义上说，合宪性审查程序与宪法解释程序具有高度的契合性，甚至可以说，得出合宪性审查意见的过程其实就是解释宪法的过程，合宪性审查需要以宪法解释为前提，没有有权机关对宪法条文的解释，就难以确认相关的规范性文件是否与宪法相抵触。因此，笔者认为，考察我国宪法解释程序机制，首先从考察合宪性审查程序入手。依据《立法法》《法规、司法解释备案审查工作办法》，设置的备案审查与合宪性审查程序请参阅本书第二章第二个问题——《立法法》《法规、司法解释备案审查工作办法》关于备案审查制度的设置，在此不予赘述。

（二）我国宪法解释程序机制何以健全？

尽管我国《立法法》与《法规、司法解释备案审查工作办法》（以下简称《工作办法》）均涉及对宪法解释程序的规定，但这些规定毕竟是对我国备案审查机制的规定：《立法法》关于合宪性审查程序的规定是在第五章“适用和备案审查”中确立的；《工作办法》本身就是针对法规、司法解释备案审查工作规定的办法，严格说是对《立法法》备案审查机制的实施细化。可见，在我国目前现存的立法中，没有专门关于宪法解

88 《落实宪法解释程序机制　推进合宪性审查工作》，中国人大网，http: //www.npc.gov.cn/npc/c30834/201912/819bcd512b704530bf245f91a8aefaed.shtml，2020 年 8 月 6 日访问。

释程序的明文规定，在合宪性审查程序中也没有带“宪法解释”字眼的规范，所谓“宪法解释程序”机制均是以学理“推定”而来。因此，不管全国人大常委会内部是否制定了有关健全宪法解释程序的意见，但是从现有的法规范看，附随型宪法解释程序蕴含于备案审查与合宪性审查程序之中，无论是依职权审查、依申请审查、专项审查或移送审查，只要在审查中发现规范性文件存在违背宪法规定、宪法原则或宪法精神的问题，皆有可能针对制定机关，由宪法和法律委员会与法工委提出审查意见；或针对存在问题的规范性文件，向全国人大常委会委员长会议提出撤销案。而审查意见或撤销案则必然包含着对宪法规定、宪法原则或宪法精神的理解与解释，因为在判断宪法外的一条规范、规则或原则是否合乎宪法时，必须理解与解释相关宪法内容的含义，只有如此，才能判断其他规范文件是否与宪法相契合，才能对规范性文件的合宪性问题作出有效的判断与效力认定，若没有对宪法的解释，就难以证成规范性文件是否合宪的问题。因此，从某种意义上说，这种审查意见或撤销案实际上就是一种宪法解释案。所以，假如目前我国现实中存在宪法解释程序机制的话，那就是附随型宪法解释程序机制。或许这种附随型宪法解释程序机制才是具有中国特色的宪法解释程序机制。

当然，附随型宪法解释程序与独立型宪法解释程序有所不同。所谓独立型宪法解释程序，也就是解释程序的启动是独立的，只要满足解释的事由或要件，即可提起解释要求或建议，然后渐次依照解释程序进行到底；它不依附于备案审查或合宪性审查，不以提起合宪性审查为前提，它自身具有独立的提请事由。韩大元教授领衔的课题组起草的《宪法解释程序法（专家建议稿）》[89] 就属于独立型宪法解释程序。从建议稿所设置的内容看，宪法解释程序包括宪法解释的主体与事由、提起解释请求的主体、请求的受理、宪法解释案的起草与审议、宪法解释案的通过等事项。如果将该建议稿所设计的宪法解释程序与《立法法》《工作办法》所规定的合宪性审查程序相比较，就会发现除了提起事由不同外，解释或审查主体、请求提起主体、请求受理主体以及起草审议主体都基本一致。建议稿第六条规定的提请事由是宪法的规定需要进一步明确具体含义的，宪法实施中需要明确适用依据的，规范性文件与宪法相抵触，需要明确宪法的规定的含义等；而《立法法》《工作办法》规定的审查事由则是规范性文件是否与宪法相抵触，或是否存在规范性文件违背宪法规定、宪法原则或宪法精神的问题。具体相同或相似之处在于：（1）解释或审查主体都是全国人大常委会，具体而言是全国人大宪法和法律委员会、法制工作委员会；（2）请求提起主体均指国家机关、社会团体、企事业组织和公民个人，建议稿中将请求解释的主体划分为预防性解释的请求主体、抽象审查性解释的请求主体、具体审查性解释的

89　参见《中华人民共和国宪法解释程序法》（专家建议稿），韩大元、张翔等：《宪法解释程序研究》，中国人民大学出版社 2016 年版，第 174—178 页。

请求主体和个人请求解释四种，《立法法》《工作办法》规定的提起主体只有抽象审查请求主体一种；（3）受理主体在建议稿、《立法法》《工作办法》中所规定的都是全国人大常委会，而具体负责机构有所不同，建议稿和《立法法》都规定由法工委或工作机构（即法工委）负责，而《工作办法》作出了区分，审查要求的受理主体是常委会办公厅，而审查建议的受理主体则是法工委；（4）审查意见或撤销案和解释案的起草，《立法法》《工作办法》规定审查意见或撤销案是由审查主体即宪法和法律委员会与法工委负责提出，而建议稿规定解释案则是由新设立的宪法解释咨询委员会负责；（5）审议主体的规定则相同，即都是由全国人大常委会委员长会议审议并决定提交常委会审议与决定；（6）宪法解释案的通过，建议稿明确规定由全国人大常委会全体委员三分之二以上多数通过，而《立法法》《工作办法》均未规定。从上述两种宪法解释的模式比较看，专家建议稿所设计的独立型宪法解释程序与《立法法》《工作办法》所规定的附随型宪法解释程序几乎重合，并无实质性差异，只是提请的事由不同，导致解释主体或审查主体所承担的任务有所偏重而已。

从我国宪法解释程序实践出发，笔者认为，附随型宪法解释是我国宪法解释的主要模式之一，其优势在于：第一，《立法法》《工作办法》均作了具体规定，有法可依；第二，提起请求的事由单一，仅通过合宪性审查而自然启动对宪法的解释，不会引起社会关系的急剧变动；第三，与独立型宪法解释模式相比，没有本质的差别。而独立型宪法解释模式提起解释的事由较为复杂，除了抽象审查性解释的请求外，还有预防性解释、具体审查性解释以及个人请求解释的请求。实际上在合宪性审查实践中，这些问题或许可以解决，譬如预防性解释的请求实际上是立法过程中的合宪性审查，对此全国人大常委会委员长栗战书指出："严格执行立法法、监督法和常委会议事规则，确保每一次会议、每一项议程、每一件议案都符合宪法法律规定和法定程序。"[90] 这就意味着，在立法活动中，立法者已经事先意识到了立法内容的合宪性问题，并确保在立法过程中事前避免规范性文件的违宪问题。事实上，若是全国人大常委会的立法活动则无须提出解释请求，因为它自己就是宪法解释者；若是其他机关的立法如行政立法或地方性立法，则一般是依据"法律"立法，而无须提出宪法解释的请求。具体审查性解释是指法院在审理案件过程中，认为所适用的规范性文件同宪法相抵触而裁定中止诉讼程序，由最高人民法院决定向全国人大常委会提出解释宪法的请求，这一解释请求其实可由提起合宪性审查要求的主体所涵盖，即最高法院认为规范性文件同宪法相抵触，即可提起合宪性审查要求。至于个人请求解释的事由，其实质是一种宪法诉愿，由于我国宪法制度或诉讼制度中未规定公民宪法诉愿制度，若仅由宪法解释程序法予以规

90　参见栗战书在中华人民共和国第十三届全国人民代表大会第三次会议第二次全体会议上所作的《全国人民代表大会常务委员会工作报告》（2020 年）。

定，则可能缺乏实体性合法依据而无法提起宪法解释的要求。可见，独立型宪法解释模式相较于附随型宪法解释模式并不具有明显的优势，甚至可能带来更多的制度安排性变动。因此，中央文件提出的“健全”或“落实宪法解释程序机制”的要求，实则针对的是抽象型宪法解释程序机制与附随型宪法解释程序机制。

由于我国宪法解释程序隐含在合宪性审查实践之中，因此，当下健全完善宪法解释程序机制的方案除了考虑制定专门的《宪法解释程序法》之外，最可行的方法是在合宪性审查中提出审查意见，或在撤销案中充分考虑到宪法解释的价值，并对相关宪法条款的含义作出规范性解释，将这种宪法解释的审查意见或撤销案，依照《立法法》、《工作办法》和《全国人民代表大会常务委员会议事规则》（以下简称《全国人大常委会议事规则》）程序，由全国人大常委会以“宪法解释案”之名予以公布。因此，应以现有的有关宪法解释程序的规则为基础和出发点，针对宪法解释程序机制，专门就议案的起草、审议与决定通过提出完善建议。

第一，完善宪法解释案起草机制。通过宪法解释作为判断规范性文件违宪的审查意见或撤销案，其起草工作必须采取党内备案审查机关与国家层面的审查机关共同参与的方式。以往的方案都是将党的机关排斥在宪法解释之外，仅由国家层面的审查机构拟定宪法解释草案，建议稿还提出在全国人大常委会设立“宪法解释咨询委员会”作为宪法解释案起草的咨询机关，具体负责对需要解释的宪法条文依据、含义进行学理论证，然后由宪法和法律委员会负责起草。这种方式固然可行，但忽视了党内备案审查机构关于宪法解释的审核意见。党的机关参与宪法解释案的起草，并非可有可无，而是必不可缺，它体现的是党的意志或主张，是党的领导在宪法解释工作中的具体表现。因此，凡是有关宪法解释案的起草，必须由宪法和法律委员会与党内备案审查机构共同参与，或由宪法和法律委员会先行起草，然后交由党内备案审查机构予以政治把关，最后由党内机构与国家层面的审查机构共同向委员长会议提出宪法解释案，由委员长会议决定列入常委会会议议程。

第二，完善宪法解释案的审议与通过程序。《宪法》、《立法法》、《全国人民代表大会组织法》和《全国人大常委会议事规则》都规定了全国人大常委会的审议与决定（议决）程序。《立法法》关于法律解释的审议规定，法律解释案经常务委员会会议审议，由宪法和法律委员会根据审议意见进行审议、修改，最后提出法律解释案草案的表决稿。《全国人民代表大会组织法》《全国人大常委会议事规则》关于议案审议的规定则是，先由全国人大常委会委员长会议审议，然后决定提交常委会审议；或先交有关的专门委员会审议、提出报告，再决定是否提请常务委员会会议审议。关于宪法解释案的审议，因为是基于合宪性审查而进行的宪法解释，应当直接由委员长会议审议并决定提交常委会审议；同时，宪法解释案的表决应由常务委员会全体组成人员的三分之二多数通过，并由常委会发布公告予以公布。

第三，对于提起合宪性审查要求或建议的审查主体必须统一由宪法和法律委员会负责进行。《工作办法》规定，审查要求是由宪法和法律委员会会同法工委进行审查，而审查建议由法工委依法进行审查或由有关专门委员会进行审查。《全国人民代表大会组织法》规定专门委员会有权审议全国人大常委会交付的被认为同宪法相抵触的规范性文件，对审查建议事先审查未作规定。笔者认为，无论要求或建议，只要涉及宪法问题，都应当由宪法和法律委员会具体负责审查，法工委与专门委员会协同审查，因为只有宪法和法律委员会是全国人大常委会特别授权“推进合宪性审查”与“开展宪法解释”的机构，从组织结构上说，宪法和法律委员会才是专责审查主体。

值得注意的是，依据《工作办法》，我国合宪性审查程序比《立法法》中的规定增加了“沟通或询问”与“督促或约谈”两道程序，这可能使合宪性审查程序难以进行到底，从而无须提出书面审查意见甚或撤销案，程序就戛然而止。按照《工作办法》规定，审查主体在审查研究中发现规范性文件可能存在问题的，可以与制定机关沟通，或采取书面形式对制定机关进行询问，要求制定机关及时修改或者废止；经沟通，制定机关同意对规范性文件予以修改或者废止，就可以不再向其提出书面审查研究意见，审查中止。经沟通没有结果的，才依照《立法法》第一百条规定，向制定机关提出书面审查研究意见。制定机关收到审查研究意见后逾期未报送书面处理意见的，专门委员会、法工委可以向制定机关发函督促或者约谈制定机关有关负责人，要求制定机关限期报送处理意见。制定机关按照书面审查研究意见对规范性文件进行修改、废止的，审查终止。上述程序涉及制度安排，在我国政治体制与组织架构之下，制定机关一经审查机关沟通或询问，即会对可能违宪的规范性文件予以修改或废止，更何况之后紧接着督促或约谈程序之保障。因此，理论上可能会进入提出审查意见或撤销案程序阶段，但现实中可能因程序阻隔而难以达致。这是研究我国合宪性审查程序与宪法解释程序必须注意的问题。

（三）如何开启我国宪法解释程序机制之门？

全国人大常委会委员长栗战书在第五个国家宪法日座谈会上的讲话中指出：要健全宪法解释机制，加强宪法解释工作，积极回应社会关切，努力实现宪法的稳定性和适应性的统一。[91] 王晨副委员长在第六个国家宪法日座谈会上的讲话中进一步强调：按照党中央统一部署，全国人大常委会要行使好解释宪法的职权，落实宪法解释程序机制，积极回应涉及宪法有关问题的关切，努力实现宪法的稳定性和适应性的统一。[92] 党的十九届四中全会提出“落实宪法解释程序机制”的新要求，以及栗战书委员长和王晨副委员长的讲话，都表明在我国宪法

91 栗战书：《在第五个国家宪法日座谈会上的讲话》，《中国人大》2018 年第 23 期。

92 王晨：《弘扬宪法精神，推进国家治理体系和治理能力现代化——在第六个国家宪法日座谈会上的讲话》，《中国人大》2019 年第 24 期。

解释程序机制日益健全与完善的新时代，落实宪法解释程序机制已成为健全保证宪法全面实施的体制机制与加强宪法监督和维护宪法尊严的首要任务，因此，如何落实宪法解释程序机制，则成为最关键的问题。笔者认为，在当下，全国人大常委会如何尽快启动以及何时启动我国宪法解释程序则显得尤为重要，换言之，选择启动我国宪法解释程序的时机与方法是最核心的问题。

关于如何启动我国宪法解释程序机制，笔者注意到，近来一些中青年宪法学者已经关注并提出了极具启迪性与建设性方案。第一，马岭主张，在宪法解释的启动方面，作为突破口，建议引入民间的力量，即考虑由全国人大常委会接受某项民间建议而启动审查程序并在审查过程中进行宪法解释，或将《立法法》第九十九条规定的审查建议权扩大解释为对法律解释和宪法解释的建议权进而单独适用宪法解释。[93]第二，翟国强主张，启动我国宪法解释的推进策略，应当从三个方面推进宪法解释工作，即从非正式解释到正式解释，从附带性解释宪法到围绕宪法的解释以及从单一主体宪法解释到协调性的宪法解释。[94]第三，林彦主张，将宪法解释纳入立法程序，即立法中嵌入宪法解释的具体方案，是当下的最佳途径和最稳妥的方

93 马岭:《我国宪法解释的切入口探析》,《中国社会科学院研究生院学报》2020年第2期。

94 翟国强:《宪法解释的启动策略》,《中国社会科学院研究生院学报》2020年第2期。

案，并强调指出这一解释路径是目前最可取且最值得推行的一种路径。[95] 第四，郑磊主张，我国宪法解释程序机制的“落实”途径，应当在具体宪法解释与抽象宪法解释“双重”路径中实现，全国人大及其常委会是具体宪法解释权的主体，而独立于合宪性审查活动的抽象宪法解释权则由全国人大常委会享有，因此，宪法解释权既可体现为合宪性审查活动中的具体宪法解释，又可体现为独立于合宪性审查活动的抽象宪法解释。[96] 上述四种方案各具特色，然皆有可商榷之处。首先，马岭方案是希望借助民间力量，通过提起合宪性审查建议而由全国人大常委会通过启动合宪性审查程序，进而启动附随性宪法解释。这一方案不失为一条比较稳妥并可能实现的捷径。但可能存在的问题是，合宪性审查程序未必进行到底，一旦规范性文件制定机关接受了审查主体修改或废止的审议意见，审查即可中止，换言之，未等到宪法解释案出台就“夭折”了。其次，翟国强方案注意到了我国宪制实践中存在的非正式宪法解释的问题，试图将“鸭子浮水”式的非正式解释变成“鸭子上岸”式的正式解释，从而开启我国宪法解释程序之门。然而，有关部门的法律咨询式的非正式宪法解释，与其说是“解释”，毋宁说是一种“宪法理解”，这种“宪法理解”倘若成为“宪

95 林彦:《宪法解释应嵌入立法程序》,《中国社会科学院研究生院学报》2020 年第 2 期。

96 郑磊:《宪法解释与合宪性审查的关系——基于法解释二元结构的勾勒》,《中国社会科学院研究生院学报》2020 年第 2 期。

法解释”，则必须通过全国人大常委会会议审议并作出决定，予以正式公布，才可能成为正式的宪法解释。翟国强方案所提出的“从附带性解释宪法到围绕宪法的解释”的主张，是试图在援引宪法进行法律解释时，让宪法来“唱主角”，其他法律规范“做配角”，以此实现宪法解释，其初衷是可以理解的，但把本来意义上的法律解释人为地变成了“宪法解释”，可能颠倒了事物的本质。至于第三种方式即从单一主体宪法解释到协调性的宪法解释，该主张本身就存在较大的学术争议，故以此作为启动宪法解释机制之方案的妥当性值得慎思。再次，林彦方案是希望在全国人大常委会的立法程序中，通过释明立法的宪法依据，而达致宪法解释之目的。此方案与翟国强主张的第一种方案具有异曲同工之妙，问题在于，这种依附于立法之宪法依据的“宪法解释”，在实质内容上可能属于对宪法的解释，但缺乏宪法解释的形式要件，即缺乏以全国人大常委会的名义通过并公布的形式要件。最后，郑磊的方案意图很明显，期望“东方不亮西方亮”，如果具体性宪法解释之路走不通，就选择抽象性宪法解释之道。郑磊实际上已经注意到，通过合宪性审查实现宪法解释的可能存在着障碍，尤其是关于收容教育制度的废止，就是以“不见宪法”的方式落幕，从而错失了通过个案的合宪性审查而出台宪法解释案的良机，所以，他才遗憾地承认，有合宪性审查必含宪法解释，宪法解释未出场，则未有典型的合宪性审查，只能是一次关于宪法案件的一般性备案审查实践。因此，他把打开宪法解释大门的可能寄托于抽象性宪法解释。然而，这种希望也许会落空，毕竟具体解释与抽象解释的主体均为同一个机关，实现“东方不亮西方亮”的宪法解释策略必须是两个不同的解释主体。以上四种方案虽各有其弊，但仍不失为迄今为止所能提出的良策。

笔者以为，上述方案均忽略了前文提到的决定型宪法解释的具体实践。全国人大常委会以常委会会议的形式通过有关宪法条款内容解释的“决定”，这种“决定”本身就是全国人大常委会行使“解释宪法”的职权而作出的典型的宪法解释案。其依据是：第一，全国人大常委会是宪法授权“解释宪法”的唯一主体，这一职权的行使必须以事实上解释了宪法内容为依据；第二，它对宪法条文部分内容作出了解释，这是宪法解释的实质性要件，如果全国人大常委会没有针对宪法条文内容作任何解释，也就意味着它没有行使“解释宪法”的职权，所以，即使以“决定”的名义通过公布，也不能称之为宪法解释案；第三，这种解释案以常委会会议的形式通过了“决定”并予以正式公布。因此，笔者认为，只要合乎上述三个基本要件，全国人大常委会的“决定”就属于宪法解释案，也意味着它行使了“解释宪法”的宪定职权。所以，我国宪法解释程序机制事实上已经由全国人大常委会以“决定”的形式开启了。当下需要开启的是附随型宪法解释程序机制，上述马岭方案、翟国强方案以及郑磊方案均有所涉猎。因此，党的十九届四中全会提出的“落实宪法解释程序机制”，除了进一步落实全国人大常委会以“决定”的形式解释宪法的模式外，还需尽快落实附随型宪法解释程序机制。

笔者认为，在备案审查和由公民、组织提出的审查建议中，全国人大常委会择机审查与宪法的规定和精神相抵触的规范性文件，通过审查对相关宪法条款的内容作出解释，就可能启动附随型宪法解释程序之门，这不仅是必要的，而且是可能的，也更能够回应社会现实的要求，满足人民群众对于宪法价值的期待。根据全国人大常委会委员长栗战书 2019 年与 2020 年所作的工作报告，2018 年度，常委会认真审查报送备案的行政法规四十件、地方性法规一千一百八十件、司法解释十八件，认真研究公民、组织提出的审查建议一千二百二十九件，督促有关方面依法撤销和纠正与宪法法律相抵触的规范性文件。[97] 2019 年度，报送备案的行政法规、地方性法规、司法解释一千九百九十五件，报送备案的特别行政区本地法律三十三件，研究处理公民、组织提出的审查建议一百三十八件。经审查，督促制定机关纠正与宪法法律规定和精神相抵触、不符合、不适应的规范性文件五百零六件。[98] 全国人大常委会法工委主任沈春耀在十三届全国人大常委会第十五次会议上所作的《关于 2019 年备案审查工作情况的报告》中也指出：督促制定机关纠正与宪法法律规定有抵触、不符合的规范性文件。其中就包括一起与宪法规定相抵触的地方性法规个案：有的地方

97　栗战书：《全国人民代表大会常务委员会工作报告》（2019 年）。

98　栗战书：《全国人民代表大会常务委员会工作报告》（2020 年）。

性法规规定，公安机关交通管理部门调查交通事故时可以查阅、复制当事人通信记录。经审查认为，该规定不符合保护公民通信自由和通信秘密的原则和精神；对公民通信自由和通信秘密保护的例外只能是在特定情形下由法律作出规定，有关地方性法规所作的规定已超越立法权限。经向制定机关指出后，有关规定已经修改。[99] 上述统计的缺陷在于，全国人大常委会工作报告仅是笼统地提到了与宪法法律规定和精神相抵触的文件数量，而没有分别统计与宪法和法律相抵触的文件数量，从而使公众无法了解那些违宪的规范性文件的具体件数，更没有详尽地说明与解释那些规范性文件违宪的原因。关于沈春耀主任提到的那起典型案件，尽管地方性法规的规定已被认定“不符合保护公民通信自由和通信秘密的原则和精神”，该案最终也未能上升为宪法解释案。事实上，如果全国人大常委会选择此案，结合规范性文件授权公安交通部门在调查交通事故时可以查阅、复制当事人通信记录的具体规定，把以上规定为什么不符合保护公民通信自由和通信秘密的原则和精神的理由加以释明与解释，就是一例典型的宪法解释案。在解释中，就会围绕《宪法》第四十条关于公民通信自由和通信秘密条款中的“通信自由”和“通信秘密”的概念、公民的通信记录包括微

---

99 沈春耀 2019 年 12 月 25 日在十三届全国人民代表大会常务委员会第十五次会议上所作的《全国人民代表大会常务委员会法制工作委员会关于 2019 年备案审查工作情况的报告》，中国人大网，http: //www.npc.gov.cn/npc/c30834/201912/24cac1938ec44552b285f0708f78c944.shtml，2020 年 8 月 6 日访问。

信等是否属于“通信”的范畴以及有权查阅的条件和法律依据等作出说明，从而解释了《宪法》第四十条的含义。所以，宪法解释并非高不可攀，而是触手可及，关键是全国人大常委会应当积极地行使并履行宪法赋予其解释宪法的职权。有学者就指出：“只有在制度上积极行使宪法解释权，才能‘激活’合宪性审查机制，从而形成良性宪法实施的制度循环。”[100]因此，在我国备案审查与合宪性审查的实践中，需要警惕的是，在合宪性审查中遇到违宪情形时，审查主体不是积极回应社会生活对于宪法解释的普遍需求，而是极力规避对宪法的解释。只要拥有解释宪法职权的全国人大常委会积极行使这一宪法赋予的权力，而不是逃避宪法的解释，我国宪法解释的未来将大有希望。

七、健全完善合宪性审查程序

在我国目前宪法监督或合宪性审查制度中，由于宪法修正案已经将全国人大宪法和法律委员会作为协助全国人大及其常委会进行宪法监督的专责机构，因此，最关键的问题是缺乏具体的、可操作性的宪法监督程序或合宪性审查程序。2002年12月4日，胡锦涛在首都各界纪念我国宪法公布施行二十

100 任喜荣：《合宪性审查的“破题”与“激活”——以宪法解释为内核的制度发展》，韩大元、莫纪宏主编：《中国宪法年刊》（2018）第十四卷，法律出版社2019年版，第17页。

周年大会上的讲话中就提出“进一步明确宪法监督程序”；2012年12月4日，习近平在首都各界纪念现行宪法公布施行三十周年大会上的讲话中再次提出“健全监督机制和程序”的要求；[101]《中共中央关于全面深化改革若干重大问题的决定》又明确提出“要进一步健全宪法实施监督机制和程序”。然而完善健全宪法监督程序的要求长期以来没有得到切实的贯彻实施。我国宪法实施监督制度之所以没有有效地确立起来，除了监督宪法实施的专责机构缺席以外，关键的问题也在于宪法监督程序还未确立。没有宪法监督或合宪性审查程序，全国人大及其常委会就无法依照法律规定的程序进行监督。早在1999年，李忠博士就曾在《宪法监督论》一书中对宪法监督程序作过初步的分析；[102] 2011年，陈冬在《宪法监督程序研究》一书中，集中对我国健全完善三大宪法监督程序即预防型宪法监督程序（备案审查程序）、救济型宪法监督程序（抽象审查程序）以及释疑型宪法监督程序（规范解释与说明）作了较为详尽的分析论证。[103] 然而，这些关于我国宪法监督的程序设计，基本上游离于我国《立法法》与地方规范性文件备案审查法规范围之外。笔者认为，若要完善健全我国的宪法监督制度，就必须

---

101 习近平：《在首都各界纪念现行宪法公布施行三十周年大会上的讲话》，中共中央文献研究室编：《十八大以来重要文献选编》（上），中央文献出版社2014年版，第90页。

102 李忠：《宪法监督论》，社会科学文献出版社1999年版，第288—290页。

103 陈冬：《宪法监督程序研究》，中国检察出版社2011年版。

在人民代表大会制度的框架下进行，围绕这一根本政治制度与党的统一、核心领导，尊重我国国情与立法者的制度设计及初心，科学合理地构建中国特色社会主义宪法监督或合宪性审查程序机制。至于如何健全完善我国合宪性审查程序机制，笔者将在第五章中作具体阐明与设计。

第五章

《合宪性审查程序法》的制定与起草

随着我国迈入中国特色社会主义新时代，以及全国人大宪法和法律委员会作为监督宪法实施专责机构的确立，我国合宪性审查工作将进入一个快速发展的历史时期。中共中央《深化党和国家机构改革方案》指出：“全国人大宪法和法律委员会在继续承担统一审议法律草案工作的基础上，增加推动宪法实施、开展宪法解释、推进合宪性审查、加强宪法监督、配合宪法宣传等职责。”为了全国人大宪法和法律委员会能够顺利履行这些新的职责，就必须起草和制定《合宪性审查程序法》，使我国合宪性审查工作实现制度化、法律化、规范化、程序化。

一、制定《合宪性审查程序法》的迫切性及重要意义

合宪性审查的目的是对一切规范性文件是否与宪法相抵

触进行审视与判断，对与宪法的原则、内容或精神相违背的，由合宪性审查机关予以撤销或废止，以维护宪法的至上权威与神圣尊严。建立合宪性审查制度是实施宪法的必然要求，因为《宪法》第五条规定："一切法律、行政法规和地方性法规都不得同宪法相抵触。一切国家机关和武装力量、各政党和各社会团体、各企业事业组织都必须遵守宪法和法律。一切违反宪法和法律的行为，必须予以追究。"按照宪法的规定，如何使同宪法相抵触的法律、法规得以纠正？如何使违反"必须遵守宪法"义务的机关、政党、团体或组织承担其宪法责任？如何使违反宪法的行为必须予以追究？只有确立合宪性审查制度，由负责宪法实施的专责机构对抽象性行为或规范性文件进行合宪性审查，才能保障宪法规范的具体实施，才不会使宪法的规定流于形式。长期以来，困扰中国合宪性审查的关键问题是全国人大及其常委会之下缺乏一个协助具体监督宪法实施的专门机构，故自 1982 年宪法实施以来，学者们一直在为中国设立一个监督宪法实施的专责机构而努力。随着 2018 年 3 月修宪完成，对于设立监督宪法实施的专责机构而言，仿佛是"忽如一夜春风来，千树万树梨花开"。3 月 11 日，宪法修正案将《宪法》第七十条全国人大"法律委员会"更名为"宪法和法律委员会"，意味着中国宪法实施监督的专责机构在 1982 年宪法第五次修改的春风中真正确立起来了。尽管中国选择的合宪性审查道路既非普通法院式，也非宪法法院或宪法委员会式，而是立足于中国国情、世情。按照十九大报告提出的"完善人大专门委员会设置，优化全国人大常委会和专门委员会组成人员的结构”这一要求，遵循党的十九届三中全会《中共中央关于深化党和国家机构改革的决定》中提出的“深化人大机构改革”，“完善人大专门委员会设置，更好发挥其职能作用”的原则，以及《深化党和国家机构改革方案》(以下简称《方案》)提出的“要适应新时代我国社会主要矛盾变化，完善全国人大专门委员会设置，更好发挥职能作用”的精神，《方案》提出了“全国人大法律委员会更名为全国人大宪法和法律委员会”的宪法修改意见，其原因是“为弘扬宪法精神，增强宪法意识，维护宪法权威，加强宪法实施和监督，推进合宪性审查工作，将全国人大法律委员会更名为全国人大宪法和法律委员会”。这种具有中国特色的宪法实施监督制度的选择，具有更大更强的制度优势。首先，它是在中国共产党的领导下进行的，是党中央为全面推进依法治国作出的战略选择；其次，它立足于我国人民代表大会这一根本的政治制度，是人民当家作主的自我选择，从而充分体现了党的领导、人民当家作主、依法治国有机统一的根本政治制度安排。因此，全国人大宪法和法律委员会这一宪法实施监督专责机构的确立，必将在继续承担统一审议法律草案工作的基础上，在推动宪法实施、开展宪法解释、推进合宪性审查、加强宪法监督、配合宪法宣传等诸多方面发挥其应有的作用与职责。

随着我国监督宪法实施专责机构的确立，起草和制定《合宪性审查程序法》就迫切需要提上国家立法的议事日程，因为一旦确立了宪法实施监督的专责机构，就直接面临着宪法和法律委员会遵循怎样的法定程序进行合宪性审查的问题。从权力的行使与运行的角度而言，只要权力行使并启动运行，则程序必须先行，不在程序规制的轨道上运行的权力，是非法的、无效的。宪法实施监督专责机构的合宪性审查权的行使或运行也没有例外。

其实，关于宪法监督程序制定完善的问题，2002 年 12 月 4 日，胡锦涛在首都各界纪念我国宪法公布施行二十周年大会上的讲话中就提出来了，他在讲话中要求“要抓紧研究和健全宪法监督机制，进一步明确宪法监督程序，使一切违反宪法的行为都能及时得到纠正”；[1]2012 年 12 月 4 日，习近平在首都各界纪念现行宪法公布施行三十周年大会上的讲话中再次强调：“全国人大及其常委会和国家有关监督机关要担负起宪法和法律监督职责，加强对宪法和法律实施情况的监督检查，健全监督机制和程序，坚决纠正违宪违法行为。”[2]2013 年 11 月十八届三中全会通过的《中共中央关于全面深化改革若干重大问题的决定》又进一步提出“要进一步健全宪法实施监督机制和程序，把全面贯彻实施宪法提高到一个新水平”；2014 年

1 胡锦涛：《在首都各界纪念中华人民共和国宪法公布施行二十周年大会上的讲话》，《新华月报》编：《十六大以来党和国家重要文献选编》（一），人民出版社 2005 年版，第 458 页。

2 习近平：《在首都各界纪念现行宪法公布施行三十周年大会上的讲话》，中共中央文献研究室编：《十八大以来重要文献选编》（上），中央文献出版社 2014 年版，第 90 页。

10月十八届四中全会通过的《中共中央关于全面推进依法治国若干重大问题的决定》中更加明确要求“完善全国人大及其常委会宪法监督制度，健全宪法解释程序机制。加强备案审查制度和能力建设，把所有规范性文件纳入备案审查范围，依法撤销和纠正违宪违法的规范性文件，禁止地方制发带有立法性质的文件”；2017年十九大报告则鲜明地指出“加强宪法实施和监督，推进合宪性审查工作，维护宪法权威”；2019年十九届四中全会通过的《中共中央关于坚持和完善中国特色社会主义制度、推进国家治理体系和治理能力现代化若干重大问题的决定》更加明确要求，“加强宪法实施和监督，落实宪法解释程序机制，推进合宪性审查工作，加强备案审查制度和能力建设，依法撤销和纠正违宪违法的规范性文件”。从2002年到2019年，从前任党的总书记胡锦涛同志到现任总书记习近平同志，从党的十八届三中全会到十九大四中全会，近三十年来，两任党的总书记，三次党的中央全会，都提出了健全和完善宪法实施监督机制和程序的要求，但是这一基本要求一直没有得到很好的贯彻与实施。因此，按照中央全面依法治国的新时代要求以及宪法修改的新精神，为进一步推进合宪性审查工作，就必须起草和制定合宪性审查工作的程序法，为健全宪法监督程序与机制提供基本的法治保障。

可能有人会说，《立法法》或《法规、司法解释备案审查工作办法》等相关法律文件针对合宪性审查的程序作出了规定，没有必要制定专门的《合宪性审查程序法》。然而，笔者认为，随着我国宪法监督实施专责机构的确立以及党的十九大精神的具体落实，《立法法》、《法规、司法解释备案审查工作办法》以及我国地方规范性文件备案审查法规，均需要审查主体权力程序的重置。

第一，合宪性审查具体实施主体的变更。尽管全国人大常委会作为监督宪法实施与合宪性审查的主体地位未变，但具体协助全国人大及其常委会进行宪法实施监督的专责机构却发生了改变。按照《立法法》第九十九条和第一百条的规定，全国人大常务委员会工作机构法制委员会法规备案工作室应当专门负责合法性审查工作，同时具体审查主体还包括全国人大各专门委员会；依据《法规、司法解释备案审查工作办法》第五条的规定，备案审查的专责机构是全国人大常委会办公厅，具体审查主体是常委会工作机构和全国人大各专门委员会。《立法法》《法规、司法解释备案审查工作办法》皆以全国人大常委会工作机构及各专门委员会作为具体审查主体而设置了审查程序，随着审查主体由上述机构变更为全国人大宪法和法律委员会之后，相应的审查程序也应当随之进行适当的修改与重构。只有设计出一套细致具体的合宪性审查程序，作为宪法监督实施专责机构的宪法和法律委员会才能有所作为，发挥其应有的宪法监督、宪法实施、宪法解释、宪法宣传等功能。

第二，合宪性审查移送制度决定了宪法审查监督程序的重构。合宪性审查权力的唯一性与专属性，决定了除全国人大及其常委会外，其他任何机关或组织都无权进行合宪性审查，换言之，宪法审查权力只能由全国人大常委会行使，合宪性审查主体是唯一的，同时又是专属性的，它排斥其他机构行使合宪性审查权的可能。合宪性审查必然意味着宪法解释，而解释宪法则是全国人大常委会的专有职权，是其他机关所不能具有的，从而决定了全国人大常委会的“解释宪法”与合宪性审查的权力是专属的和排他的。[3]既然合宪性审查权以及解释宪法权都是唯一的和专属的，因而任何其他党政机关都无权进行合宪性审查与宪法解释，从而决定了合宪性审查移送制度的必要性与必然性。无论是党内法规和规范性文件的备案审查机关，还是最高人民法院和最高人民检察院，以及省、直辖市、自治区的权力机关，凡是遇到规范性文件是否合乎宪法的合宪性审查的问题，都必须移送至具有合宪性审查权的机关进行审查。然而，合宪性审查移送制度恰是目前我国备案审查或合法性审查所缺失的，需要通过合宪性审查程序的重构加以补充完善，比如，就如何移送（即具体移送的程序）、移送后对审查结果的效力影响等需作出明确的规定。

第三，合宪性审查的独立性审查程序的独立设置。合宪性审查的对象与目的很明确，就是对所有规范性文件进行合宪性审查，以维护社会主义法治的统一与尊严，维护宪法的权威。它与法规备案审查、合法性审查在审查对象与功能上虽有重合，但是明显存在极大的不同：首先，目前法规备案审查的

3　范进学：《认真对待宪法解释》，山东人民出版社2007年版，第15页。

对象是不涵盖“法律”的，即只审查法律外的法规、规章和司法解释等，而合宪性审查的范围则涵盖一切法律、法规、规章、司法解释等规范性文件；其次，法规备案审查属于合法性审查，即审查的标准为是否与法律相一致，或是否违反法律的规定；合宪性审查虽然属于广义上的合法性审查，但审查标准是宪法，即一切规范性文件是否与宪法相一致；再次，法规备案审查的直接目的是维护法律的权威与尊严，而合宪性审查则是维护宪法的权威与尊严。在法的效力体系中，倘若宪法没有权威与尊严，那么法律也没有权威与尊严；宪法的权威与尊严是法律得以具有权威与尊严的基石。最后，法规备案审查的效力应当服从合宪性审查的效力。备案审查仅仅是保证规范性文件的合法性，维护“法律”的权威；然而，这里的“法律”又必须是与宪法相一致的、与宪法不抵触的法律，一旦这种“法律”与宪法相抵触，即会成为合宪性审查的对象。合宪性审查的效力是最高的，凡是与宪法不一致的法律一律无效。因此，法规备案审查的效力必须服从合宪性审查的效力。既然合宪性审查具有独特的作用与功能，且与法规备案审查存在较大的差异，我们就应当遵从事物自身的规律和逻辑，单独设置合宪性审查程序。目前的根本问题在于我国的法规备案审查制度与合宪性审查制度、合法性审查与合宪性审查在程序上合二为一，使合宪性审查混同于一般的合法性审查。造成这种局面是因为，立法者在《立法法》中将“宪法审查与法律审查不加区分地置于同一个条款之中，加之二者审查主体、审查程序等完全相同，从而导致了合宪审查与合法审查之混同”。[4]因此，从合宪性审查制度自身的独立性出发，我们必须对合宪性审查机制与制度进行重构，使其从目前的备案审查制度与合法性审查制度中脱离并独立出来，合宪性审查制度独立性的标志就是《合宪性审查程序法》的制定。只有跳出以法规备案审查程序或合法性审查程序取代合宪性审查程序的窠臼，才能真正迎来中国合宪性审查制度的春天。

第四，合宪性审查程序涉及审查主体应当遵循的原则，然而目前法规备案审查制度尚未设立。由于法律层面上的法规备案审查制度是在《立法法》第五章“适用与备案审查”中确立的，而全国人大常委会通过的《法规、司法解释备案审查工作办法》过于简单，在备案审查或合法性审查程序的设计中皆未涉及审查主体应当遵循怎样的基本原则。然而，合宪性审查是中国共产党加强宪法监督和实施、全面依法治国的重要举措与手段。在中央层面，为加强对法治中国建设的统一领导，按照十九大部署，专门成立了中央全面依法治国领导小组，为了从制度上保证党对依法治国的全面领导，作为全面依法治国重要组成部分的合宪性审查，就必须首先坚持中国共产党在合宪性审查工作中的核心领导地位原则。同时，宪法中规定的合宪性审查主体是全国人大及其常委会，人民代表大会制度是我国的根本政治制度，合宪性审查工作必须在人民代表大会制度

4 范进学：《完善我国宪法监督制度之问题辨析》，《学习与探索》2015 年第 8 期。

这一根本制度框架下开展，因此还必须遵循人民代表大会根本制度安排原则。

二、构建《合宪性审查程序法》遵循的基本原则

（一）坚持中国共产党的核心领导

宪法修改将“中国共产党领导是中国特色社会主义最本质的特征”载入《宪法》第一条中，从序言到条款，中国共产党始终总揽全局、协调各方的领导核心地位得以在宪法中充分体现出来。中国共产党是中国的长期执政党，这种执政地位与领导地位是中国人民的选择和中国历史的选择确立的，党的领导不仅是中国特色社会主义的最本质特征，也是社会主义法治最根本的保证，党的领导、中国特色社会主义制度与中国特色社会主义法治理论，这三方面实质上是中国特色社会主义法治道路的核心要义，全面推进依法治国这件大事能不能办好，最关键的是方向是不是正确、政治保证是不是坚强有力；党的领导和社会主义法治是一致的，社会主义法治必须坚持党的领导，党的领导必须依靠社会主义法治；坚持党的领导，是社会主义法治的根本要求，是党和国家的根本所在、命运所在。[5] 十八大以来，习近平总书记提出并反复

5 习近平：《关于〈中共中央关于全面推进依法治国若干重大问题的决定〉的说明》，《中国共产党第十八届中央委员会第四次全体会议文件汇编》，人民出版社 2014 年版，第 78—79 页。

强调的一个重要论断是“中国共产党领导是中国特色社会主义最本质的特征”。这是党的十八大以来以习近平同志为核心的党中央关于中国共产党历史地位的全新论断。十九大报告中指出：“中国特色社会主义最本质的特征是中国共产党领导，中国特色社会主义制度的最大优势是中国共产党领导，党是最高政治领导力量”，并重申“党政军民学，东西南北中，党是领导一切的”，提出“坚持党对一切工作的领导”的基本原则，并将它置于新时代坚持和发展中国特色社会主义基本方略的第一条。中国共产党的领导直接决定和体现着中国特色社会主义的性质。中国特色社会主义包括道路、理论体系、制度和文化，其中的每一个方面都体现了党的领导：中国特色社会主义道路是中国共产党领导人民开创的，中国特色社会主义理论体系是中国共产党的指导思想和行动指南，中国特色社会主义制度的建设和发展都必须在党的领导下来完成，中国特色社会主义文化是在中国共产党领导下发展的。一言以蔽之，中国特色社会主义就是中国共产党领导人民开创的，没有共产党的领导，就没有中国特色的社会主义。党的领导这一政治原则是新时代中国特色社会主义取得成功和走向胜利的根本政治保证。

十九届三中全会通过的《中共中央关于深化党和国家机构改革的决定》中明确提出“把加强党对一切工作的领导贯穿改革各方面和全过程，完善保证党的全面领导的制度安排”；同时，《决定》还指出：“要加强党对涉及党和国家事业全局的重大工作的集中统一领导。”[6]同时，中共中央印发的《深化党和国家机构改革方案》中提出：“深化党中央机构改革，要着眼于健全加强党的全面领导的制度，优化党的组织机构，建立健全党对重大工作的领导体制机制，更好发挥党的职能部门作用。”[7]十九大报告提出“推动合宪性审查工作”，就是党中央全面依法治国的一项制度安排，关乎宪法实施重要制度安排的合宪性审查及其程序的立法，当然必须坚持党的领导核心地位，党领导立法是新时代中国特色社会主义立法的鲜明特点与最大的政治优势，是党的领导在立法中的具体体现。合宪性审查制度如果没有党的领导，是建立不起来的，即使建立起来，也无法充分发挥其应有的价值与功能。尤其是当合宪性审查的对象是法律、法规、规章，或是党内法规和规范性文件时，没有党的领导，任何国家机关都难以真正有效实施合宪性审查，因为，“我们党的政策和国家法律都是人民根本意志的反映，在本质上是一致的”，党的政策通过法定程序成为国家意志、形成法律之后，“实施法律就是贯彻党的意志，依法办事就是执行党政策”。[8]因此，对法律或党内法规与规范性文件的审查，需要在党的领导下，甚至是在党的审查机关直接共同参与下进行，这是中国特色

---

6 《深化党和国家机构改革的决定》，《光明日报》2018 年 3 月 5 日。

7 《深化党和国家机构改革方案》，《光明日报》2018 年 3 月 22 日。

8 中共中央文献研究室编：《习近平关于全面依法治国论述摘编》，中央文献出版社 2015 年版，第 20 页。

社会主义制度决定的。众所周知，1982 年宪法确立的我国的国家性质即国体是“工人阶级领导的、以工农联盟为基础的人民民主专政的社会主义国家”，其中国体即人民民主专政的核心是“工人阶级领导”，这是基于工人阶级是先进生产力的代表，它最富于革命的彻底性、严密的组织性和纪律性。然而，“工人阶级领导”主要是通过中国共产党领导才能实现。中国共产党在中国，不仅是领导党，更是执政党，共产党的执政不同于西方竞争性政党的轮流执政，它是长期执政而非短期或周期性执政，最重要的是，这种由共产党领导并长期执政的政治制度，不仅是全体中国人民的自我选择，也是历史的必然选择。《中国共产党章程》明确指出：“中国共产党是中国工人阶级的先锋队，同时是中国人民和中华民族的先锋队，是中国特色社会主义事业的领导核心，代表中国先进生产力的发展要求，代表中国先进文化的前进方向，代表中国最广大人民的根本利益。”习近平总书记在十九大报告中也指出：“中国共产党人的初心和使命，就是为中国人民谋幸福，为中华民族谋复兴”，全党“永远把人民对美好生活的向往作为奋斗目标”。因此，中国共产党完全不同于西方资产阶级政党，中国共产党的利益与人民的利益是完全一致的。社会主义与中国特色社会主义都是中国共产党领导人民开创的，没有共产党，就没有社会主义；没有共产党的领导，就没有中国特色的社会主义。所以，中国共产党领导是中国特色社会主义最本质的特征，是我国国体的核心与灵魂。[9]

由于合宪性审查程序或宪法监督程序的构建是一个国家政治生活中的制度事件，因此就必须由宪法或法律加以明确。[10] 而关于设计某些重大政治方面的法律草案必须经党中央审议，这是我国立法工作必须遵守的一个基本政治原则。1991 年党中央《关于加强对国家立法工作领导的若干意见》明确规定：某些重大政治方面的法律草案或政治方面的法律都必须经过党中央审议或批准。[11] 因此，合宪性审查程序立法也必须坚持党的统一领导，发挥党的核心领导作用。

（二）坚持人民代表大会根本政治制度

我国的合宪性审查模式不同于任何西方资本主义国家的宪法审查模式，既非普通法院型的美国模式，也不是宪法法院

---

9 范进学:《2018 年修宪与中国新宪法秩序的重构》,《法学论坛》2018 年第 3 期。

10 陈冬:《宪法监督程序研究》，中国检察出版社 2011 年版，第 185 页。

11 《关于加强对国家立法工作领导的若干意见》规定，党中央对立法过程介入分四种情形。(1) 宪法的修改、某些重大政治方面和特别重大的经济、行政方面的法律草案，在提请全国人大审议前，都须经过党中央政治局（或党委）与中央全会的审议；其他法定机关提出的修宪议案，也需经全国人大常委会党组或全国人大中的党的领导小组报送党中央审定。(2) 政治方面的法律在起草前应由全国人大常委会将立法思想和原则呈报党中央审批。(3) 政治方面的法律和重大经济、行政方面的法律，在提交全国人大或常委会审议前，由全国人大常委会党组呈报党中央政治局或其常委审批。(4) 中央对法律起草工作实行统一领导，凡由全国人大及其常委会起草的法律，一律由全国人大党委会党组报中央审批，其他部门起草的法律草案需报全国人大审议的，也由全国人大常委会党组统一报中央审批。参见蔡定剑:《历史与变革：新中国法制建设的历程》，中国政法大学出版社 1999 年版，第 165—166 页。

型的欧洲模式或宪法委员会型的法国模式，而是中国特色社会主义立法机关即最高国家权力机关型的合宪性审查模式，这一模式的基本特点在于由最高国家权力机关即全国人大及其常委会实施宪法审查，具体是由受全国人大及其常委会领导的专门委员即“宪法和法律委员会”协助实施合宪性审查。我国宪法的这种制度安排就是植根于人民代表大会这一中国根本的政治制度。

我国宪法所设计的人民代表大会制度，是集党的领导、人民当家作主与依法治国三者有机统一的根本政治制度，党的领导不仅载入《宪法》序言，而且直接纳入宪法规范并构成中国国体的核心要素；人民当家作主意味着一切国家权力属于人民，人民依照宪法和法律，通过各种途径和形式，实现管理国家事务、经济和文化事业、社会事务的民主权利和宪法中所确认的公民的基本权利。依法治国是2004年宪法修改所确立的宪法上的社会主义法治原则，建设社会主义法治国家成为依法治国的最终价值目标。三者的关系可以概括为：人民在党的领导下，通过人民代表大会制度，依照宪法和法律管理并治理国家、社会，最终建成社会主义法治国家，实现当家作主的各项民主权利。习近平总书记在党的十九大报告中曾指出：“人民代表大会制度是坚持党的领导、人民当家作主、依法治国有机统一的根本政治制度安排，必须长期坚持、不断完善。”而“党的领导是人民当家作主和依法治国的根本保证，人民当家作主是社会主义民主政治的本质特征，依法治国是党领导人民治理国家的基本方式，三者统一于我国社会主义民主政治伟大实践”。[12]因此，人大制度是人民行使国家权力的制度架构，没有人大制度，人民就失去行使国家权力的制度载体，进而失去当家作主的民主权利。然而，人民行使国家权力的过程，离不开中国共产党的领导，其根本原因在于我国现行《宪法》序言中所阐明的显见的真理："中国共产党领导中国各族人民，在经历了长期的艰难曲折的武装斗争和其他形式的斗争以后，终于推翻了帝国主义、封建主义和官僚资本主义的统治，取得了新民主主义革命的伟大胜利，建立了中华人民共和国。从此，中国人民掌握了国家的权力，成为国家的主人”；“中国新民主主义革命的胜利和社会主义事业的成就，是中国共产党领导中国各族人民，在马克思列宁主义、毛泽东思想的指引下，坚持真理，修正错误，战胜许多艰难险阻而取得的”。正如习近平总书记在庆祝中国共产党成立九十五周年大会上的讲话中所说的：“中国特色社会主义最本质的特征是中国共产党领导，中国特色社会主义制度的最大优势是中国共产党领导。坚持和完善党的领导，是党和国家的根本所在、命脉所在，是全国各族人民的利益所在、幸福所在。”[13]一言以蔽之，没有共产党就没有新中国，没有共产党就没有中国人民当家作主的实现，没

12　中国共产党第十九次全国代表大会文件汇编编写组编：《中国共产党第十九次全国代表大会文件汇编》，人民出版社 2017 年版，第 30 页。

13　习近平：《习近平谈治国理政》第 2 卷，外文出版社 2017 年版，第 43 页。

有共产党就没有中国特色社会主义，更不可能实现中华民族伟大复兴的中国梦，正是中国共产党领导人民缔造了国家。塞缪尔·亨廷顿指出：“不是政党反映国家意志，而是政党缔造国家，国家是党的工具。政府的行动只有反映了政党的意志才是合法的。政党是合法性的根基，因为它是国家主权、人民意志或无产阶级专政的制度化身。”[14] 在中国，由于中国共产党是中国最高政治领导力量，办好中国的事情，关键在中国共产党，因为共产党就是“国家主权、人民意志或无产阶级专政的制度化身”。因此，坚持人民代表大会根本政治制度，就是要坚持党领导下的由全国人大以及常委会行使宪法审查或合宪性审查的权力，把所有规范性文件纳入合宪性审查范围，依法撤销和纠正违宪的规范性文件，维护宪法权威和尊严。

（三）坚持宪法至上

合宪性审查的唯一标准就是宪法，标准的唯一性注定了宪法的至上权威性。宪法至上是指宪法在所有社会规则体系中具有最高的权威性与最高的法律效力，其他一切规则都不得同宪法相抵触，人人受宪法的统治支配，当人的意志与宪法发生矛盾时，以宪法为准绳。一言以蔽之，宪法居于绝对至上或支

---

14 ［美］塞缪尔·P. 亨廷顿：《变化社会中的政治秩序》，王冠华等译，生活·读书·新知三联书店 1989 年版，第 85 页。

配的地位，一切行为以宪法为标准，实现法的统治而不是人的统治。宪法至上是法治的精髓，它排斥的是人的恣意妄为，法治的最核心含义是约束住所有权力，如果权力者依然在宪法规则之外行使权力，那么宪法的效力与权威就没有至上，宪法存在的意义则不复存在。

宪法至上，意味着宪法具有最高的法律效力，是基础规范，其最高效力来自全体人民的授权。我国《宪法》序言指出：宪法“具有最高的法律效力”；《宪法》第五条作出明确规定：“一切法律、行政法规和地方性法规都不得同宪法相抵触。”这在宪法上确立了宪法自身最高的效力地位。我国《立法法》第七十八条规定：“宪法具有最高的法律效力，一切法律、行政法规、地方性法规、自治条例和单行条例、规章都不得同宪法相抵触。”可见，宪法至上是法律至上的前提，毕竟法律不是由人民制定的，而是由人民选举的代表机关及代表制定的，人民的代表机关及代表有可能滥用人民所委托的立法权，因而就有可能制定出不符合民意的法律，从而造成法律与宪法的冲突，这时就需要以宪法为依据进行审查，合宪的法律予以维护，违宪的法律予以撤销或废止。因此，宪法至上是绝对的。

习近平总书记在首都各界纪念现行宪法公布施行三十周年大会上的讲话中对宪法至上表达得非常清晰，他说：“宪法是国家的根本法，是治国安邦的总章程，具有最高的法律地位、法律权威、法律效力，具有根本性、全局性、稳定性、长期性。全国各族人民、一切国家机关和武装力量、各政党和各社会团体、各企业事业组织，都必须以宪法为根本的活动准则，并且负有维护宪法尊严、保证宪法实施的职责。任何组织或者个人，都不得有超越宪法和法律的特权。一切违反宪法和法律的行为，都必须予以追究。”从字义上分析，宪法至上意味着：（1）宪法具有最高的法律地位，地位最高，意味着价值地位最高，一切价值服从于宪法价值；（2）宪法具有最高的法律权威，权威最高，意味着一切权威都必须依附于宪法权威；（3）宪法具有最高的法律效力，效力最高，意味着一切法律规范性文件都不得与宪法相抵触，抵触者无效；（4）全国各族人民、一切国家机关和武装力量、各政党和各社会团体、各企业事业组织，都必须以宪法为根本的活动准则，一切主体都必须遵守宪法，服从宪法，以宪法办事；（5）任何组织或者个人，都不得有超越宪法和法律的特权，职权权限法定，宪法法律无授权不得行使；（6）一切违反宪法和法律的行为，都必须予以追究，责任法定，违宪违法行为必须承担法定责任。

宪法至上重在约束权力，任何权力的行使必须受到宪法的限制，所有人都必须在宪法范围内活动，包括执政党也要依法执政、依宪执政。因此，在合宪性审查中，就必须坚持宪法至上原则，以宪法为最高法律规范，检查与审视一切规范性文件是否与宪法相抵触，保证宪法的至上权威与崇高的尊严，使宪法得以全面有效地贯彻实施。

（四）坚持程序法定

程序是国家机关权力运行开启的地方，也是权力运行终结的地方。任何制度包括合宪性审查制度，都是一套规则体系，规则就是程序最基本的要素。程序是为进行某项活动或过程所规定的途径或先后顺序，而规范这种途径或先后顺序的活动就必须依靠规则，以规则的形式把这种活动的途径、方法、步骤确定下来，从而使之有所遵循。因此，程序法定包括两层含义：一是立法要求，即合宪性审查程序应当由法律事先明确规定；二是权力运行要求，即合宪性审查活动应当依据国家法律规定的审查程序进行。合宪性审查程序必须通过法律规则的方式对合宪性审查活动的一切行为的先后顺序——合宪性主体与事由、合宪性审查的提起、合宪性审查要求或建议的受理、审查审议、审查结果的公布及其审查的效力等——作出明确的规定，这就是合宪性程序立法的主要目的。程序法定原则是现代法治的基本要求，也是社会主义法治的根本要求。依法治国，首先就是要求依照程序治国，由于制度是规则的制度，而规则又是程序的规则，所以，依程序治国就是依法律规则治国，尊重程序就是尊重规则，遵守程序就是遵守规则。合宪性审查程序一旦以法律的形式得以确立，合宪性审查机构必须坚持程序法定原则，维护合宪性审查程序的权威。

三、关于《合宪性审查程序法（草案）》的说明

（一）关于制定《合宪性审查程序法（草案）》的基本考虑

党的十八大以来，习近平总书记多次强调，坚持依法治国首先要坚持依宪治国，坚持依法执政首先要坚持依宪执政，他在首都各界纪念现行宪法公布施行三十周年大会上的讲话指出："全面贯彻实施宪法，是建设社会主义法治国家的首要任务和基础性工作"，因此，习总书记不仅提出"我们要坚持不懈抓好宪法实施工作，把全面贯彻实施宪法提高到一个新水平"的要求，同时还提出了"加强对宪法和法律实施情况的监督检查，健全监督机制和程序，坚决纠正违宪违法行为"的要求。十九大报告更加明确提出了"加强宪法实施和监督，推进合宪性审查工作"的新时代要求。合宪性审查工作是全面贯彻实施宪法、维护宪法权威、推进全面依法治国、推进国家治理体系和治理能力现代化的重大举措。

第一，加强宪法实施和监督，必须以推进合宪性审查工作为核心，以落实党的十九大精神。

我国现行宪法把"监督宪法的实施"的职权赋予了全国人大及其常委会，为实施宪法，全国人大及其常委会通过制定完备的法律来推动宪法实施，保证宪法确立的制度和原则得到

落实；国务院和有立法权的地方人大及其常委会通过制定和修改与法律相配套的行政法规和地方性法规，保证宪法和法律得到有效实施。这种通过立法的方式实施宪法是宪法实施的重要途径。同时《宪法》序言还规定：全国各族人民、一切国家机关和武装力量、各政党和各社会团体、各企业事业组织，都必须以宪法为根本的活动准则，并且负有维护宪法尊严、保证宪法实施的职责。然而，作为宪法实施的法律或国家机关、政党、社会团体、企事业组织的行为是否违反宪法的规定，则需要监督，这就是宪法赋予全国人大及其常委会“监督宪法的实施”的主要使命所在。监督宪法的实施，首先就是要监督根据宪法制定的规范性文件是否与宪法相抵触；其次，监督国家机关、政党、社会团体、企事业组织的行为是否违反宪法的规定。这种监督宪法的实施行为，是基于保证《宪法》《立法法》所规定的宪法的至上地位。因为任何法律或规范性文件的制定及其本身，都不能保证它总是与宪法相一致，这需要具有合宪性审查权的机关进行合宪性审查，以保障所有的规范性文件都不得与宪法相抵触，从而保证宪法的正确实施。同时，也要对国家机关、政党、社会团体、企事业组织的行为是否违反宪法进行审查，以保证“一切违反宪法和法律的行为必须予以追究”。因此，合宪性审查是监督宪法实施的须臾不可离的手段与措施。1982 年宪法颁布施行后，全国人大及其常委会为保证宪法实施与监督做了大量的工作，并在我国确立了法规备案审查制度，以保证法规、规章、司法解释等规范性文件的合宪性。然而，我国的宪法实施和监督工作与全面依法治国、全面贯彻宪法实施还存在着较大的差距，也存在不少问题，主要表现在："保证宪法实施的监督机制和具体制度还不健全"，"公民包括一些领导干部的宪法意识还有待进一步提高"。[15] 因此，习近平总书记在十九大报告中明确提出了"加强宪法实施和监督，推进合宪性审查工作"的新时代要求。为落实党的十九大提出的"推进合宪性审查工作"精神，党中央《深化党和国家机构改革方案》将全国人大法律委员会更名为宪法和法律委员会，宪法修正案又将《宪法》第七十条作了修改，正式确立全国人大宪法和法律委员会作为监督宪法实施的专责机构。为了顺利开展合宪性审查工作，就必须起草和制定《合宪性审查程序法》，使合宪性审查工作有章可循，并使之制度化、规范化和程序化。

第二，维护社会主义法治的统一与尊严，必须以合宪性审查为抓手，实现宪法的要求。

1982 年《宪法》第五条明确规定"国家维护社会主义法制的统一和尊严。一切法律、行政法规和地方性法规都不得同宪法相抵触。一切国家机关和武装力量、各政党和各社会团体、各企业事业组织都必须遵守宪法和法律。一切违反宪法和法律的行为，必须予以追究"。自 1982 年以来，这一宪法规

---

15 习近平:《在首都各界纪念现行宪法公布施行三十周年大会上的讲话》，中共中央文献研究室编:《十八大以来重要文献选编》(上)，中央文献出版社 2014 年版，第 87 页。

定几乎处于空中楼阁的状态，未能得以有效落实，其中一个重要原因是长期以来我国宪法监督制度中缺乏一个专门协助全国人大及其常委会监督宪法实施的机构作为抓手。没有一个专责监督宪法实施的机构，仅仅依靠全国人大或全国人大常委会，是难以完成监督宪法实施的职责的。因此，随着十九大提出的“推进合宪性审查工作”新要求以及宪法修改后全国人大宪法和法律委员会被确立为监督宪法实施的专责机构，我国的合宪性审查工作必将进入一个快速推进并发展的轨道，《宪法》第五条所规定的内容与要求将会通过合宪性审查这一抓手来实现。同时，由于 2018 年修宪将《宪法》序言第七自然段中的“健全社会主义法制”修改为“健全社会主义法治”，所以，为了维护社会主义法治的统一和尊严，就必须起草和制定《合宪性审查程序法》。

第三，把全面贯彻实施宪法提高到一个新水平，需要进一步健全宪法监督机制和程序，落实十八届三中全会提出的推进法治中国建设的要求。

从 2002 年胡锦涛在首都各界纪念我国宪法公布施行二十周年大会上的讲话中提出“进一步明确宪法监督程序”，到 2012 年习近平在首都各界纪念现行宪法公布施行三十周年大会上的讲话中再次提出“健全监督机制和程序”，再到 2013 年《中共中央关于全面深化改革若干重大问题的决定》提出“要进一步健全宪法实施监督机制和程序，把全面贯彻实施宪法提高到一个新水平”，党中央始终一以贯之地明确要求健全宪法实施监督程序。何谓“健全”？实际上就是要抓紧推动合宪性审查程序的立法工作，尽快起草和制定出合乎中国特色与国情的《合宪性审查程序法》。只有制定出合宪性审查程序的基本法律，才能说宪法实施监督程序健全了。所以，起草和制定《合宪性审查程序法》就是落实党中央的精神和十八届三中全会提出的推进法治中国建设要求的重大举措，从而把全面贯彻实施宪法提高到一个新水平。

（二）关于制定《合宪性审查程序法（草案）》的总体要求与原则

起草和制定《合宪性审查程序法》是事关监督宪法实施的重大立法活动，必须在党中央集中统一领导下进行。起草和制定《合宪性审查程序法》的总体要求是，高举中国特色社会主义伟大旗帜，全面贯彻党的十九大精神，坚持以马克思列宁主义、毛泽东思想、邓小平理论、“三个代表”重要思想、科学发展观、习近平新时代中国特色社会主义思想为指导，坚持党的领导、人民当家作主、依法治国有机统一，把党中央关于加强宪法实施和监督、健全宪法实施监督程序、推进合宪性审查工作的新要求与方针通过法定程序上升为国家意志，成为国家法律，体现党和国家全面贯彻实施宪法的新要求，保证合宪性审查工作有序推进，把全面贯彻实施宪法提高到一个新水平。

在贯彻和体现上述总体要求的前提下，起草和制定《合宪性审查程序法》还必须遵循以下四大原则：

一是坚持中国共产党的核心领导。坚持党中央集中统一领导，增强政治意识、大局意识、核心意识、看齐意识，坚定中国特色社会主义道路自信、理论自信、制度自信、文化自信，坚定不移走中国特色社会主义政治发展道路和中国特色社会主义法治道路，把坚持党中央集中统一领导贯穿于合宪性审查程序起草和制定全过程，确保立法的正确政治方向。

二是坚持人民代表大会制度。坚持人民代表大会根本政治制度，就是要坚持党领导下的由全国人大及其常委会行使宪法审查或合宪性审查的权力，把所有规范性文件纳入合宪性审查范围，依法撤销和纠正违宪的规范性文件，维护宪法权威和尊严。

三是基本法律不予审查原则。该原则确立的意义就在于：第一，避免全国人大对自己制定的基本法律进行自我审查而招致批评与指责。全国人大作为最高国家权力机关，其制定的基本法律具有“基础规范”的作用与功能，在实践上对其不予审查，是充分相信基本法律不会违反宪法，即便违宪，也相信能够凭借全国人大严格的法律制定程序与自我完善机制得以妥当处理。第二，避免全国人大常委会作为常设机关监督全国人大的权力逻辑上的悖论。在宪法设计上，全国人大常委会是全国人大的常设机关，自身隶属于全国人大，向全国人大负责并报告工作；若在合宪性审查实践中，由常委会审查全国人大制定的基本法律是否违宪，在权力逻辑上是矛盾的，在现实中也是不可能的。第三，将全国人大常委会合宪性审查工作的重点放在法律之外的法规、规章与司法解释等规范性文件上，就抓住了事物的主要矛盾。只要法律外的规范性文件的合宪性解决了，宪法的权威就能够树立起来，公民的宪法权利或人权就能够得以保障。

四是党内法规和规范性文件不予审查原则。目前我国合宪性审查体制采取的是“党内法规和规范性文件归党审查、国家法律规范性文件归国家审查”的党国审查制度分离模式。我国《宪法》《立法法》《各级人民代表大会常务委员会监督法》《法规、司法解释备案审查工作办法》等规范性法律文件，皆把合宪性审查的对象局限于法律、法规、自治条例和单行条例、规章以及司法解释等，而没有将党内法规和规范性文件纳入国家意义上的合宪性审查范围之中。国家意义上的规范性法律文件对党内法规和规范性文件的合宪性问题均遵循不予审查的原则。共产党是我国的执政党、领导党，共产党所制定的规范性文件不在全国人大常委会审查范围之列。实践中，国家宪法和法律将党内法规和规范性文件的合宪性审查交由执政党自身进行审查，因此，全国人大及其常委会对其不予审查是有法定依据的。

（三）关于《合宪性审查程序法（草案）》的基本内容

《合宪性审查程序法（草案）》共分八章，二十八条，基本内容如下：

第一章　总则（第一条至第五条）：规定合宪性审查程序法的立法目的，以及应当遵循的四个原则：坚持党的领导、坚持人民代表大会制度、坚持宪法至上、坚持程序法定。

第二章　合宪性审查主体（第六条至第七条）：重申宪法关于合宪性审查主体的规定，即全国人民代表大会有权审查全国人民代表大会常务委员会不适当的决定。全国人民代表大会常务委员会行使合宪性审查的职权。全国人民代表大会宪法和法律委员会是协助全国人民代表大会及其常委会具体行使合宪性审查的专责机构，审议、研究合宪性审查案并提出审查意见。宪法和法律委员会受全国人民代表大会领导；在全国人民代表大会闭会期间，受全国人民代表大会常务委员会领导。

第三章　规范性文件主动合宪性审查（第八条至第九条）：主要规定了全国人大主动合宪性审查的两种情形，以及全国人大常委会主动合宪性审查的六种情形。

第四章　合宪性审查请求的提起（第十条至第十六条）：规定了请求合宪性审查的一般主体以及被动合宪性审查的请求主体与四种合宪性审查移送请求主体，同时对请求提出的方式作出了规定。

第五章　合宪性审查请求的受理（第十七条至第十九条）：规定了合宪性审查受理机构、程序、时效以及请求的处理与决定审查的相关问题。

第六章　合宪性审查案的审查（第二十条至第二十四条）：规定了宪法和法律委员会审查、审查意见反馈与审查终止、规范性文件的撤销程序、审查并解释程序以及审查结果的社会公开程序。

第七章　合宪性审查案的通过与效力（第二十五条至第二十七条）：规定了合宪性审查案的通过与公布程序、合宪性解释的效力。

第八章　附则（第二十八条）：规定了施行日期。

（四）《合宪性审查程序法（草案）》

第一章　总　则

第一条　立法宗旨与依据

为了加强宪法实施和监督，推进合宪性审查工作，维护宪法权威，规范合宪性审查的活动，根据宪法，制定本法。

第二条　坚持党的领导

合宪性审查应当坚持中国共产党的核心领导。

第三条　坚持人民代表大会制度

合宪性审查应当坚持人民代表大会根本政治制度。

第四条　坚持宪法至上

合宪性审查应当坚持宪法至上。

第五条　程序法定原则

合宪性审查应当遵循程序法定原则，依照本法规定的程序实施。

第二章　合宪性审查主体

第六条　合宪性审查主体

全国人民代表大会有权审查全国人民代表大会常务委员会不适当的决定。

全国人民代表大会常务委员会行使合宪性审查的职权。

全国人民代表大会常务委员会依申请进行合宪性审查的情形，按照本法规定的程序进行。

第七条　全国人大宪法和法律委员会

全国人民代表大会宪法和法律委员会是协助全国人民代表大会及其常委会具体行使合宪性审查职权的专责机构，审议、研究合宪性审查案并提出审查意见。

宪法和法律委员会受全国人民代表大会领导；在全国人民代表大会闭会期间，受全国人民代表大会常务委员会领导。

宪法和法律委员会由主任委员、副主任委员若干人和委员若干人组成。

第三章　规范性文件主动合宪性审查

第八条　全国人大主动合宪性审查

有下列情形之一的，全国人民代表大会可以主动进行合宪性审查：

（一）全国人民代表大会常务委员会不适当的决定；

（二）报全国人民代表大会常务委员会批准后生效的不适

当的自治区的自治条例和单行条例。

第九条　全国人大常委会主动合宪性审查

有下列情形之一的，全国人民代表大会常务委员会可以主动进行合宪性审查：

（一）国务院制定的同宪法相抵触的行政法规、决定和命令；

（二）省、自治区、直辖市人民代表大会及其常委会制定的同宪法相抵触的地方性法规和决议；

（三）经济特区所在地的省、市的人民代表大会及其常务委员会根据全国人民代表大会的授权决定，制定的法规同宪法相抵触的；

（四）省、自治区的人民代表大会常务委员会报请备案的设区的市、自治州的人民代表大会及其常务委员会制定的地方性法规同宪法相抵触的；

（五）省、自治区、直辖市的人民代表大会常务委员会报请备案的自治州、自治县的人民代表大会制定的自治条例和单行条例同宪法相抵触的；

（六）向全国人民代表大会常务委员会报请备案的最高人民法院、最高人民检察院作出的属于审判、检察工作中具体应用法律的解释同宪法相抵触的。

第四章　合宪性审查请求的提起

第十条　请求合宪性审查的主体

一切国家机关和武装力量、各政党和各社会团体、各企业事业单位组织和公民个人，依照法律规定可以向全国人民代表大会常务委员会提出合宪性审查的请求。

第十一条　被动合宪性审查的请求主体

国务院，中央军事委员会，最高人民法院，最高人民检察院，省、自治区、直辖市的人民代表大会及其常务委员会，六十人以上全国人民代表大会的代表或者一个代表团，认为法律、行政法规、地方性法规、自治条例和单行条例、规章、司法解释等规范性文件同宪法相抵触的，可以向全国人民代表大会常务委员会书面提出进行审查的要求。全国人民代表大会常务委员会应当受理。

前款规定以外的其他国家机关和社会团体、企业事业组织以及公民认为法律、行政法规、地方性法规、自治条例和单行条例、规章、司法解释等规范性文件同宪法相抵触的，可以向全国人民代表大会常务委员会书面提出进行审查的建议。由常务委员会工作机构对建议进行研究，必要时，送宪法和法律委员会进行审查、提出意见。

第十二条　合宪性审查移送请求主体

地方各级人民法院、专门人民法院（或法官）在审理案件过程中，认为所适用的法律、行政法规、地方性法规、自治条例和单行条例、规章等规范性文件同宪法相抵触的，应裁定中止诉讼程序，依规提请最高人民法院，由最高人民法院决定是否向全国人民代表大会常务委员会提出合宪性审查的移送要求。

当事人认为所适用的法律、行政法规、地方性法规、自治条例和单行条例、规章等规范性文件同宪法相抵触，向人民法院书面提出的，而人民法院（或法官）认为确实存在抵触的，应裁定中止诉讼程序，依规提请最高人民法院，由最高人民法院决定是否向全国人民代表大会常务委员会提出合宪性审查的要求。

最高人民法院在审理案件过程中发生前款的情形，可以向全国人民代表大会常务委员会提出合宪性审查的要求。

最高人民法院提请合宪性审查的，全国人民代表大会常务委员会应当受理。

第十三条　合宪性审查移送请求主体

最高人民检察院在检察工作中认为同宪法相抵触的规范性文件，需要合宪性审查的，移送至全国人民代表大会常务委员会。

第十四条　合宪性审查移送请求主体

中共中央办公厅对党内法规和规范性文件进行备案审查时，认为同宪法相抵触的规范性文件，需要合宪性审查的，移送至全国人民代表大会常务委员会。

第十五条　合宪性审查移送请求主体

省、自治区的人民代表大会常务委员会认为报请批准的设区的市的地方性法规同宪法相抵触的，应当向全国人民代表大会常务委员会提出移送合宪性审查的要求。

上一级人民代表大会常务委员会认为报请备案的设区的市、县（市、区）人民代表大会及其常务委员会和乡（镇）人民代表大会通过的具有普遍约束力的决议、决定同宪法不一致的，先报请省、自治区、直辖市人民代表大会常务委员会；省、自治区、直辖市人民代表大会常务委员会初步审查，认为同宪法相抵触的，需要合宪性审查的，移送至全国人民代表大会常务委员会。

第十六条　请求提出的方式

提请合宪性审查的要求和建议，应以书面方式提出，并说明理由。

合宪性审查请求书应载明请求人的姓名、住址、联系方式、请求事由、具体的规范性文件、需要合宪性审查的理由等内容。

合宪性审查请求书可以通过信件和数据电文（包括电报、电传、传真和电子邮件）等方式送交全国人民代表大会常务委员会，特殊情况可以直接送达。

第五章　合宪性审查请求的受理

第十七条　合宪性审查受理机构

合宪性审查的请求由全国人民代表大会常务委员会法制工作委员会接收。收到合宪性审查请求后，法制工作委员会应予以登记、送达回执，并对申请人是否具有提请资格、合宪性审查请求书是否符合要求作初步审查。

审查工作机构应当自收到审查要求或者建议之日起十五日内，将收到情况以电子邮件等书面形式告知提出审查要求或者审查建议的国家机关、社会团体、企业事业组织或者公民。对于不符合要求的，法制工作委员会作出不予受理的决定并书面说明理由。

审查工作机构将符合要求的合宪性审查请求书转交全国人民代表大会宪法和法律委员会。

第十八条　请求的处理

全国人民代表大会宪法和法律委员会接受合宪性审查的请求后，应在六十日内就是否需要合宪性审查提出意见。需要延长时日的，经委员长会议批准，可延迟三十日。

宪法和法律委员会认为没有必要进行合宪性审查的，应予驳回，并将驳回理由书面告知提请合宪性审查的请求人。

第十九条　决定审查

全国人民代表大会宪法和法律委员会审查后认为确有必要进行合宪性审查的，应当提出书面意见，提交全国人民代表大会委员长会议讨论决定。委员长会议认为需要合宪性审查的，应启动合宪性审查程序。

委员长会议作出审查或不予审查的决定后，宪法和法律委员会应书面告知提请审查的请求人。

第六章　合宪性审查案的审查

第二十条　宪法和法律委员会审查

经全国人民代表大会常务委员会委员长会议讨论决定需要进行合宪性审查的，由全国人民代表大会宪法和法律委员会进行初步审查；必要时，可以与相关全国人民代表大会专业委员会、常务委员会工作机构共同审查。

第二十一条　审查意见反馈与审查终止

全国人民代表大会宪法和法律委员会在审查、研究中认为行政法规、地方性法规、自治条例和单行条例、行政规章、司法解释同宪法相抵触的，可以向制定机关提出书面审查意见、研究意见；也可以由宪法和法律委员会与有关的专门委员会、常务委员会工作机构召开联合审查会议，要求制定机关到会说明情况，再向制定机关提出书面审查意见。

规范性文件的制定机关收到书面审查意见后，应当在六十日内提出是否修改或者废止的书面意见，并送提出审查意见的全国人民代表大会宪法和法律委员会。规范性文件的制定机关认为被审查的规范性文件无须修改或者废止的，应当说明理由。

规范性文件的制定机关按照审查意见对规范性文件进行修改或者废止的，审查终止，并应当将修改后的规范性文件或者废止规范性文件的情况向提出该规范性文件审查意见的全国人民代表大会常务委员会备案。

第二十二条　规范性文件的撤销

全国人民代表大会宪法和法律委员会经审查、研究认为行政法规、地方性法规、自治条例和单行条例、行政规章、司法解释同宪法相抵触而制定机关不予修改的理由不成立的，应当向委员长会议提出予以撤销的议案、建议，由委员长会议决定列入常务委员会会议审议议程，并作出审议决定。

第二十三条　审查并解释

全国人民代表大会常务委员会经审议认为需要撤销的议

案，由全国人民代表大会宪法和法律委员会拟定宪法解释案，宪法解释案应在全国人民代表大会常务委员会全体会议召开之前的五日内送交常务委员会全体委员。

宪法解释案应由全国人民代表大会常务委员会以会议的形式进行审议。全国人民代表大会宪法和法律委员会根据常务委员会会议的审议意见对宪法解释案修正后，可付诸表决。

审议中仍有重大问题需要进一步研究的，由委员长会议提出，经全体会议同意，可以暂不付表决，交宪法和法律委员会进一步审议。

第二十四条　审查结果的社会公开

全国人民代表大会宪法和法律委员会应当按照规定要求，将审查、研究情况向提出审查建议的国家机关、社会团体、企业事业组织以及公民反馈，并可以向社会公开。

第七章　合宪性审查案的通过与效力

第二十五条　合宪性审查案的通过

合宪性审查案由全国人民代表大会常务委员会全体委员的三分之二以上的多数通过。

第二十六条　合宪性审查案的公布

合宪性审查案应包括审查的编号、审查的主文、审查的理由、审查的时间等内容。

合宪性审查案由全国人民代表大会常务委员会发布公告

予以公布。在常务委员会公报上刊登的文本为标准文本。

第二十七条　合宪性解释的效力

全国人民代表大会常务委员会对宪法的解释具有法律效力。

合宪性解释公布后，相关的法律、法规等应及时作出适当的调整。

第八章　附　则

第二十八条　施行日期

本法自 ×× 年 ×× 月 ×× 日起施行。

附　录

《中华人民共和国宪法解释程序法（专家建议稿）》[1]

编者按：2009年，《宪法解释程序法》课题组以司法部课题"宪法解释程序法理论与实践"为基础，草拟、公布了该法初稿。2011年，课题组向国家有关部门提交了《宪法解释程序法（专家建议稿）》。党的十八大以来，特别是十八届三中、四中全会以来，课题组根据中央精神和宪法实践的新情况，征求了若干专家学者的意见，对建议稿进行了重新修改、补充和完善。2015年5月，课题组向部分专家书面征求了意见，对原稿作了较大幅度的修改。2015年11月21日，课题组在京举行"宪法解释的新发展"专题研讨会，国内十五位中青年专家探讨世界不同国家宪法解释的基本制度与我国宪法解释制度的

1　韩大元、张翔等：《宪法解释程序研究》，中国人民大学出版社2016年版，第174—178页。

基本问题，并逐条对建议稿进行讨论修改，形成目前的稿本。

第一章　总　则

第一条　立法宗旨与依据

为了维护宪法的尊严，保障社会主义法制的统一，规范解释宪法的活动，根据宪法，制定本法。

第二条　忠于宪法原则

解释宪法应当遵循宪法的规定和基本原则。

第三条　人权与秩序原则

解释宪法应当尊重和保障人权，维护宪法秩序的稳定与和谐。

第四条　程序法定原则

解释宪法应当依照本法规定的程序实施。

第二章　宪法解释的主体与事由

第五条　解释的主体

全国人民代表大会常务委员会行使解释宪法的职权。

全国人民代表大会常务委员会依申请解释宪法的，按照本法规定的程序进行。

全国人民代表大会常务委员会主动解释的，按照本法第五章、第六章的程序进行。

第六条　解释的事由

有下列情况之一的，全国人民代表大会常务委员会可以解释宪法：

（一）宪法的规定需要进一步明确具体含义的；

（二）宪法实施中出现新的情况，需要明确适用宪法依据的；

（三）法律、行政法规、地方性法规、自治条例和单行条例、规章等规范性文件可能与宪法相抵触的。

第三章　宪法解释请求的提起

第七条　请求解释的主体

一切国家机关和武装力量、各政党和各社会团体、各企业事业单位组织和个人，可以向全国人民代表大会常务委员会提出解释宪法的要求。

第八条　预防性解释的请求主体

国家机关在制定法律、行政法规、地方性法规、自治条例和单行条例、规章等规范性文件时，认为需要对宪法进行解释的，可以向全国人民代表大会常务委员会书面提出解释宪法的要求。全国人民代表大会常务委员会应当受理。

第九条　抽象审查性解释的请求主体

国务院，中央军事委员会，最高人民法院，最高人民检察院，省、自治区、直辖市的人民代表大会及其常务委员会，六十人以上全国人民代表大会的代表或者一个代表团，认为法律、行政法规、地方性法规、自治条例和单行条例、规章等规范性文件同宪法相抵触的，可以向全国人民代表大会常务委员会书面提出进行审查的要求。全国人民代表大会常务委员会应当受理。

前款规定以外的其他国家机关和社会团体、企业事业组织以及公民认为法律、行政法规、地方性法规、自治条例和单行条例、规章等规范性文件同宪法相抵触的，可以向全国人民代表大会常务委员会书面提出进行审查的建议。由常务委员会工作机构对建议进行研究，必要时，送有关的专门委员会进行审查、提出意见。

第十条　具体审查性解释的请求主体

地方各级人民法院、专门人民法院（或法官）在审理案件过程中，认为所适用的法律、行政法规、地方性法规、自治条例和单行条例、规章等规范性文件同宪法相抵触的，应裁定中止诉讼程序，提请最高人民法院，由最高人民法院决定是否向全国人民代表大会常务委员会提出解释宪法的要求。

当事人认为所适用的法律、行政法规、地方性法规、自治条例和单行条例、规章等规范性文件同宪法相抵触，向人民法院书面提出的，而人民法院（或法官）认为确实存在抵触的，应裁定中止诉讼程序，提请最高人民法院，由最高人民法院决定是否向全国人民代表大会常务委员会提出解释宪法的要求。

最高人民法院在审理案件过程中发生前款的情形，可以向全国人民代表大会常务委员会提出解释宪法的要求。

最高人民法院提请解释宪法的，全国人民代表大会常务委员会应当受理。

第十一条　个人请求的条件

任何人认为自己的基本权利受到国家机关和国家工作人员的侵害，穷尽所有的法律途径仍得不到救济时，可以向全国人民代表大会常务委员会提出解释宪法的请求。全国人民代表大会常务委员会应当受理。

第十二条　请求提出的方式

提请解释宪法的要求和建议，应以书面方式提出，并说明理由。

宪法解释请求书应载明请求人的姓名、住址、联系方式、请求事由、具体的宪法规定、需要解释宪法的理由等内容。

宪法解释请求书可以通过信件和数据电文（包括电报、电传、传真和电子邮件）等方式送交全国人民代表大会常务委员会，特殊情况可以直接送达。

第四章　宪法解释请求的受理

第十三条　接收机构

宪法解释的请求由全国人民代表大会常务委员会法制工作委员会接收。收到解释请求后，法制工作委员会应予以登记、送达回执，并对申请人是否具有提请资格、宪法解释请求书是否符合要求作出初步审查。

法制工作委员会应于十日内将符合要求的宪法解释请求

书转交法律委员会；对于不符合要求的，法制工作委员会作出不予受理的决定并书面说明理由。

第十四条　请求的处理

全国人民代表大会法律委员会接受解释宪法的请求后，应在六十日内就是否需要解释宪法提出意见。需要延长时日的，经委员长会议批准，可延迟三十日。

法律委员会认为没有必要解释宪法的，应予驳回，并将驳回理由书面告知提请解释的请求人。

第十五条　决定解释

全国人民代表大会法律委员会审查后认为确有必要解释宪法的，应当提出书面意见，提交全国人民代表大会委员长会议讨论决定。委员长会议认为需要解释宪法的，应启动解释程序。

委员长会议作出解释或不解释宪法的决定后，法律委员会应书面告知提请解释的请求人。

第五章　宪法解释案的起草与审议

第十六条　宪法解释咨询委员会

全国人民代表大会常务委员会设立宪法解释咨询委员会。

第十七条　解释案的起草

经全国人民代表大会常务委员会委员长会议讨论决定需要解释的，由全国人民代表大会常务委员会法律委员会征询宪法解释咨询委员会的意见，拟订宪法解释案。

第十八条　解释案的初步审议

宪法解释案由全国人民代表大会常务委员会法律委员会初步审议后，提交全国人民代表大会常务委员会，由委员长会议决定列入常务委员会会议审议议程。

第十九条　解释案的提出

宪法解释案应在全国人民代表大会常务委员会全体会议召开之前的五日内印送常务委员会全体委员。

宪法解释案应由全国人民代表大会常务委员会以会议的形式进行审议。全国人民代表大会法律委员会根据常务委员会会议的审议意见对宪法解释案修正后，可付诸表决。

审议中仍有重大问题需要进一步研究的，由委员长会议提出，经全体会议同意，可以暂不付表决，交法律委员会和有关的专门委员会进一步审议。因各方面对解释宪法的必要性、可行性等重大问题存在较大意见分歧搁置审议满两年的，或者因暂不付表决经过两年没有再次列入常务委员会会议议程审议的，由委员长会议向常务委员会报告，终止审议该宪法解释案。

第六章　宪法解释的通过与效力

第二十条　宪法解释的通过

宪法解释案由全国人民代表大会常务委员会全体委员的三分之二以上的多数通过。

第二十一条　宪法解释的公布

宪法解释应包括解释的编号、解释的主文、解释的理由、解释的时间等内容。

宪法解释由全国人民代表大会常务委员会发布公告予以公布。在常务委员会公报上刊登的文本为标准文本。

第二十二条　宪法解释的效力

全国人民代表大会常务委员会对宪法的解释具有法律效力。

宪法解释公布后，相关的法律、法规等应及时作出适当的调整。

第二十三条　全国人大的审查

全国人民代表大会有权改变或撤销全国人民代表大会常务委员会作出的不适当的宪法解释。

第七章　附　则

第二十四条　生效时间

本法自二〇××年××月××日起实施。

参考文献

党的重要文献

中共中央文献研究室编:《十五大以来重要文献选编》(中),人民出版社2001年版。

中共中央文献研究室编:《十五大以来重要文献选编》(下),人民出版社2003年版。

《新华月报》编:《十六大以来党和国家重要文献选编》(一),人民出版社2005年版。

中共中央文献研究室编:《十八大以来重要文献选编》(上),中央文献出版社2014年版。

全国人大常委会办公厅编:《中华人民共和国第八届全国人民代表大会第一次会议文件汇编》,人民出版社1993年版。

《中国共产党第十八届中央委员会第四次全体会议文件汇编》,人民出版社2014年版。

中国共产党第十九次全国代表大会文件汇编编写组编:《中国共产党第十九次全国代表大会文件汇编》,人民出版社2017年版。

中共中央文献研究室编:《习近平关于全面依法治国论述摘编》,中央文献出版社2015年版。

中央党的群众路线教育实践活动领导小组编:《党的群众路线教育实践活动学习文件选编》,党建读物出版社2013年版。

本书编写组编著:《党的十九大报告辅导读本》,人民出版社2017年版。

中共中央文献研究室编:《毛泽东文集》第六卷,人民出版社1999年版。

刘少奇:《刘少奇选集》(下卷),人民出版社1985年版。

《彭真传》编写组:《彭真传》第四卷,中央文献出版社2012年版。

习近平:《习近平谈治国理政》第2卷,外文出版社2017年版。

报刊资料

沈春耀:《关于十二届全国人大以来暨2017年备案审查工作情况的报告》,《全国人民代表大会常务委员会公报》2018年第1期。

闻言:《党的领导是中国特色社会主义最本质的特征》,《人民日报》2016年6月23日第7版。

陈耿、雷金合:《党的领导是中国特色社会主义最本质特征》,《解放军报》2017年12月11日第7版。

张德江在第十三届全国人大第一次会议上作的《全国人大常委会工作报

告》,《光明日报》2018 年 3 月 12 日第 2 版。

张德江:《健全规范性文件备案审查制度》,中国青年网,http: //news.youth.cn/gn/201603/t20160309_7724373.htm。

李建国:《努力将地方立法工作提高到一个新水平》,人大新闻网,http://npc.people.com.cn/n1/2016/0914/c14576-28716437.html。

《深化党和国家机构改革的决定》,《光明日报》2018 年 3 月 5 日第 3 版。

《深化党和国家机构改革方案》,《光明日报》2018 年 3 月 22 日第 6 版。

《乔晓阳详解我国宪法监督职能:10 年推动 44 件法规修改或废止》,《长江日报》2015 年 4 月 9 日第 3 版。

《落实宪法解释程序机制 推进合宪性审查工作》,中国人大网,http: //www.npc.gov.cn/npc/c30834/201912/819bcd512b704530bf245f91a8aefaed.shtml。

栗战书:《全国人民代表大会常务委员会工作报告》(2020 年),参见中国人大网,http: //www.npc.gov.cn/npc/c30834/202006/af401b4c055142179f1cea4a17ebfeb1.shtml。

栗战书:《全国人民代表大会常务委员会工作报告》(2019 年),参见中国人大网,http: //www.npc.gov.cn/npc/c30834/201903/642793380999488380be267e34472a8c.shtml。

沈春耀:《全国人民代表大会常务委员会法制工作委员会关于 2019 年备案审查工作情况的报告》,参见中国人大网,http: //www.npc.gov.cn/npc/c30834/201912/24cac1938ec44552b285f0708f78c944.shtml。

彭真:《全国人民代表大会常务委员会工作报告》(1980 年),《全国人民代表大会常务委员会公报》1980 年第 5 期。

学术论文

秦前红、苏绍龙:《党内法规与国家法律衔接和协调的基准与路径——兼论备案审查衔接联动机制》,《法律科学》2016 年第 5 期。

马立新:《党内法规与国家法规规章备案审查衔接联动机制探讨》,《学习与探索》2014 年第 12 期。

蔡定剑:《我国宪法监督制度探讨》,《法学研究》1989 年第 3 期。

《什么是备案审查衔接联动机制》,《秘书工作》2012 年第 11 期。

丁俊萍:《党的领导是中国特色社会主义最本质的特征和最大优势》,《红旗文稿》2017 年第 1 期。

韩大元:《关于推进合宪性审查工作的几点思考》,《法律科学》2018 年第 2 期。

刘向文:《苏联宪法监督制度的发展变化》,《郑州大学学报》2003 年第 1 期。

童之伟:《“议行合一”说不宜继续沿用》,《法学研究》2000 年第 6 期。

周永坤:《议行合一原则应当彻底抛弃》,《法律科学》2006 年第 1 期。

李克杰:《中国“基本法律”概念的流变及其规范化》,《甘肃政法学院学报》2014 年第 3 期。

林来梵:《建构宪法实施的动力机制》,《人民法治》2015 年 2—3 月号。

叶海波:《最高人民法院“启动”违宪审查的宪法空间》,《江苏行政学院学报》2015 年第 2 期。

韩大元:《〈宪法解释程序法〉的意义、框架与思路》,《浙江社会科学》

2009 年第 9 期。
韩大元:《论当代宪法解释程序的价值》,《吉林大学社会科学学报》2017 年第 4 期。
秦前红《建议尽快制定〈宪法解释程序法〉》,《社会科学报》2015 年 4 月 2 日第 3 版。
秦前红:《〈宪法解释程序法〉的制定思路和若干问题探究》,《中国高校社会科学》2015 年第 3 期。
王旭:《论我国宪法解释程序机制:规范、实践与完善》,《中国高校社会科学》2015 年第 4 期。
乔晓阳:《党的十八大以来立法工作新突破》,《求是》2017 年第 11 期。
韩大元、刘松山:《宪法文本中"基本法律"的实证分析》,《法学》2003 年第 4 期。
薛佐文:《论"基本法律"和"法律"的性质和地位》,《西南政法大学学报》2003 年第 2 期。
韩大元、王贵松:《中国宪法文本中"法律"的涵义》,《法学》2005 年第 2 期。
薛佐文:《对立法权限度的法理思考——专论全国人大与全国人大常委会的立法权限》,《河北法学》2008 年第 2 期。
莫纪宏:《论宪法与基本法律的效力关系》,《河南社会科学》2010 年第 5 期。
马英娟:《再论全国人大法律与全国人大常委会法律的位阶判断》,《华东政法大学学报》2013 年第 3 期。
李克杰:《中国"基本法律"概念的流变及其规范化》,《甘肃政法学院学报》2014 年第 3 期。
吴家麟:《论设立宪法监督机构的必要性和可行性》,《法学评论》1991 年第 3 期。
胡锦光:《论推进合宪性审查工作的体系化》,《法律科学》2018 年第 2 期。
秦前红:《设立宪法委员会与完善宪法监督制度》,《理论视野》2017 年第 2 期。
林来梵:《合宪性审查的宪法政策论思考》,《法律科学》2018 年第 2 期。
江国华、彭超:《中国宪法委员会制度初论》,《政法论丛》2017 年第 1 期。
范进学:《论中国特色社会主义新时代下的宪法修改》,《学习与探索》2018 年第 3 期。
范进学:《完善我国宪法监督制度之问题辨析》,《学习与探索》2015 年第 8 期。
张晓燕:《党的建设制度改革顶层设计研究》,《理论月刊》2014 年第 1 期。
范进学:《2018 年修宪与中国新宪法秩序的重构》,《法学论坛》2018 年第 3 期。
马岭:《我国宪法解释的切入口探析》,《中国社会科学院研究生院学报》2020 年第 2 期。
胡锦光、王丛虎:《论我国宪法解释的实践》,《法商研究》2000 年第 2 期。
栗战书:《在第五个国家宪法日座谈会上的讲话》,《中国人大》2018 年第 23 期。
王晨:《弘扬宪法精神，推进国家治理体系和治理能力现代化——在第六个国家宪法日座谈会上的讲话》,《中国人大》2019 年第 24 期。
翟国强:《宪法解释的启动策略》,《中国社会科学院研究生院学报》2020 年第 2 期。
林彦:《宪法解释应嵌入立法程序》,《中国社会科学院研究生院学报》2020 年第 2 期。
郑磊:《宪法解释与合宪性审查的关系——基于法解释二元结构的勾勒》,《中国社会科学院研究生院学报》2020 年第 2 期。
任喜荣:《合宪性审查的“破题”与“激活”——以宪法解释为内核的制度发展》，韩大元、莫纪宏主编:《中国宪法年刊》(2018)第十四卷，法律出版社 2019 年版。

中文著作

全国人大常委会法制工作委员会法规备案审查室编:《地方规范性文件备案审查法规汇编》，中国民主法制出版社 2012 年版。
《规范性文件备案审查制度理论与实务》编写组编著:《规范性文件备案审查制度理论与实务》，中国民主法制出版社 2011 年版。
韩大元、张翔等:《宪法解释程序研究》，中国人民大学出版社 2016 年版。
李忠:《宪法监督论》，社会科学文献出版社 1999 年版。
刘政:《人民代表大会制度的历史足迹》，中国民主法制出版社 2014 年版。
胡鞍钢:《中国集体领导体制》，中国人民大学出版社 2013 年版。

胡鞍钢、杨竺松:《创新中国集体领导体制》，中信出版集团 2017 年版。

《世界各国宪法》编辑委员会编:《世界各国宪法》(四卷本)，中国检察出版社 2012 年版。

王乐理主编:《西方政治思想史》(第一卷)，天津人民出版社 2006 年版。

韩大元:《1954 年宪法与新中国宪政》，湖南人民出版社 2004 年版。

方建中:《超越主权理论的宪法审查：以法国为中心的考察》，法律出版社 2010 年版。

童建华:《英国违宪审查》，中国政法大学出版社 2011 年版。

林广华:《违宪审查制度比较研究》，社会科学出版社 2004 年版。

《中国大百科全书》总编辑委员会编:《中国大百科全书·法学》，中国大百科全书出版社 1984 年版。

翟桔红:《违宪审查与民主制的平衡》，中国社会科学出版社 2012 年版。

曹康泰主编:《政府法制建设三十年的回顾与展望》，中国法制出版社 2008 年版。

翟小波:《论我国宪法的实施制度》，中国法制出版社 2009 年版。

许崇德:《中华人民共和国宪法史》(下册)，福建人民出版社 2005 年版。

王汉斌:《王汉斌访谈录——亲历新时期社会主义民主法制建设》，中国民主法制出版社 2012 年版。

肖蔚云:《我国现行宪法的诞生》，北京大学出版社 1986 年版。

《宪法学》编写组：马克思主义理论研究和建设工程重点教材《宪法学》，高等教育出版社、人民出版社 2011 年版。

陈冬:《宪法监督程序研究》，中国检察出版社 2011 年版。

周伟:《宪法解释方法与案例研究——法律询问答复的视角》，法律出版社 2007 年版。

王振民:《中国违宪审查制度》，中国政法大学出版社 2004 年版。

黄茂荣:《法学方法与现代民法》，中国政法大学出版社 2001 年版。

蔡定剑:《历史与变革：新中国法制建设的历程》，中国政法大学出版社 1999 年版。

范进学:《中国宪法实施与宪法方法》，上海三联书店 2014 年版。

范进学:《宪法解释的理论建构》，山东人民出版社 2004 年版。

范进学:《认真对待宪法解释》，山东人民出版社 2007 年版。

外文译著

[奥地利]凯尔森:《法与国家的一般理论》，沈宗灵译，中国大百科全书出版社 1996 年版。

[德]黑格尔:《法哲学原理》，范扬、张企泰译，商务印书馆 1996 年版。

[法]罗伯斯比尔:《革命法制和审判》，赵涵舆译，商务印书馆 1965 年版。

[英]霍布斯:《利维坦》，黎思复、黎廷弼译，商务印书馆 1985 年版。

[英]洛克:《政府论》下篇，叶启芳、瞿菊农译，商务印书馆 1964 年版。

[法]孟德斯鸠:《论法的精神》(上册)，张雁深译，商务印书馆 1961 年版。

[美]约翰·亨利·梅利曼:《大陆法系》，顾培东、禄正平译，知识出版社 1984 年版。

[法]卢梭:《社会契约论》，何兆武译，商务印书馆 1980 年版。

［英］威廉·布莱克斯通：《英国法释义》，游云庭、缪苗译，上海人民出版社 2006 年版。

［英］戴雪：《英宪精义》，雷宾南译，中国法制出版社 2001 年版。

［美］汉密尔顿、杰伊、麦迪逊：《联邦党人文集》，程逢如等译，商务印书馆 1980 年版。

［英］惠尔：《现代宪法》，翟小波译，法律出版社 2006 年版。

［德］卡尔·拉伦茨：《法学方法论》，陈爱娥译，商务印书馆 2003 年版。

［美］塞缪尔·P. 亨廷顿：《变化社会中的政治秩序》，王冠华等译，生活·读书·新知三联书店 1989 年版。

后　记

《完善我国合宪性审查制度与机制研究》系作者承担的2017年度中国法学会“研究阐释党的十九大精神”重点专项课题，入选“十三五”国家重点图书出版规划项目。全书十八万字，基本内容包括我国合宪性审查制度的特色与风格、我国合宪性审查制度的建构、我国合宪性审查制度与机制问题分析、完善我国合宪性审查制度与机制的方法与建议、《合宪性审查程序法》的制定与起草等五章。本书试图立足中国政治生态实践，以我国备案审查与合宪性审查机制为制度载体，通过文本规范与制度事实分析，探究我国合宪性审查制度的特色与风格，考察我国当下的合宪性审查制度的基本构成与特点，进一步构建一套统一、完整、适合我国国情的合宪性审查程序机制。本书是法学中国化以及建构中国法治话语体系的一种尝试。

本书的主要内容以学术论文的形式，分别发表在《法学》、

《政法论丛》、《华东政法大学学报》、《东方法学》、《学习与探索》、《苏州大学学报》、《哈尔滨工业大学学报》、《上海政法学院学报》以及人大复印资料《宪法学、行政法学》等期刊上，在此向以上杂志与编辑表示衷心的感谢！

本书能够顺利出版，是与译林出版社的王笑红、潘梦琦两位编辑的辛勤努力分不开的，在此对出版社及其编辑表示诚挚的谢意！

2020年注定是不平凡的一年，澳洲大火、新冠疫情、东非蝗灾、菲律宾火山爆发……迄今尚无人能够预知新冠灾难将给人类未来带来怎样不可知的严重后果，它或许将彻底改变人类的生活方式与生活状态，成为百年未有之变局中最不可预测的因素。我们是否应当像诗人叶芝那样，对生命，对死亡，投上冷冷的一眼，骑马者，向前？或许，我们对待生命和死亡，更应抱有真挚的敬畏与信仰，对自然的敬畏，对自然的信仰，才体现出人类崇高的智慧。只要每个人固守自己的信仰，努力为之，才能坐看朝云暮雪，以平凡心迎来每一次日出，送走每一次日落……

范进学
2020年8月6日